혐오의 의미

The Meaning of Disgust

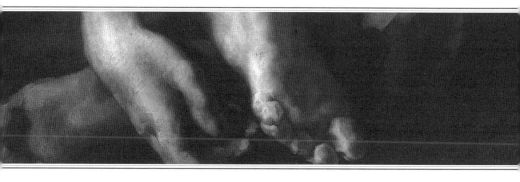

숙명여자대학교 인문학연구소
HK+사업단 학술연구총서 05

혐오의 의미

콜린 맥긴 지음

강미영 옮김

한울
아카데미

차 례

서문

이 책은 철학, 심리학, 생물학, 문학을 혼합한 융합적 저서이다. 여기서 다루는 주제는 "불순한"이라는 형용사가 어울리는 것들이기에, 당신은 이것을 "불순한 철학"이라고 부를지도 모른다. 이것은 우리가 혐오스럽게 느끼는 것들의 본질과 중요성에 관한 것이다. 이러한 혐오의 주제는 광범위한 관련성을 지니므로, 필자는 이 책을 철학적인 것뿐만 아니라 다양한 독자를 염두에 두고 준비했다. 필자는 여기서 제시된 주장이 실존주의 및 정신분석학과 같은 영역을 공유하고 통찰력을 차용하기도 하지만, 또 그것들과 대치되는 것으로 본다. 이 책은 유기적인 몸을 가진 자의식적인 감정적 존재로서의 우리 자신에 관한 불편한 진실을 드러내는 것을 목적으로 한다. 그러나 이 책은 (훌륭한 작가이기도 한 프로이트(Freud)와 사르트르(Sartre)가 그러했듯이) 설득력 있게 그 작업을 수행하기 위한 시도를 한다. 이 책은 자기비판과 자기 연민으로 쓰인 하나의 에세이로 분류될 수도 있다. 이것은 일종의 비가(悲歌)이다.

필자는 아마 40여 년 전 프로이트를 처음 읽은 이후로 오랫동안 산발적인 방식으로 그 주제에 관심을 가져왔던 것 같다. 하지만 이 문제에 진지하게 임하게 된 계기는 몇 년 전, 마이애미에서 마크 롤랜즈(Mark Rowlands)와 함께 정신철학 세미나를 가르치기로 예정되어 있었을 때였다. 필자는 과거의 오래된 자료를 다시 다루는 것이 어렵나고 생각하여, 감정에 관한 몇 가지 세션을 포함하기로 결심했다. 이것은 필자를 묘하게 혼란스럽게 했던 혐오의 감정에 대해 생각하게 했다. 필자는 몇몇 텍스트를 읽었는데, 특히 아우렐 콜나이(Aurel Kolnai)의 『혐오에 대하여(On Disgust)』와 윌리엄 이언 밀러(William Ian Miller)의 『혐오의 해부(The Anatomy of Disgust)』와 같은 용감하고 자극적인 저작들이 이 주제에 대한 흥미를 불러일으켰다. 그 이후 필자는 곧 독자적인 생각을 갖기 시작했고, 관련 자료에 대해 더 깊이 파고들었으며, 해당 주제의 글을 쓰기 시작했다. 결과는 지금 당신 앞에 있는 이 책이다. 문학적인 도전과 기회 때문에 글을 쓰는 것은 즐거웠지만, 다소 혼란스럽기도 했다. 필자는 오랫동안 진상을 규명하기 위해 혐오스러운 것에 집중하지 않을 수 없었다. 그리고 이것은 (본문에서 논하는 그러한 이유 때문에) 일반적인 인간의 태도가 아니다. 사람이 이 더러운 물에 그렇게 깊이 빠져드는 것이 좋은지 잘 모르겠다. 진실이 항상 환영받는 것은 아니다. 독자들에게 경고를 건네는 바이다.

매우 도움이 되는 의견을 준 마크 롤랜즈, 제인 카실로(Jane Casillo), 로널드 드 수사(Ronald de Sousa), 그리고 캐롤린 코스마이어(Carolyn Korsmeyer)에게 감사를 표하고 싶다.

2010년 11월 마이애미에서
콜린 맥긴

The Meaning of Disgust

제1부

혐오의 분석

제1장

회피 감정들

혐오는 가장 금기시되며 완곡한 표현으로 에둘러지는 인간 경험에 속한다. 우리가 실제적으로나 이론적으로 혐오에 대해서 말하는 것은 어렵다. 거기에는 그럴 만한 이유가 있는데, 혐오스러운 장면에 대한 자세하고 솔직한 전달에는 늘 예의와 적절성의 문제가 대두되기 때문이다. 혐오스러운 것의 영역은 ─ 자주 눈에 띄는 것은 아니지만 ─ 천성적으로 우리를 역겹게 한다. 그러한 주제를 생각하는 것만으로도 그러한 감정에 쉽게 이끌리게 된다. 무엇이 우리에게 혐오감을 주는가에 대해 공공연히 발설하는 것만으로도 놀라움을 자아낸다. 표현에 사용할 어휘를 선택하는 문제도 걱정거리다. 어떤 언어가 공격적이거나, 우습고 가벼운 것으로 받아들여질 것인가? 필자는 혐오라는 주제의 섬세함과 불안정성에 대해서 잘 인지하고 있다.[1] 이어지는

---

1 이 책의 독자들은 필자가 생각한 것만큼 비위가 약하지 않은데도 어쩌면 필자는 지나치게 조심하고 있는지도 모른다. 교실이나 공공장소에서 이런 종류의 주제를 접하는 것과 사적인 독서를 통해 접하는 것 사이에는 큰 차이가 있다. 전자의 경우에는, 인식이 가능

장에서, 필자는 지나치게 조심스러운 간접적 표현이나 지루한 완곡어법을 피하려고 하지만, 동시에 이 연구 주제를 독자들에게 지나치게 노골적으로 상기시키는 것 역시 삼가려고 한다. 웃음은 공격의 자연스러운 파생품이며, 필자는 그 위험을 감수하고자 한다. 그러나 그 주제는 고도의 관심과 중요성을 내포하며, 그늘 속에 묻어두기에는 아까운 주제이다. 더군다나, 지난 몇 년간 훌륭하고 획기적인 연구들이 나와 주었고, 그것들은 좀 더 많은 대중에게 알려질 만한 가치가 있으므로 필자는 여기서 이 불쾌하고 역겨운 것들로의 여정에 미리 길을 터주었던 선구자들이 있었음을 밝히고자 한다.[2]

이 여정의 첫 번째 과제는 자료를 모으고 몇 가지 특징적인 사실을 언급하면서, 그 영역의 밑그림을 그려나가는 일이다. 혐오의 문제를 환기시키고 지나친 단순화를 피하면서 자세하고 포괄적으로 접근할 것이다. 여기서의 궁극적인 목표는 무엇이 혐오스러운 것들을 하나로 연결하는가, 즉 모든 혐오스러운 것들과 하나의 혐오스러운 것 사이에는 어떤 공통점이 있는지에 관한 이론을 정립하는 것이다. 이 작업은 단순히 "혐오"라는 단어를 끌어다가 그 의미를 들여다보는 작업은 아니지만, 기본적으로 개념 분석이라 할 수 있다. 하지만, 필자는 혐오스러운 것들을 조사하고 무엇이 그것들로 하여금 공통된 감정을 자아내게 하는지를 조사할 것이다. 혐오스러운 것들은

한 청중들에게 그 언어들이 실제로 큰 소리로 발화되어지지만, 사적인 독서에서는 그 언어들을 침묵 속에서 거리를 둔 채 접하기 때문이다. 그렇다 해도, 필자는 독자들이 필자가 그러한 주제의 민감성을 잘 인식하지 못한다고 생각하는 것을 원하지 않는다.

2 이러한 책들로는 아우렐 콜나이(Aurel Kolnai)의 『혐오에 대하여(*On Disgust*)』, 어니스트 베커(Ernest Becker)의 『죽음의 거부(*The Denial of Death*)』, 빈프리트 메닝하우스(Winfried Menninghaus)의 『강력한 감각의 이론과 역사(*Theory and history of a Strong Sensation*)』와 윌리엄 이언 밀러(William Ian Miller)의 『혐오의 해부(*The Anatomy of Disgust*)』 등이 있다. 필자는 이 책들로부터 많은 것을 배웠으며, 책의 곳곳에서 그들의 책을 자주 인용할 것이다. 인용은 저자의 이름과 쪽수 혹은 장의 번호 등을 통해 밝힐 것이다.

어떤 속성을 가지고 있길래 우리 안에서 혐오감을 이끌어내는 것일까?[3] 먼저, 혐오감은 매우 특이한 종류의 감정적 반응이므로, 우리가 살펴봐야 할 그 감정을 좀 더 정확하게 파악하여 다른 감정과 혼동하지 않도록 하는 것이 유익할 것이다. 필자는 아우렐 콜나이의 선구적인 현상학적 연구를 따를 것인데, 그의 저서 『혐오에 대하여』는 혐오를 **회피** 감정으로 분류하면서, 두려움 및 증오도 같은 선상의 감정으로 함께 분류했다.[4] 피범벅 된 흡혈귀나 온몸이 썩은 채 사람 잡아먹으려 드는 좀비 같은 끔찍한 괴물에 대한 반응처럼, 같은 대상을 두고 위의 세 가지 감정을 한꺼번에 느낄 수 있다. 하지만 이 세 가지 감정은 절대 같은 것이 아니다. 두려움은 신중한 감정으로, 증오는 도덕적 감정으로, 그리고 혐오는 미적 감정으로 설명할 수 있다. 두려움은 건강이나 생명이 위험해지는 것에 두려움을 느끼는 것, 즉 위험으로부터 사람을(또는 동물) 보호하기 위해 작동한다는 점에서 신중한 감정이다. 두려움의 자연스러운 표현은 두려움의 대상에 의한 손상을 막고자 하는 자기 보호 방식이다. 빠르게 도망가는 것이 자기 보호의 뚜렷한 주요 방식이겠지만, 싸울 태세를 갖추거나 무기를 든다거나 혹은 손으로 막는 것도 마

3　그러므로 필자는 혐오스러운 것들의 부류가 가족 유사성보다 더 강하게 연관되지 않다는 견해를 부인한다. 비트겐슈타인(Wittgenstein) 학파는 어떤 개념이 이러한 방식으로 구성될 수 있다는 논제를 가지고 있는데, 필자는 이에 대해 전반적으로 반대한다. 이유는 필자의 저서 『분석에 의한 진실(*Truth by Analysis*)』 2장에 나와 있다. 필자는 또한 가족 유사성 노넬의 반사석 호소에 대한 하나의 해결책으로 머나드 슈츠(Bernard Suits)의 『메뚜기(*The Grasshopper*)』를 추천한다. 어떤 경우든 방법론적인 원칙으로서, 필요시 그 프로젝트는 접어둔 채, 먼저 필요충분조건을 찾아내야만 할 것이고 그래서 결과적으로 그 조건을 제공할 수 있게 될 것이다. 콜나이는 "혐오의 본질, 혐오의 의미와 지향, 그리고 대상 영역의 결합 법칙이라고 부를 수 있는 것"(30쪽)을 "파악하는 것"을 목표로 삼았다. 그리고 이것은 필자의 목표를 잘 설명해 준다. 달리 말하면, 혐오를 유발하는 모든 혐오스러운 것의 공통점은 무엇인가?

4　Kolnai, pp. 29~47 참조. 또한 부록 「회피 감정의 표준 양식: 두려움, 혐오 그리고 증오」 참조.

찬가지이다. 또한 불리한 경제적 상황이나 자신의 명성을 무너뜨릴 수 있는 폭로처럼, 신체에 해를 가하지 않는 것인데도 두려움을 느낄 수 있다. 이 상황에서 신체와의 근접성은 중요하지 않다. 사람에게 가해지는 모든 손상이 위험한 대상과의 신체 접촉으로 인한 것만은 아니다. 실제로, 신체 조직이 마음대로 적절히 강화될 수 있다면, 굳이 두려움의 대상을 피할 필요는 없을 것이다. 몸을 피한다는 것은 취약한 신체로 인한 두려움의 우발적 표시이다. 접촉을 피하는 것은 두려움의 본질이 아니라 기능적인 측면이다(앞으로 살펴보겠지만, 여기에서 혐오감은 다르다).

당신에게 해를 끼치지 않은 사람이나 당신에게 잘못했다고 판단하지 않는 사람을 미워한다면 합리적이지 않다는 의미에서, 증오는 도덕적 감정이라고 할 수 있다.[5] 당신이 누군가를 증오할 때는 그 또는 그녀가 당신에게 무슨 짓을 했고 그 일은 뭔가 잘못되었다고 당신이 판단했기 때문이다. 만약 다른 사람이 당신에게 행한 어떤 일, 예를 들면 누가 악의적으로 당신의 명성을 훼손했는데 그 사람이 그런 행동을 하지 않았다는 것이 밝혀지면, 당신은 당연히 합리적으로 그 사람에 대한 증오를 멈출 수밖에 없다. 미워한다고 하여 남을 두려워해야 할 필요는 없는 것이 그가 당신에게 해를 끼칠 수 있는 시간이 지났을 수도 있기 때문이다. 과거로 거슬러 올라가 생각해 보면서, 누군가를 미워할 수는 있겠지만, 그렇다고 해서 과거를 돌이켜 그 사람이 과거에 했던 일에 대해 두려움을 느낀다는 건 이치에 맞지 않는다. 두려움은 미래 지향적이고 증오는 과거 지향적이다. 하지만 증오 받는 사람이 당신을 두려워하는 건 합리적일 것이다. 그 이유는 증오를 품은 자들이 미워하는 대상에게 해를 끼치고 싶어 한다는 의미에서 증오 또한 공격

---

5 증오의 믿음 구성 요소에 대한 논의는 로버트 솔로몬(Robert C. Solomon)의 저술 『마음과 인식(*Mind and Cognition*)』의 「감정과 선택」을 참조하라. 솔로몬은 증오를 일종의 도덕적 판단으로 취급한다.

적인 감정이기 때문이다(두려움의 경우 이 말과 반드시 맞아떨어지는 건 아니다). 두려움은 방어적이고 증오는 공격적이다. 두려움은 자아와 그것의 온전함에 방향이 맞춰져 있어서 대상을 도덕적으로 비난할 필요성이 있어야만 하는 건 아니다. 그러나 증오는 실질적인 외부 대상을 향해 있고 해당 대상에 대한 부정적인 평가를 반드시 수반한다. 두 감정 모두 "회피하는" 것이라고 불릴 수 있겠지만, 회피는 증오와 두려움의 두 경우에서 완전히 다른 성격을 띠고 있다.[6]

우리의 주된 관심사인 혐오는 회피의 측면도 있으나 또 다른 개념이다. 혐오는 미적 감정으로서 주 관심 분야가 대상의 **외양**(外樣)에 있는 것이지, 대상이 해를 끼치는 방식으로 뭔가를 할 수 있거나 해왔기 때문은 아니다. 당신에게 아무런 해도 가하지 않고 잘못하지도 않았다고 생각하는 대상에 대해, 당신은 두려워하지 않고 증오하지 않으면서도 혐오를 느낄 수 있다. 그런 자연스러운 표현은 방어적이거나 공격적이지 않은 것으로, 오히려 **회피**의 반응이다. 무언가를 보고 혐오를 느낀다고 하는 것은 결정적으로, 시각이나 촉각, 후각이나 미각을 통한 접촉을 피하고 싶어 하는 것을 말한다(그런데 이상하게도 청각은 아니다[7]). 어떤 악취가 났을 때 당신에게 아무런 해

---

6 자신에게 해를 끼치므로 나쁜 것이지 그렇지 않으면 두려움을 느낄 필요가 없다고 생각한다는 의미에서, 두려움 또한 평가적이라는 점에 유의하라. 물론, 일반적 경우가 되겠지만, 자신의 죽음을 원하는 사람이 앞으로 일어날 일에 두려움을 느끼지 않는 것은 당연하다. 두려움과 혐오에도 규범적 요소가 있어야만 한다. 두 경우 모두 회피 감정이 평가에 의해 뒷받침되는 것이지, 단순한 동물적 반응의 것은 아니다. 평가가 동물의 두려움과 같이 본능적이고 자동적일 수도 있겠지만, 평가는 논리적으로 요청된다.

7 Kolnai, pp.48~49에서 청각과 혐오에 대해 논하고 있는데, 청각적 혐오의 부재는 청각이 대상을 다른 감각처럼 "현시"하지 않는다는 것이다. 즉, 청각은 단지 대상들이 존재한다는 표시만 할 뿐이다. 청각은 "실질적인 지향성"이 없기 때문에 그것이 소리 근원과 바로 접촉하게 만들지 않는다. 콜나이는 감상적이거나 정서적인 음악의 존재에 주목하기도 했지만, 이는 연상과 나쁜 감각의 판단 문제라는 것을 올바르게 관찰하고 있다. "썩은 냄새,

가 없을 거라 느껴도, 그리고 악취에 대해 (또는 악취 나게 만든 자에 대해) 책임을 물을 수 없다고 생각하더라도, 당신은 여전히 그 냄새에서 벗어나고자 거리를 두려 할 것이다. 문제를 직시하지 않는 건 일반적으로 두려움의 대상에 대한 이성적 반응은 아니지만, 혐오 자극을 피하려 하는 것은 완벽히 이해할 만한 일이다(사실, 단지 두려움에 직면하여 그렇게 한다고 하는 것은 두려움과 혐오를 혼동한 것이다). 혐오는 감각의 상태와 감각이 의식에 전달하는 것과 모두 관련이 있지만 두려움과 증오가 그렇다는 것은 아니다. 물론 혐오감이라는 것이 일종의 해악(심리적 종류)이거나 해악이 될 수 있기 때문에 어떤 것이 당신을 혐오스럽게 할까 봐 두려울 수도 있다. 그러나 혐오 그 자체는 두려움과 같지 않은데, 정확히 혐오 자극은 당신에게서 혐오감을 일으키는 것 외에 더 큰 해를 입힐 필요가 없기 때문이다(대조적으로 두려움의 대상은 두려움 감정 이상의 해악을 끼칠 가능성이 있다는 것이고, 만약 단순히 두려움의 감정만 끌어내기만 한다면 두려움을 전혀 못 느낄 수도 있다). 아무리 혐오스러운 자극이라도 완전히 무해한 것일 수 있고 또 주체가 그렇게 판단할 수 있다는 생각에 모순은 없다(필자는 곧 예제로 간략히 논의할 예정이다).[8]

콜나이는 전통적인 현상학적 용어로 현존재(Dasein)와 상존재(Sosein) 사이, 즉 "존재(being)"와 "그런 존재(so-being)" 사이의 대조를 드러낸다. 두려움은 존재하는 것으로서 그 대상을 향하는데, 존재하는 것만이 정말 위험할

흐느적거리는 신체의 느낌 또는 배가 터져 열린 느낌과 거의 흡사한 어떤 것을 찾는다는 것은 헛된 일이다"(p.49).

8 혐오는 본질적으로 불쾌한 감정이므로 혐오 경험을 두려워하는 것은 타당한 일이다. 하지만 두려움과 증오가 구조상 그런 식으로 불쾌한 것인지는 덜 명확하다. 물론 증오가 항상 불쾌한 것으로 경험되는 건 아니며, 두려움도 무서운 놀이기구처럼 분명히 불쾌하지 않은 형태로 발생할 수 있다. 혐오는 그 자체가 고통스러운 것은 아니지만 뭔가 고통과 비슷한 방식으로 불쾌하다. 그러나 증오와 두려움은 주관적인 상태에서 느끼는 고통과는 거리가 있다.

수 있기 때문이다. 그래서 그것은 두려움의 대상이 존재한다는 것을(그것이 정말 존재하든 안 하든 간에) 전제로, 두려움의 내면에 존재한다. 증오에 관해서도 거의 같은 말을 할 수 있는데 존재하는 것만이 당신에게 잘못을 할 수 있기 때문이다. 하지만 혐오는 "그런 존재"로서, 즉 (지향된) 대상이 소유한 현상적 특성에 더 중점을 둔다. 대상의 실체는 두려움이나 증오에 필수적인 반면 대상의 감각적 모습은 중요하지 않다. 그러나 혐오의 경우에는 모습이 감정의 앞부분을 차지하며 존재는 부차적인 지위로 밀린다. 혐오적 특징에서는, 대상이 스스로 어떻게 될지, 심지어 그것이 무슨 해악을 끼치려 할 것인지 중요하지 않고 대상이 얼마나 감각적으로 보이는가 하는 것이 중요하다. 우리는 이런 직관적인 대조를 다소 직접적인 방식으로 말해 볼 수 있다. 그러니까 두려움과 증오는 대상의 존재를 전제로 한다(즉, 감정의 주체는 대상이 존재한다는 것을 믿어야 한다). 그러나 존재하지 않는다고 믿고 있는 대상에 대해서도 혐오를 느끼는 것이 가능하다. 다시 말해서, 당신은 자신이 단지 환각에 빠져 대상을 혐오하고 있다는 걸 알면서도 당신은 여전히 그것에 혐오를 느낀다. 왜일까? 감각적 모습은 대상이 존재하든 안 하든 같은 것이 될 수 있기 때문이다. 당신이 큰 통 안에 들어 있는(당신이 정말 그곳에 있든 없든) 뇌라고 확신하게 된 상황이라 가정해 보자. 당신이 경험하는 주변은, 당신이 그렇게 확신하기 전에도 그랬듯이, 여전히 똑같이 혐오스러운 광경, 맛, 냄새를 만들어낼 것이다. (존재한다고 믿는) 현존재가 바뀌긴 했지만, 상존재는 일정하게 유지되는 것이다. 단순한 환상은 해를 끼칠 수 없기 때문에 당신은 더 이상 그런 (믿는) 환상을 두려워하거나 증오하지는 않을 것이다. 하지만 그것들은 거부감을 일으키는 힘을 유지한다. 아름다움도 마찬가지다. 단지 환상일 뿐이라고 믿는다는 이유만으로(아름다운 영상을 보여주는 환각제를 생각해 보라), 그 대상이 아름다운 인상을 남기는 것을 멈추는 것은 아니다. 미적 감정은 겉모습에 맞춰져 있으므로 대상이 실제로 존재할 필요는 없다.[9] 혐오는 "존재와 무관한" 감정인 반면, 두려움과 증오는 "존재와 관런 있다"(주체의 믿음과 관련하여). 맥베스는 그의 피비린내 나는 단검이 단지 그의 상상이 만들어낸 허구일 뿐이라는 걸 내내 알면서도 혐오를 느낄 수 있지만, 동시에 그의 현실을 부정하면서까지 맥더프를 두려워하거나 증오할 수는 없다.

혐오의 경우 겉모습에 의존하는 것이, 다른 두 가지 회피 감정과 또 다른 대조를 이룬다. 하나의 대상은 두려워 보이는데 두려운 것이 아니거나, 두려운 것인데도 두렵게 보이지 않을 수 있다. 그리고 마찬가지로 증오심도 그러한데, 왜냐하면 누가 당신에게 잘못을 저질렀는지에 대한 오류가 있을 수 있기 때문이다. 위험하거나 비난 받을 만하다는 것은 겉모습이 오해의 소지를 불러일으킬 수 있는 객관적 속성이다. 하지만 그렇다고 해서 대상이 혐오스럽게 보이는데 혐오스러운 것이 아니고, 혐오스러운 것인데 혐오스럽게 보이지 않는 그런 경우는 분명히 있을 수 없는 것이, 혐오에서 실제와 겉모습은 서로 합쳐지기 때문이다. 혐오스럽다는 것은 그렇게 보이는 것을 말한다. 인간이 일반적으로 혐오스럽다고 생각하는 주변의 사물이 현실적으로는 (그들에게) 혐오스럽지 않으며, 반면에 어떤 다른 부류의 대상물이 완전히 기분 좋은 것이면서도 실제로 (그들에게) 혐오스러운 것이라고 주장한다면, 완전히 이상한 일이 될 것이다. 하지만 이런 상황은 두려움과 증오에 대해서 가능한 이론이다(오류가 엄청 있을 수 있겠지만). 다이아몬드는 혐오스럽지만 대변은 인간에게 정말 혐오스럽지 않다고 주장한다면 터무니없는 가정이고 회의주의자라도 그 정도까지 주장할 수는 없다. 그러나 우리에게

---

9 이것은 미적 경험이 현상된 대상의 자질에 좀 더 초점을 맞추기 때문에 대상의 실재 존재에 대해서는 다소 무관심하다고 주장하는 칸트학파 이론이다. 만약 한 예술가가 당신이 지향적 대상을 명상하여 의식 내에 확실히 그려질 수 있도록 만들어줄 수만 있다면, 당신은 대상의 실존이 없는 상태를 알면서도 여전히 대상에서 나오는 미적 경험을 할 수 있게 된다. 예술가는 그저 당신의 뇌를 전극으로 자극하여 시각적 의식에서 가상 그림을 만들어내는 것뿐일지도 모른다.

정말로 위험한 것이 무엇인지, 누가 우리에게 잘못을 저질렀는지에 대해 절차상 오해한 것이라 가정하는 것이 말도 안 되는 생각은 아니다. 이는 단지 혐오감이 상존재와 관련되어 있는 반면 두려움과 증오는 현존재와 관련되어 있기 때문에 혐오감은 본질적으로 겉모습에 민감한 것이다.[10] 이것이 혐오의 적절한 대상은 **경험**이며 외부 대상이 아니라고 말하는 것은 아니다. 사실 그렇다면 범주 오류가 될 것이며 완전히 잘못된 것이다. 나중에 설명하겠지만, 친숙한 혐오 대상으로 인해 스스로 혐오스럽게 느끼게 되는 것은 말할 것도 없이, 경험과 같은 심리적 항목은 전혀 혐오의 대상이 될 수 없다. 말의 요지는 대상의 혐오스러운 부분은 그 겉모습 뒤에 놓여 있는 무엇인가가 아니라 감각과 관련된 겉모습에 있다. 반면에 두려움과 증오 대상의 경우는 그렇지 않다. 혐오를 일으키는 것은 대상의 "현시 방식"이지만, 두려움이나 증오 그 자체가 말하고 있는 것은, 어떤 식으로 제시되든 간에 두려운 존재, 증오하는 존재가 있는가 하는 것이다. 우리는 특정 상존재인 대변을 보고 혐오를 느낀다. 하지만 사자(死者)는 현존재 안에서, 즉 당신에게 얼마나 공격적으로 보이든 상관없이, 그 존재 자체만으로도 무섭다. 이 때문에 아무도 우리에게 대변을 혐오한다고 **말할** 필요를 느끼지 않지만, 사자의 위험에 대해 경고해 주는 말은 매우 유익할 수 있다. 어떤 경우에는 겉모습이 결정적이지만 다른 경우에는 기만적일 수 있다. 두려움이나 증오의 대상으로 만들어주는 것은 그 대상이 객관적으로 **하고** 있는 것이며, 혐오의 대상으로 만드는 것은 그 대상이 주관적으로 어떻게 **보이는가** 하는 것이다.

마지막 서론의 요점으로 혐오에 대한 주요 논점은 근접성, 즉 접촉이다.

---

10 사실, 대변에 관한 모든 것이(말하자면 구성 분자의 원자 구조) 혐오스러운 것이 아니기 때문에 혐오스러운 것은 대변 그 자체가 아니라, 대변의 감각적인 **겉모습**이라고 말할 수 있지만, 대상을 두렵게 생각하거나 증오하게 만드는 것이 사물의 겉모습이라고(여하튼 일반적으로) 말한다면, 틀린 말이 될 것이다. 그렇기 때문에 실제로는 대변이 아닌데도 대변처럼 보이는 것이 혐오 반응을 일으킬 수 있는 이유가 된다.

다시 말해서 우리는 혐오스러워하는 것과 가까이 있지 않으려고 한다. 좀 더 구체적으로, 그러한 근접성에 대한 인식이 감정을 제어하는 것이다. 우리의 거부감은 주로 몸을 통해 우리 의식 속으로 들어온 혐오스러운 대상의 침입으로 인한 것이다. 그래서 우리의 거부감은 우선 마음 상태와 관련되어 있다고 말할 수 있다. 간단히 말해서, 우리는 특정 의식 상태를 피하고 싶어 한다는 것이다. 그와 다른 두려움과 증오의 거부감은 좀 더 육체적으로 관련이 있다. 우리는 실제로 몸에 위험한 대상을 피한다. 육체적인 해악은 혐오가 관련되는 거부감을 일으키는 자극이 아니다. 우리는 혐오 대상이 우리 몸에 해를 입힐 것이라 생각하지 않는데, 만약 해로울지도 모른다 생각한다면, 그때는 두려움이 적절한 반응이라 할 것이다. 우리가 피하려 하는 것은 의식 그 자체의 침입이다. 즉, 우리는 특정 경험을 피하는 것이다. 따라서 그것은 혐오스러운 냄새 앞에서 코를 막는 것이 합리적이지만 무시무시한 주먹 앞에서 그러고 있다는 건 이치에 맞지 않는다. 우리는 코가 부러지는 것(그리고 코를 망가뜨리는 사람)을 두려워하지만, 후각적 의식을 파고드는 냄새에 대해서는 혐오를 느낀다. 이런 의미에서 혐오는 의식 중심이지 몸 중심이 아니다.[11] 모든 형태의 감각 경험이 박탈된 사람은 혐오의 감정을 면할 수 있지만, 그 누구 못지않게 두려워하고 증오해야 할 것이 많이 생길지도 모른다. 우리는 외부 대상이 특별히 유해한 방식으로 우리의 지각 의식에 영향을 미치는 **그만큼만** 외부 대상을 몹시 혐오한다. 그래서 우리는 이

---

11 그래서 혐오의 지향은 어떤 면에서는 반사적인 것이다. 혐오 속에서 의식은 그 자체의 상태, 즉 유발 자극에 대한 인식을 피하려 한다. 우리가 나쁜 냄새로 고생할 때, 말하자면 우리의 욕구는 우리 자신의 의식 상태를 바꾸는 것이다. 대조적으로, 두려움 속에서 우리는 두려움 그 자체나 또는 두려움을 일으킨 정신 상태, 즉 자기 마음을 살펴 제거하려고 하지 않는다. 근본적으로, 혐오감은 혐오 상태 자체를 없애도록 우리를 부추긴다(통증이 고통 자체를 없애도록 우리를 부추기듯이). 의심할 여지 없이 이것은 혐오의 본질적인 불쾌감과 관련이 있다.

렇게 달갑지 않게 의식 안으로 침투해 들어오게 되는 대상과의 접촉과 **같은 것**을 피하고자 한다. 어떤 냄새에 혐오를 느끼면 우리는 가장 가까운 냄새의 근원에서 벗어나려 하거나, 혐오감 없는 의식 상태를 유지하기 위해 우리에게 다가오는 냄새의 접촉을 막으려 한다. 즉, 우리는 의식을 "깨끗하게" 유지하려고 지각적 접촉을 정확하게 차단한다. 이는 두렵거나 증오스러운 대상과 직면했을 때 경험하는 프로젝트 종류의 문제와는 매우 다른 것인데, 여기에서 우리의 초점은 더 바깥쪽을 향해 외부에 고정되어 있다.

요컨대, 혐오는 본질적으로 회피하는 감정이며, 혐오 부류의 사촌지간이라 할 수 있는 다른 감정들과는 의미 있게 다르다. 그러므로 이러한 독특함은 특히 철학적인 질문들을 유발한다. 질문들을 간단히 요약해 보면 다음과 같다. 실제 우리에게 본질적으로 해롭지 않은 것인데도, 우리는 그것을 왜 그토록 싫어해야 하는가? 혐오는 유해성과 무관하게 독립적으로 대상을 식별한다. 그렇다면 대상의 어떤 다른 특성에 반응하는 것인가? 무엇 때문에 혐오스러운 것들을 혐오스럽다고 생각하는 것인가? 혐오 대상의 특성 안에 해를 끼칠 수 있는 잠재력이 있는 것이 아니라면, 혐오의 회피적 특성은 무엇으로 구성되어 있는가? 우리는 우리에게 해를 끼치거나 우리에게 잘못하는 것을 자연스럽게 회피하지만, 혐오 대상이 우리에게 무엇을 했기에 우리는 그에 대해 극단적인 거부 반응을 일으킬 수 있는 것인가?[12] 소위 혐오의 존재 이유는 무엇인가? 혐오의 **의미**는 무엇인가? 그 골자와 핵심은 무엇인가?

---

12 한 가지 더 주목해야 할 차이점이 있다면, 두려움과 증오는 순전한 회피 감정이라는 것이다. 하지만 혐오감에는 매력적인 요소가 있을 수 있다(나중에 설명할 것이다). 즉, 그곳엔 양면성이 있을 수 있다. 혐오는 두려움과 증오보다 더 복잡한 "조성(tonality)"을 가지고 있다. 또한 혐오는 두려움과 증오보다 더 본질적인 감각으로 설명될 수 있는데, 혐오는 대상을 감지하는 방식이지만 두려움과 증오는 그렇게 특정될 수 없다. 혐오는 지각과 감정 양쪽 모두에 발 하나씩 걸치고 있는 것이다.

제2장

혐오의 유발 요인들

혐오에 관한 수수께끼를 풀고, 앞서 언급한 질문들에 대한 대답을 하기 위해서, 우리는 먼저 혐오를 유발하는 자극의 부류에 대해 먼저 살펴보아야한다. 혐오스럽지 않은 대상들과 동반되어 나타나는 몇 가지 혐오스러운 현상들을 언급하고자 한다.[1] 그 목록은 혐오스러운 것에 대한 설득력 있는 이론을 정립하기 위한 데이터를 제공하고, 혐오스러운 것의 층위가 놀랍도록다양하고 이질적이라는 사실을 보여준다. 이러한 이질성은 혐오스러움에

---

1 또한 Kolnai, pp.52~72와 Miller, 5장에 만들어져 있는 목록을 참조하라. 그 목록과 필자가 나열한 예들은 강조점의 차이에도 불구하고 상당한 유사점을 보이지만 동시에 중요한 차이점을 지닌다. 그들의 목록에는 곤충과 같은 살아 있는 생물체의 마구잡이식의 떼 지어 다니는 특성이 포함되어 있다. 필자는 그 무리가 해당 종의 특성을 공유하기 때문에 무리가 특별히 혐오적이라는 의견을 이해하기 어렵다. 실제로 소들의 무리나 새들이 떼 지어 다니는 모습을 혐오스럽다고 느끼지 않는다. 그뿐만 아니라 필자는 사람들이 떼 지어 모여 있는 모습도 혐오스럽다고 느끼지 않는다. 그러므로 필자는 떼 지어 다니는 생물체를 그다지 혐오스럽다고 생각하지 않는다. 만약 누군가가 그런 모습을 혐오스럽다고 느낀다면, 물론 혐오 목록에 그것을 첨부해도 좋다.

대한 세밀하고 정교한 설명을 제공하는 매력적인 이론을 도출하는 데 직면하게 될 난제이기도 하다. 그 목표는 다양한 층위의 혐오를 관통하는 이론을 찾는 것이다.

(1) 혐오스러운 대상의 전형적인 예로는 인간 혹은 동물의 (특별히 인간의 경우) 썩어가는 시체를 들 수 있다. 이제 막 사망한 시체의 경우에 혐오를 불러일으킨다고 말하기 어렵지만, 이미 부패가 진행된 사체의 경우가 그러한데, 한때는 살아 있는 인간의 세포였던 것들에서 피부결, 색, 냄새 등의 변화를 일으키는 분해 과정이 섬뜩한 변화를 초래하면서 혐오의 자극제가 된다. 알려져 있듯이, 혐오를 자아내는 이 과정에서 박테리아가 주요한 역할을 수행한다. 물론 혐오의 감정이 이러한 과정에 대한 지식에 선행하므로 이 과정이 혐오 감정의 토대가 된다고 말하기는 어렵지만, 그 분해 과정에서 구더기들의 체내 침입은 특별한 공포를 야기한다. 거기서 생겨나는 냄새뿐 아니라, 부패하는 시체와 신체적 접촉을 한다는 것은 특별히 소름 끼치는 것으로 여겨지지만, 그 모습 자체도 매스꺼움과 구토 증상 같은 강한 혐오스러운 반응을 야기할 수 있다. 우리는 사체가 우리에게 구체적으로 어떤 일을 할 수 있다고 생각해서 두려워하는 것이 아니기에 그러한 강한 혐오감을 야기하는 것이 공포가 아닌 것은 명백하다. 차라리 우리에게 격한 반감과 불편한 감정을 초래하는 것은 부패하는 사체의 감각적 외양인 것이다. 사체 앞에서 우리의 감각들을 차단할 수 있다면, 우리는 혐오가 아닌 다른 태도나 감정을 가질 수는 있어도, 우리가 느끼는 혐오감을 상당 부분 줄이거나 제거할 수 있을 것이다. 결국 우리가 느끼는 것은 무서움이 아니라 공포이고, 겁냄이 아니라 소름 끼침이다. 식인주의(cannibalism)와 사체성애(necrophilia)는 이제 막 사망한 사체를 대상으로 한다고 해도 분명 많은 사람에게 혐오적인 것이다. 그러나 이미 부패한 사체에 대해 식인과 사체성애의 욕구를 수행하는 모습을 바라볼 수 있는 사람은 지극히 예외적인 인간이다! 부패하는 사체는 언제나 어느 곳에서나 충분히 혐오적이다. 그 썩어가는 사

체에 대한 정상적인 반응은 그 감각적 영향권에서 벗어나려고 하거나 태우거나 매장함으로써 인간의 의식을 더 이상 공격할 수 없도록 처리하는 것이다. 또한 시체에 대한 역겨움에도 변곡점이 존재하는 것처럼 보이는데, 죽음 이후 수일 혹은 수 주에 이른 후 고점에 이르렀다가 부패가 진행됨에 따라 상쇄되는 경향을 보인다. 말하자면 일반적인 조건에서 1년이 지난 시체보다는 2주 후의 시체가 훨씬 더 혐오적이라고 할 수 있다. 혐오는 그렇게 특정 지점에서 최고점에 이르렀다가 그 이후 줄어드는데 ― 그렇다 해도 시체는 시체이다.[2]

몸 전체에 적용되는 것은 또한 일부에도 해당된다. 썩은 신체 부위는, 나머지 신체 부위가 건강할 때조차, 혐오감을 유발한다 ― 괴사된 팔다리가 그 대표적인 예이다. 결국 괴저(壞疽) 환자는 생명력을 지니고 있으면서 어떠한 즉각적인 죽음의 위협에 놓여 있지 않다는 점을 생각하면, 시체가 혐오스러운 것은 생명이 없기 때문이 아니라는 것을 보여준다. 혐오를 유발하는 것은 후각, 시각, 촉각과 같은 혐오감을 유발하는 사지에 대한 본질적인 지각 상태이다. 실제로 부패하는 신체 부위가 부패하는 전체보다 더 역겨운 것으로 밝혀질 수 있다 ― 그 이유는 우리가 나중에 밝혀야 하겠지만. 절단술은 부패를 되돌릴 수 없다는 점이 고려될 때 그러한 상태에 대한 일반적인 치료법이다. 확실히, 그러한 부패하는 신체 부위를 가지게 된다는 생각은 우리에게 특히 혐오스럽다는 인상을 주는데, 분명 썩어가는 시체에 대해서 느끼는 감정과는 다르다.[3]

---

2 그러므로 우리에게 혐오를 주는 것은 시체라기보다 특정 시간에 드러나는 시체의 구체적인 모습이다. 여하튼 혐오는 구체적 모습에 따라 변화한다. 그러므로 우리가 알고자 하는 것은 그 모습 중 어떤 것이 혐오를 유발하느냐 하는 것이다.

3 사지에서 중심부로, 손과 발을 먼저 썩게 하는 질병을 상상해 보라. 이러한 살아 있는 것과 부패하는 것의 조합은 의학적인 의미뿐만 아니라 미적으로나 정서적으로나 특별히 끔찍하게 보인다.

그리고 좀비, 나환자, 그리고 뱀파이어가 있다. 살아 있는 썩어가는 시체는 우리를 두렵게 한다. 특히 그것이 움직이기까지 하고, 나아가 설사 좋은 의도일지라도, 우리의 의지에 반하여 우리를 만질 수도 있다는 점에서 그것은 공포스럽다. 썩어가는 냄새와 함께 살아 있는 이 시체는 비록 영화라 할지라도 혐오감을 강하게 유발한다. 나환자는 항상 외면당해 왔는데, 이는 단지 전염에 대한 두려움 때문만은 아니다. 우리를 견딜 수 없게 만드는 것은 나약한 뼈 위에서 부패하고 있는 나환자의 그 살 자체인 것이다. 다시 말하지만, 살아 있는 사람의 몸 위에서 부패하고 있는 육체는 혐오감을 주는 강력한 매개체처럼 보인다. 뱀파이어는 전통적으로 역겨운 존재로 여겨지는데, 주로 혈액과의 연관성 때문이기도 하지만, 또한 그들에 대한 전형적인 묘사, 즉 끈적임, 추위, 창백함, 관 속에 있는 이미지 때문이기도 하다.[4] 그들은 죽었다가 다시 살아났기에, 실제 좀비의 일종이다. 비록 그들은 심지어 살아 있는 존재처럼 행동하지만, 그들의 육체는(그 병적으로 창백한 피부 때문에) 즉시 의심받는다. 뱀파이어는 혈연관계인 박쥐와 함께 있게 되면 더 불리해질 수밖에 없는데, 박쥐들 또한 혐오스러운 존재로 여겨지기 때문이다. 그들은 죽은 것도 아니고 산 것도 아닌 일종의 생-중-사, 즉 죽은 시체와 살아 있는 유기체 사이의 모호한 영역 안에 서 있다. 뱀파이어는 여러 범주를 뒤섞어버리는 것이다.

이 주제하에, 혐오의 원인으로 신체 절단이라는 영역을 추가할 수 있다. 부패의 형태는 분명 아니지만, 신체의 악화 상태라는 공통점을 가지고 있기

---

4 즉, 노스페라투(Nosferatu)에 의해 유명해진 전통적인 뱀파이어를 말한다. 최근 대중문화의 뱀파이어는 영화 〈트루 블러드(True Blood)〉처럼 더 섹시해지는, 매력적인 변화의 흐름을 타고 있다. 그러나 필자는 이 새로운 장르의 뱀파이어가 혐오의 기본 개념을 훼손한다고 생각하지 않는데, 그 이유는 뱀파이어가 여전히 시체와 피의 형태로 혐오와 연관되어 있기 때문이다. 제작자들이 노골적으로 드러나는 절대적 혐오보다 양면성을 드러내는 작업에 좀 더 몰두하고 있긴 하지만, 혐오는 여전히 그 배경 밑에 깔려 있는 것이다.

에, 이는 부패한 시체들을 볼 때 나타나는 반응과 매우 유사한 반응을 유발한다. 머리가 잘리고 몸이 토막 나는 것은 단순히 죽은 상태보다 훨씬 더 혐오스러운데, 단순히 흥건해진 피 때문만이 아니라, 머리가 몸에서 떨어져 나가 뒹구는 그 자체가 끔찍하기 때문이다. 혐오를 끌어내기 위해 목이 잘린 몸에서 굳이 나쁜 냄새까지 풍겨야 할 필요도 없다. 절단된 팔다리의 경우도 위 경우보다는 덜하겠지만 마찬가지이다. 절단 수술을 받은 사람 또한 불행히도 혐오스러운 존재로 보일 수밖에 없는데, 우리는 죽었든 살았든 간에 몸이 절단된 사람을 보았을 때, 일반적으로 그런 공통된 혐오감을 느낀다(이러한 반응이 극복될 수 없다는 의미는 아니다). 아마도 가장 극단적인 혐오감을 주는 신체 분할의 형태는 거세가 될 것인데, 이 또한 일반적으로 남성 생식기가 유발하는 혐오감에 절단이라는 사실이 덧붙여지면서 나온 결과인 듯하다. 수술 후 음경이나 음부가 제거된 모습은 확실히 혐오 유발 요인 리스트의 상위에 오른다. 심지어 잘린 포피에도 소름 끼치는 면이 있다. 가슴 제거술은 불안감을 공유하게 한다. 한쪽이 잘려 나간 코는 참고 보기가 힘들다. 그런 경우 몸이 썩지 않았다 해도, 일상적으로 완전하고 통일된 상태가 극적으로 사라진 것이어서 확실히 마음이 어지럽고 위축된다. 이는 온전하게 기능하는 건강하고 정상적인 신체가 아니라는 걸 알지만, 손상되고 잘려진 신체가 자칫 산산조각 나버리게 되는 상황이라도 되면, 우리는 몸서리 치는 자극을 느끼게 된다.[5] 부패하는 사체가 일으키는 공포의 중심에는 말 그대로 가벼운 압력에도 그대로 무너져 내리는 성향이 분명히 있다. 물컹거리는 사체는 극도의 거부감을 불러일으킨다. 단단했던 몸이 부서지고 물이

---

5 사지 중 하나는 말할 것도 없고, 엄지발가락이나 발가락이 없어져도 경도의 혐오감은 유발될 수 있다 — 손톱을 자르거나 머리를 자르는 것은 아니지만. 신체 부위의 손실은 비록 작더라도 신체 절단과 전신에 대한 허약함을 상기시킴으로써 더 크고 끔찍한 재앙의 상징으로 작동한다.

생겨 질펀거리게 되는 것이 강력한 혐오 요인이 되는 것이다.

주목할 만한 것은 부패하는 사체의 모든 모습이 혐오스러운 것으로 간주되는 건 아니라는 사실이다. 해골이 흥미로운 경우인데, 그걸 보면 갑작스럽게 떨리거나 일반적으로 기피하는 경우도 있겠지만, 일단 최소한 그것에 붙어 남아 있던 살이 완전히 제거되기만 하면, 본질적으로 혐오스러운 것처럼 보이지는 않는다. 방금 전까지만 해도 그 뼈를 덮고 있던 썩어가는 피부 조직과는 달리, 뼈만 있는 것은 혐오를 자극하지 않는다. 해골은 하얗고, 건조하며, 단단하고 "깨끗하다"는 인상을 준다. 그러나 해골에 단 하나의 살점이라도 있으면 혐오 반응을 일으키기에 충분하다. 필자의 생각에 골수는 혐오를 일으킬 수 있지만, 뼈 그 자체는, 다른 방식의 불쾌감을 줄 수 있을지언정, 혐오스럽게 보이지는 않는 것 같다. 특이하게 보존된 시신, 특히 극저온으로 보존 처리된 사체도 혐오도가 낮은 것처럼 보인다. 신체를 얼리는 것이 최소한 어느 정도 혐오 반응을 줄여주거나 미리 예방하기 때문인 것 같다. 그런 경우, 사체의 부패 과정이 시작도 되기 전에 인위적으로 차단되면 우리가 가장 혐오스럽게 생각하는 부패 상태에 이르지 못한다. 그렇게 되면 그것은 단지 냄새도 없고, 변하지 않도록 소독된 하나의 얼음 덩어리처럼 보인다. 몸은 남아 있지만, 생물학적 세계의 파괴적인 힘에 영향 받지 않은 채, 시간 안에서 정지되어 있는 것이다. 또한 주목해 봐야 할 것이 있는데, 식물이 죽은 것은 생물학적으로 말라가고 있을지라도, 일반적으로 혐오스러운 것으로 여겨지지 않는다는 사실이다. 쭈글쭈글한 갈색 잎이나 시들어 빛바랜 꽃은 우리의 혐오감을 자극하지 않는다. 여기서 유기 조직은 생명의 흔적을 잃게 되어 곧 모든 형태가 무너지게 될지언정, 그 자체로는 무해한 것으로 보이고 심지어 환대를 받기까지 한다(우리는 가구의 경우처럼 죽어 있는 마른 나무를 아주 좋아한다). 메말라 축 처진 장미는 슬프고 죽음을 상징하는 것처럼 보일지 모르지만, 죽은 쥐가 불러일으킬 수 있는 메스꺼움을 절대 유발하지 않는다. 이러한 사실은 우리가 혐오에 대한 일반적 이론을 정립할 때 중요하다.

(2) 둘째, 혐오 유발 요인의 두 번째 주요 범주는 특히 우리가 "쓸모없는 부산물"로 생각하는 물질들이다. 여기에는 대변, 소변, 생리혈, 점액, 토사물, 귀지, 고름, 타액, 정액, 피부 기름, 진통 시 나오는 출생액, 비듬, 구취, 퀴퀴한 땀 등이 있다. 이것들은 의심의 여지 없이 혐오의 정도가 다양하고, 맥락에 따라 혐오 반응이 완화되는 것도 있겠지만, 목록 중 일부 항목은 보편적이면서도 견고하게 혐오적인 것으로 나타나며, 이 중 으뜸을 차지하는 것은 대변이다. 그 누구도 (가장 완고하거나 변덕스러운 경우를 제외하고) 뚜렷하게 보이는 인간의 똥을 견디지 못한다. 우리는 그 모습을 본다거나, 만지는 것, 혹은 (악명 높은) 그 냄새를 참을 수 없는 것이다. 의문의 여지 없이(그 질적인 면에 대해서는 나중에 언급되겠지만) 똥은 끔찍하고 혐오적이다. 소변은 생리적으로 대변과 가깝지만 훨씬 더 낫다.[6] 구토도 이와 상당히 가깝다고 하는 말은 맞지만, 대변에 비하면, 그곳에서도 특히 인간 대변이 지닌 본능적(!) 힘은 없다. 인간들이 느끼는 인간 똥에 대한 혐오는, 화장실의 상당 부분이 상대적으로 낙후되어 있다는 관점에서 볼 때, 참으로 세상에서 가장 큰 비참한 상황을 일으키는 원인 중 하나가 된다.[7] 폭군들은 인간의 고통을 극대화하기 위해 종종 사람들 옆에 신체 배설물을 같이 두도록 했는데, 지

---

6 소변은 주로 물로 이루어져 있으며 맑고 투명한 경향이 있다. 따라서 그것은 다른 곳에서 발견할 수 있는 무기물에 가깝기 때문에 우리는 그것을 전혀 혐오스럽다고 생각지 않는다. 소변은 불투명도와 냄새에 비례하여, 즉 수분이 그 안에 차지하는 비율의 희석 정도에 따라 혐오스러워지기도 하는데, 수분이 더 많으면 많을수록 더 낫다.

7 로즈 조지(Rose George)의 『중대한 필수품(The Big Necessity)』은 대부분의 인류에게 적절한 화장실 시설을 제공하지 못하는 세상의 무능함을 강력하게 고발하고 있다. 병폐가 주로 심각한 문제지만 인간의 혐오감 문제도 바로 그 뒤를 따른다. 그 이유 중 하나는, 사람들에게 그 주제는 인기가 없기 때문이다. 즉, 사람들은 인간 배설물에 대한 혐오스러운 문제에 너무 깊게 빠져들고 싶어 하지 않는다. 그러니 영화배우들과 정치인들은 그 문제를 그냥 내버려두고 마는 것이다.

독히 친밀한 용어로 표현하자면, 말 그대로 사람들이 똥 속을 뒹굴며 살게 한 것이다. 그래서 우리는 그토록 어쩔 수 없이 자연스럽게 우리와 가까이 있는 그것의 접근을 피한다. 일반적으로, 인체의 고유한 구멍들(아래에 있는)과 함께 분비물과 배설물은 실제적이고 잠재적인 많은 혐오 유발 요인이다. 살아 있는 인간의 몸은 풍부한 저장고이면서 혐오 물질을 배출하는 공장이다. 매일, 심지어 매시간마다, 유기적 존재인 우리 자신이 만든 오염 물질은 기본적으로 관리되고 저장되면서, 자연스레 나오는 배출물은 몸 밖으로 밀려 나온다. 몸이 번성하고 생존하기 위해 필요했던 유기물질을 분출하면 그동안 우리는 거부감을 느낀다. 이러한 필수 물질은 생물학적으로 필요한 존재이면서도, 우리의 끊임없는 혐오 대상이다. 정액은, 없으면 인간의 생이 이어지는 것이 불가능한데도, 불쾌한 것으로 간주되거나 마치 재질에 문제라도 생긴 것처럼 즉각적인 혐오감마저 드러내게 만든다. 왜 우리는 그토록 무해하고, 그토록 생명에 중요한 것을 거부하는 것일까? 정액은 음미하고 축하해야 할 것이 아닌가? 생리혈도 많은 부분에서 마찬가지인데, 이 또한 강력한 금기와 혐오의 또 다른 근원이라 할 수 있다. 우리는 죽을 때 조용히 분해되는 몸에 혐오를 느끼는 것처럼, 인생의 한창일 때도 짜내고 펌프질하는 몸에 혐오를 느끼는 것 같다.[8]

우리는 이런 식으로 모든 신체 분비물을 지옥 같은 것으로 여기는가? 절대 그렇지 않다. 우리는 눈물이라든지, 방금 솟아오르는 땀, 촉촉하게 젖은 입술은 예외로 한다. 눈에서 흘러 쏟아져 내리는 눈물은 일반적으로 섬세한 우리 감성을 거스르지 않기 때문에 흥미로운 경우라 할 수 있다. 눈물은 끈

---

8 그리하여 건강한 사람도 병든 사람만큼 혐오스러워질 수 있는데, 눈물과 땀은 정액이나 월경보다 덜 혐오스럽긴 하나, 생명의 중요한 근원에 가까이 다가가면 갈수록 점점 더 혐오스러워진다. 혐오 대상의 처음 두 분류 사이의 대조를 주목하라. 첫 번째는 죽음에 관한 것이고 두 번째/는 생에 관한 것이다. 양극에 서 있는 배설하지 않는 죽은 몸과 배설하며 살아가는 몸이 같은 감정을 낳는 것이다.

적거리고 심지어 더러워지기도 하지만, 투명하고 냄새가 없다는 장점이 있다. 만약 눈물이 오줌 냄새를 풍기고 색깔이 유기적인 갈색이라고 한다면, 우리가 어떤 눈물을 흘리게 될지 누구라도 궁금해할 것이다. 특히 질병 증상으로 인해 눈이 눈물범벅이 된 거라면, 고통스러운 혐오감을 자극할 수 있고, 눈물 외에 다른 분비물(피, 눈곱)도 혐오스러울 수 있다. 하지만 정상적인 상태에서의 눈물은 언제든지 흘려도 되는 자유가 주어진다. 심지어 우리는 울고 있는 사람에게 달려가 안아주기까지 한다. 또한 치아와 입 안쪽에 고여 있는 침에 그다지 신경 쓰는 사람도 없다. 땀은 적절한 기능을 한다면 용인되는 것 같지만, 오래되어 냄새나는 땀은 눈살을 찌푸리게 한다. 그래서 우리가 모든 신체 분비물에 혐오감을 느낀다고 말하는 것은 잘못된 말일 것이다. 그래서 다양한 물질과 관련된 혐오감의 계층이 분명히 존재하는데 대변은 혐오 계층 꼭대기에 찬란하게 놓여 있다. 우리는 이 범주를 혐오의 감정적 반응의 패턴으로 분명하게 구별하여 만들었지만 무엇을 기초로 한 것일까?

(3) 우리는 혐오 반응을 많은 구멍에서 나오는 몸의 체액과 체액 덩어리에만 국한하지 않는다. 우리는 또한 몸**에서**(또는 몸과 함께) 자라나, 부드러운 피부를 덮어 형태를 만들어내는 것에도 불쾌함을 느낀다. 우리는 이 카테고리 안에 흠집, 손상, 기형, 그리고 이형 생성이라는 범주를 끼워 넣을 수 있다. 그리하여 여드름, 유좌창(油痤瘡), 종기, 사마귀, 상처, 기형, 딱지, 발진, 쥐젖, 화상, 이형 성장, 종양, 낭종, 붓기, 출생 자국, 점, 이형 성장 모발, 비만, 불균형 형성물, 군살, 접힌 흔적, 느슨한 피부, 주름, 셀룰라이트, 하지정맥류, 변색, 뾰루지 등이 있다. 피부는 사실상 혐오 대상물의 '보물 창고'이다. 그리고 그것은 맨눈으로 관찰되는 경우에만 해당된다. 그러니 사물을 가까이서 보면 더 악랄한 색조를 띠게 마련인데, 즉 현미경 같은 걸 통해 피부를 보면 가장 부드럽고 사랑스러웠던 피부는 움푹 들어가고 선이 패어 있으며 거칠고, 기름기 많으며 추잡한 작은 피부 기생 동물들의 집합 장소로

보인다. 하지만, 가까이서 보는 설정을 차치하고, 인간의 피부는 무수히 많은 강력한 혐오의 장소가 된다. 그래서 가운데가 하얗게 조그맣게 부풀어 오른 작은 여드름 하나가, 이런 게 없으면 예쁜 얼굴이었겠지만, 혐오 반응을 충분히 유발할 수 있다. 피부는 미적(그리고 에로틱한) 매력에도 불구하고, 혐오를 자극하는, 풍부하고 다양한 원천이 된다. 성형수술의 매력은 말할 것도 없고 혐오의 가능성을 최소화시키려고 고군분투하는 화장품 산업이 번창하는 것은 놀라운 일이 아니다. 이 긴 목록에서 특히 흥미로운 것은 노화 현상과 잘못된 머리이다. 한때 팽팽하고 단단했던 피부는 느슨해지고, 처지며, 주름지고, 접혀진다. 겉으로 드러났던 아름다움은 사라지고 나이 들어 육체가 노쇠해지자, 종이처럼 얇아진 피부 껍데기에 대해 눈은 혐오를 느낀다. 여기서 우리는 내면에 있는 영혼의 성숙과 병행하여 훌륭하게 성숙해지는 징후를 보는 대신, 마치 육체와 피부가 우리를 배반하고 타락해 버렸다는 듯이, 혐오와 우울한 감정을 쉽게 겪는다. 그것은 그리 공평해 보이지 않는다. 우리는 혐오를 만지기보다는 피하고 싶어 한다. 어떤 지역에서는 못생긴 노파가 바로 혐오의 정점에 선다. 혐오의 반대편에 있었던 그녀였는데 이제 나이라는 것이 그녀를 혐오의 아바타로 바꿔놓은 것처럼 말이다. 특히 가슴은 끔찍한 강등을 겪는다(한때 가운데가 쏙 들어갔었던 남성의 배가 중년이 되어 불룩해지는 것과 유사한 비유가 된다).[9] 혐오와 나이는 가차 없이 함께 간다. 그리고 피부는 신뢰할 수 있는 시간 측정기로 작용한다.

9　메닝하우스의 책에는 "못생긴 노부인(The Ugly Old Lady)"(pp.84~91)이라는 제목의 절이 있다. 그는 이렇게 썼다. "이 환상(노부인)은 쭈글쭈글한 주름살과 주름, 사마귀, 일반적인 신체 구멍보다 더 큰 것(즉, 입과 항문), 더럽고, 검은 이빨, 움푹 들어간 피부, 아름답게 봉긋하게 솟은 게 아니라 푹 들어가 축 처진 젖가슴, 구취, 역겨운 습관, 그래서 죽음과 부패하는 사체에 가까이 가고 있음을 한꺼번에 모아 보여준다"(p.84쪽). 어쨌든, 이는 정확히 공정한 것이든 그렇지 않은 간에, 다양한 문화적 전통 안에서 드러나는 노부인에 대한 전형적인 고정관념이다.

우리는 털에 관해서, 용납할 수 있고 용납할 수 없는 것에 대한 매우 까다로운 기준을 유지하며, 여기 이 분야에도 역시 전체 산업계가 뛰어들어 혐오 방지 사업을 능숙히 해내고 있다. 머리 쪽에 난 털은 이마에서 너무 멀리 삐죽 돌아 나오거나 목까지 과도하게 침범하지만 않으면 물론 괜찮다. 두피에 국한되어 나는 머리털은 심지어 굉장히 매력적인 것으로 여겨지고 머리숱은 많을수록 더 좋다.[10] 그러나 눈썹이 너무 무성하게 나면 침울해 보인다. 그래서 눈썹을 얇게 밀고 아무리 고통스럽더라도 필요하다면 규칙적인 제모로 정돈해야 한다. 귀와 코는 삐죽 나온 털이 없이 깨끗하게 유지되어야 한다(여기서도 역시 나이가 교묘히 작용한다). 남자의 턱수염은 허용되지만 어느 정도까지 목 아래로 기를 수 있는지에 대한 제한이 있다(가슴 윗부분에서 턱수염이 돌아난다고 생각해 보라). 남성의 경우 당연히 온당한 범위 내에서 가슴에 털이 많아도 되지만, 등은 일반적으로 털이 무성하면 적절하지 않을 부위로 여겨진다. 어깨는 약간 모호한 부위이긴 한데 털이 무성하게 자라면 안 될 곳이다. 그다음 어떤 문화적인 변혁을 겪어왔던 음모라고 하는, 특히 여성의 위험 영역에 도달한다(남성 내에서 증가했으나). 한때 당연하게 풍부한 음모가 허용되었는데, 이제는 자연스레 풍부해진 털에 대해 혐오로 반응하는 것을 확실히 목격하게 된다. 요즘엔 음모를 다듬고 정리하며, 가능한 범위 안에서 완전히 제거하고, 그것이 허벅지 안쪽 밑으로 내려가는 것은 절대 허용되지 않는다. 또한 다른 쪽으로 거꾸로 삐죽 나와서도 안 되는데 그렇게 되면 혐오스러운 자리로 바뀐다. 열대 우림 같았던 음모가 자칫 짙어지거나 변형되기라도 하면 인간의 강한 혐오의 힘에 쫓겨 빠르게 사라지고

---

10 하지만 머리카락이 너무 길어서 바닥에 닿거나 질질 끌리게 된다면 혐오 반응이 약간 나타날 수 있으며, 물론 더러워지고 떡이 되거나 엉켜서는 안 된다. 아무리 윤기 나는 머리털도 일단 머리에서 떨어져 입속에 들어가거나 음식 속에 들어가면 불쾌한 것으로 변한다.

있는 것이다. 털이 하나도 남아 있지 않은 여성의 다리처럼 곧 그것도 진보 상태에 도달하게 될지도 모른다(그러면 남성의 다리는 얼마나 뒤처져 있는 것인가?) 여성 다리에는 당연히 털이 나오는 일이 있어서는 안 된다. 그것은 반드시 자연을 거슬러 털이 하나도 없어야 하고 설화 석고처럼 매끄러워야 한다. 여성 발에 난 털도 즉각적인 혐오감 때문에 일반적으로 허용되지 않는다. 즉, 발가락에는 털이 전혀 없어야 한다. 여성은 적어도 역사의 이 시점에서, 머리 꼭대기 위로 풍성하게 넘쳐 자라고 있는 머리털을 제외하고는 여성의 몸에 허용되는 털은 거의 없다. 남성은 일반적으로 맨 위에는 적게 나타나지만 그 밖의 다른 곳에서는 더 많은 털이 허용된다. 여성 남성 두 경우 모두, 머리카락에는 엄격하게 적용되는 경계가 있고, 그 경계에서 벗어나면 안 된다. 명백한 임의적 독단 방식을 취하게 된다면, 우리는 충격 받아 어떤 연유로 또 어떤 의미로 그렇게 한 것인지 궁금해할 것이다(그런 것은 끝이 종 모양으로 불룩한 바지나 특정 헤어스타일처럼 단순히 지나가는 유행의 결과는 아니다).[11] 주름진 얼굴 위에 커다랗게 털이 돋아난 점은, 인간 피부에 대한 우리의 독특한 태도를 둘러싼 혐오감을 중심으로 맹렬한 거부반응을 집중시킨다.

의심의 여지 없이 필자의 긴 목록의 항목에 대해 훨씬 더 많은 것을 말할 수 있겠지만, 충분히 언급한 상황이라 생각하기에, 이제 지금은 피부로 덮여 있는 육체에 대한 긍정적인 면을 열거할 때이다. 우리는 무엇이 확실히 혐오스럽지 않은 것이라 생각할까? 우선, 색깔과 질감 양쪽에서 균일한 피

---

11 대머리도 혐오 양상을 보일 수 있는데, 특히 병으로 인한 결과거나 특징이 덜한 경우(예를 들어 방사선 치료로 인해 대머리가 된 경우)이다. 몸의 다른 부분들에 난 털은 특정한 길이에만 있어야지 그렇지 않으면 비난 받을 각오를 해야 한다. 손의 털은 겨드랑이 털보다 짧아야 한다. 원숭이와 유인원의 머리털은 많은 사람에게 매력적이지 않은 것으로 보인다(그리고 털이 많은 남자는 등에 원숭이 갈기가 난 사람으로 묘사된다). 하지만 대머리 원숭이가 더 낫다고 생각할까?

부를 가진 단단하면서도 탄력 있는 육체의 경우이다. 비록 극도로 "혈관이 발달한" 보디빌더(bodybuilder)의 경우, 그런 신체를 보면 일부 불편한 마음도 생기지만, 큰 근육은 괜찮다. 우리는 확실히 "정상"을 뛰어넘어 발달된 근육에 대해 어떠한 거부감도 느끼지 않는다. 날씬함은 좋은 것이나 뼈까지 드러나 눈에 보일 정도로 말라서는 안 된다. 주근깨는 완벽하게 허용되지만 촘촘하게 많이 있거나 퍼져 있으면 움찔 놀랄 수 있으며, 두드러지처럼 튀어나오면 안 된다. 군은살은 놀랍게도, 용인되는데 아마도 특히 스포츠 또는 "근면한 운동"을 통해 생긴 경우에는 더욱 그렇다. 그것은 그 자체가 융기된 표면과 촉각 이상으로 만들어진 것이겠지만 우리는 접촉을 피하지 않는다(예를 들어, 벽돌공이나 테니스 선수와 악수할 때). 문신은 발색이 고루 유지되지 않아도, 태어날 때 생긴 점을 바라볼 때와 비슷한 평이한 반응을 이끈다. 여기서 문화적 변화는 문신을 허용하는 데 중요한 역할을 한다. 피어싱(piercing)은 위험한 수준의 가장자리를 맴돌다 결국 혐오스러운 쪽으로(혀, 유두, 생식기) 쉽게 밀려가기도 하지만, 귓불을 뚫어 낀 한 쌍의 귀걸이는 그다지 큰 혐오를 준다고 알려진 바가 없다. 평범했던 화장이 정상의 범위를 다 벗어났을 때도, 혐오의 발톱을 세우지 않는다. 이 모든 예는, 비록 악명 높게 모호한 어휘에 대해 정확한 의미가 부여된다 해도, 혐오의 윤곽을 결정하는 것이 정상적인 것인지 또는 비정상적인 것인지, 자연스러운 것인지 아니면 부자연스러운 것인지 문제가 되지 않는다는 것을 드러낸다. 받아들여질 수 있는 항목은 생물학적 또는 통계적 의미에서 "정상"이 아닌 것들이며, 받아들일 수 없는 항목은 흔히 일반적이고 생물학적으로 규정된(예: 노화) 것들이다.[12] 아직도, 우리는 확실한 경계선을 주장하고 있는데 주근깨는

---

12 일반적인 혐오 아이템은 완전히 "정상적"이고 "자연적인" 것인데, 혐오를 막기 위한 여러 시도는 전형적으로 비정상적인 것으로서, 일부 개발 및 기술이 뒷받침해 주어야 하는 것들이다. 신체가 혐오를 보여주는 측면은 질병이나 신경쇠약과는 아무 관련이 없는 기본

좋고, 사마귀는 안 되며, 큰 근육은 좋으면서도 배가 크게 나오는 건 안 되고, 머리숱이 많은 건 좋지만 목까지 털이 많아선 안 된다는 것이다. 이 모든 것에 대해 어떤 설명이 필요할 것 같다. 확실한 것은 모양이나 재질, 색깔, 즉 문제의 형성물의 일차 및 이차적 특성이 큰 역할을 하는 것으로 보이지는 않는다. 뭔가 좀 더 세밀한 어떤 것이 제기되어야 할 것이다.

(4) 우리는 지금까지 삶과 죽음에 처한 신체의 외부 모습을 고려했는데 내부는 어떨까? 여기, 특히 어둡고 음산해 보이는 것들이 있다. 일단 우리가 피부 표면 아래로 내려가 보면, 몸은 그 자체가 꿀렁거리는 기관, 축축한 조직 및 시끄럽게 흐르는(피, 담즙, 콸콸거리는 음식물) 체액의 혐오적 집합체로 드러난다. 뼈만이 이 추잡한 풍경에서 그나마 편안한 느낌을 줄 수 있는데, 그 하얗고 순수한 뼈들은 모든 혐오감을 주는 것들에 거의 질식당할 정도로 둘러싸여 있다. 심장, 간, 폐, 신장, 창자, 그리고 **뇌**, 이 중 어느 것도 감각에 그리 기분 좋은 것이 아니다. 이 모든 장기가 연약한 피부에 둘러싸여 신체의 내부에 안전하게 자리 잡고 있을 때는 이 흉물스러운 것에 대한 눅눅한 생각들을 견뎌낼 수 있으나, 일단 수술이나 외상으로 개방되면, 혐오가 우리 심장을 크게 두드려 가슴을 쿵쾅거리게 만든다. 아직도 살아 있는 상태에서 내장이 떨어져 나와 노출되는 것보다 우리에게 더 혐오스러운 것은 거의 없다. 그러나 고동치는 피 묻은 심장은 보는 것만으로도 대부분의 사람 뱃속을 뒤집어놓기에 충분하다. 이 모든 것을 보는 것만으로도 충분히 끔찍하지만, 피로 범벅이 된 몸 안에 맨손(또는 얼굴!)을 집어넣는 모습이라도 보게 되면 (외과의사는 특별히 냉담한 마음의 근육을 키워야만 할 것이다) 우리들 대부분은 공포 속에 빠진다. 신체 구멍에 대한 공포의 일부는, 우리 각자에게 정육점 모습과 다를 바 없는 신체 내부 노출의 위협에서 유래한

적 삶의 과정에서 필연적으로 나타나는 경우가 많다.

다. (질은 특히 이런 불안감을 민감하게 조성하는 듯 보이는데 내부와 외부가 너무나 생생하게 맞닿아 있기 때문이다.) 더 높은 속성 차원에 매우 중요한 자리를 차지하고 있는 두뇌는, 물리적인 현실에서 거의 생각해 볼 수 없는 것이, 두뇌를 보거나 만지거나 하는 것(또는 맛보기!)인데, 이는 대부분의 사람들이 견딜 수 있는 범위를 넘어서는 일이다(필자는 약품에 절여진 두뇌를 메스껍게도 맨손으로 살짝 들어본 적 있다). 우리의 겉 조직이 투명하여 안에 있는 뇌의 해부학적 모습을 확연히 드러내 보여준다면 어떻게 되었을지 궁금하다. 가벼운 상처로 피가 흐르면, 우리는 이것 없이 살아가게 될 내부에 대한 생각 속에 이미 빠져든다. 근육이 잘려 나가 큰 상처라도 나면 침착하게 그걸 마주한다는 건 불가능하다. 우리는 내부가 드러나지 않도록 계속 유의해야 하고 내부의 실제 모습에 너무 신경 쓰며 생각하지 말아야 한다. 얼굴에서 뺨을 도려내는 것만으로도 강심장이 아닌 자는 충분히 혐오 충격에 휩싸이게 된다. 피부는 혐오를 막아주는 일종의 덮개 같은 완화 장치로 작용하는 것이다. 다시 한 번 사악한 인간들은 이러한 자연스러운 공포를 이용하여, 희생자와 그를 보는 사람들 양쪽 모두에게 혐오감을 불러일으키는(고통이 충분하지 않다는 듯이) 참수, 내장 적출, 화상, 열상, 피부 가죽 벗기기 등의 형벌과 시련을 내린다. 미모, 즉 아름다움이란 피부 한 껍질 깊숙한(심지어 이곳에도 피부 손상 위험이 있다) 차이의 피상적인 것에 불과하다고 사람들은 말하지만, 우리 모두 사람의 내부가 다 똑같이 혐오스럽다는 것을 알고 있다.[13] 그리고 주목할 것은 여기서 위세를 떨치고 있는 혐오감은 죽거나 부패하거나 비정

---

13 여기서 나타나는 흥미로운 아이러니는 영혼이 종종 "내부" 또는 "내적"이라 묘사된다는 것이다. 그러나 영혼은 비(非)혐오스러운 항목의 패러다임인 반면에 문자 그대로 신체 내부는 강한 혐오로 가득 차 있다. 어떤 이유인지, 우리는 이런 개념들의 충돌을 감지하지 못한다. 신체 외부는 내부에 거주하는 영혼과 내부 기관 모두에 대해 오해의 소지를 불러일으키는 마스크 역할을 한다. 그러나 영혼과 내부 기관은 혐오 스펙트럼의 양 반대편 끝에 각기 속해 있는 것이다.

상적이거나 병이 나거나 유독한 것이 아닌, 완전히 정상적인 삶의 과정에서 만들어진다는 사실이다. 제 역할을 다하는 건장하고 튼튼한 간이, 확실히 지구상의 가장 비참한 생명체만큼이나 육체적 혐오감을 불러일으킬 수 있다. 사실, 죽고 건조된 장기들은 습하고 살아 있는 것보다 혐오를 덜 느끼게 할 수 있는데, 여기서 살아 있는 생생한 광택 그 자체가 혐오를 끌어내는 부분인 것이다.

이러한 일반 혐오 대상에서 제외되는 신체 기관이 있는가? 글쎄, 피부는 하나의 기관이고, 여하튼, 몸에 피부라는 옷이 입혀지면, 혐오의 가능성이 적어진다(일단 피부가 몸에서 벗겨지면 빠르게 혐오스러워진다). 동물의 털은 일반적으로 혐오감이 거의 없지만 피부는 경우의 세부 사항에 따라 (코끼리는 괜찮지만, 뱀은 그다지 많이 괜찮지 않음) 혐오감을 불러일으킬 수 있다. 피부와는 별개로 눈이 혐오의 영역에서 가장 멀리 있는 것 같은데, 실제로 눈은 비교적 위험 없이 쳐다보고 들여다볼 수 있다. 그러나 눈은 위험할 수도 있는 예민한 성향이 있어 심지어 아슬아슬한 줄타기를 하는 걸로 보이는데, 눈은 자칫 광택이라도 잃게 되면 핏발이 서거나 눈물을 흘리게 되고 두 눈이 제거된다면 즉각적인 공포 이야기로 변한다[리어왕(Lear)의 글로스터(Gloucester)에 대해 생각해 보라]. 그래도 눈은 신장보다 훨씬 더 나은 것으로 여겨지는데, 하지만 만약 신장의 기능이 신체적인 눈의 외모를 가진 장기로 수행되었다면, 우리의 감정은 어땠을까? 입도 애매모호한 경우이다. 입은 확실히 매력적인 것으로 생각되어 여러 종류의 친밀한 접촉을 이끌고 유도하지만, 한편 신체 내부로 들어가는 입구가 되기에, 갑작스러운 거부감도 일으키게 하는 곳이다. 그런 다음 입에는 소화 기능이 있고 항문과의 통합적 관계를(기본적으로 동일한 시스템의 입력 및 출력) 가지고 있다. 입술은 일반적으로 깨끗하지만 혀는 빠르게 혐오적 측면을 드러내고 목구멍은 분명히 언급하기 어려운 곳으로 향하는 통로가 된다. 입에 대한 우리의 태도는 여러 기능과 용도를 감안할 때, 분명히 매우 양면적이다. 그러나 그것도 혐오의 촉수를 완전히 벗어나는 기관은 아닌데, 신체 내부에는 그런 식의 기관들이 너무 많이 있다. 생식기, 특히 여성 생식기의 경우에도 마찬가지인데, 그것은 내부로 들어가는 입구이자 총체적인 해부학적 구조의 일부로서, 신체의 표면적 위치를 차지한다. 생식기, 그것은 우리가 더 조사해야 할 것이긴 하지만, 그 경우 초기 원시적인 혐오 반응이 좀 더 정교한 형태로 발전하여 매우 다양하고 복잡한 심리적 상황을 드러내고 있다. 어쨌든, 질은 입(종종 비교되는)과 함께 신체의 소름 끼치는 내부로 혼란스럽게 진입할 준비를 갖추었다는 공통된 면모를 지니고 있어서, 내부에 대한 같은 반응을 이어받고 있다. 페니스는 매우 약화된 형태로 질과 같은 기능을 한다고 말할 수 있는데, 페니스 안쪽 말단에 신체 내부와 이어지는 작은 구멍을 보여주기 때문이다. 그뿐만 아니라 페니스는 혐오스러운 것으로 드러난 내부로부터 무엇인가를, 말하자면 정액(물론 소변도)을 외부 바깥으로 운반한다. 정액 안에 있는 몸의 끈적거리고 은밀한 내부에 있던 무언가가 페니스의 도관을 통해 바깥세상으로 나가는 길을 찾아 가는 것이다. 그러므로 페니스는 혐오스러운 내부와 모호한 관계를 가지고 있다. 당연히 항문도 마찬가지다. 혐오는 여러 군데 위반의 영역이 있고, 몸 안의 내부와 외부를 구별 짓는 어떤 해부학적이거나 정서적으로 예리한 구분선이 정말 없기에, 위치상으로 쉽게 한정할 수는 없다. 피부의 경계선에서 나타나는 강렬한 정도를 줄이는 것만으로도 그 유기체 전체를 받아들이게 되는 경향이 있기 때문이다. 결국 외부는 내부의 외부일 뿐이다.[14]

(5) 지금까지, 인간의 몸이 우리의 주요 관심사였지만, 우리는 그 외에도

---

14 몸의 외부 피부는 마치 내부가 나가려고 압박이라도 하는 듯, 그 혐오스러운 내부 장기들이 흘러나가지 않도록 가두며 방어하고 있다. 이는 아주 작은 상처에도 새어 나오는 피의 경우와 아주 잘 들어맞는다. 우리가 외부에 대해 인식할 때 내부에 대한 생각을 못하게 한다는 것은 어려운 일이다. 그래서 혐오는 안쪽에서 바깥쪽 몸의 표면을 향해 퍼져 나가기 쉬운 것이다.

많은 것에 혐오감을 느낀다고 말할 수 있다. 우리가 인간이라는 하나의 종에게 혐오감을 느낀다고 말하는 것은 과장된 이야기가 될 터인데, 그 이유는 우리의 혐오 반응이 좀 더 선택적이기 때문이다. 하지만 다른 동물 종에 대해서는 비선택적인 방식으로 정말 혐오스럽다고 말한다. 우리는 동물의 경우, 단지 어떤 개별적 특성에만 한정시키는 것이 아니라, 마치 동물 전체의 정체성이 우리에게 혐오스럽다는 듯이, 더 넓은 범위를 적용한다. 심지어 후기 자본적 서구 문화 내에서도 약간의 개인차가 있을 수 있지만, 다음의 동물 종은 상당히 광범위한 혐오감을 유발하는데, 일반적으로는 곤충이 있고, 특히 바퀴벌레, 파리, 거미, 뱀 그리고 다른 파충류들, 쥐, 박쥐, 돼지, 생쥐, 민달팽이, 지렁이, 구더기, 촌충 및 다른 기생 벌레들, 곰팡이 형태의 박테리아, 해파리, 문어, 굴이 있으며, 그리고 아마 틀림없이 그 외 다른 것들도 있을 것이다. 다시 말하자면 혐오의 정도는 이러한 종에 따라 다를 수 있지만, 그 현상은 확고하고 매우 강력하게 나타난다. 혐오의 범위는 어패류에서 곤충을 거쳐 포유류에 이르기까지 많은 종과 문을 포함한다. 이 목록은 동물학이나 심지어 자문의 관점(혐오 대상 중 일부 어떤 것은 해롭지 않고, 또 다른 것들은 위험하다고 하는 관점)에서 나온 것이라 독단적으로 보일 수 있으므로, 무엇이 이런 이질적인 동물군을 하나로 묶어주는지에 대한 의문이 제기될 수 있다. 어떤 동물은 음식 훔치러 우리들 집으로 오기도 하고 어떤 동물은 그러지 않는다. 어떤 동물은 병을 옮기기도 하지만 다른 동물은 그렇지 않다. 어떤 건 사람에게 들러붙지만 또 어떤 건 전혀 아니다. 이는 난잡하게 마구 뒤섞인 모습으로 보인다. 공통점은 어디에도 존재하지 않는데, 그것을 찾겠다고 그저 절망에 싸여 비이성적으로 혼란스러워하고 있는 것일까? 혐오의 정의는 단지 무의미한 이분법일까? 우리가 지금까지 파악한 항목의 범위를 고려해 보면, 회의론자라면 그렇게 생각해도 무방할 것이다. 그러니 우리는 좀 더 살펴봐야 할 것이다.

그냥 단지 동물이 일반적으로 혐오스럽다고 말할 수 있다면 더 간단할 것이지만, 확실히 동물을 혐오스럽게만 생각하는 건 아니다. 우리는 어떤 동물을 심지어 애완동물로 기르고 싶어 하고, 쓰다듬으며, 무릎에 앉히고 신체적 접촉을 즐거하지 혐오하지는 않는다. 일반적으로 고양이, 개, 새, 토끼, 기니피그, 사슴, 코끼리, 그 밖에 긴 목록에 열거되는 등등의 것들을 싫어하지 않는 것이다. 사실, 우리가 동물들에게서 어떤 혐오적 특징을 (우리가 같은 인간들을 혐오하듯이) 발견해 낼 수도 있겠지만, 안전상의 이유를 제외하고는 동물들의 존재 자체를 거부하는 건 아니다. 흔히 돼지와 쥐를 보고 혐오를 느끼는 것처럼, 사람들은 무서워 죽을 지경인 데도, 사자를 그만큼 혐오스럽다고 생각하지 않는다. 어떤 영장류들의 엉덩이는 섬세한 감성을 상하게 할 수도 있지만, 간단히 말해 우리는 이들이 혐오스럽다고 생각하지 않는다. 모든 동물은 배변을 해야 하기에, 그만큼 우리의 혐오감을 끌어당기지만, 말하자면 벌레에 대한 혐오감과 그것은 아무런 관련성이 없다. 이말은 우리가 궤도에서 심각하게 벗어난 것이 아니라면, 우리 반응의 기저에 깔려 있으면서, 어떤 동물에게는 있는데 다른 동물에게는 없는 무엇인가가 우리 안에 틀림없이 존재한다는 말이 된다. 다시 말하면, 이 혐오스러운 대상들은 삶의 최고 전성기를 누리며 아주 건강한 상태에 있고 위협이 전혀 안 되는, 완전히 무해한 존재일 수 있는데도, 우리는 여전히 그것들과 가까이 있는 것을 견뎌내지 못한다는 것이다(평범한 민달팽이가 "당신의 맨다리" 위를 느리게 올라오는 그 느낌을 생각해 보라). 아무리 해롭지 않다 해도 벌레들은 일반적으로 특별한 거부반응을 일으키는 것 같지만, 그중에서도 무엇보다 가장 혐오스럽게 여겨지는 것은 우리 몸 안에서 살고 있는(우리의 죽은 살을 먹고 사는 것들) 그런 종류의 벌레들인 것 같다. 필자가 열 살쯤에 촌충에 대해 처음 들었을 때가 생각나는데, 이 때문에 일주일간 거의 잠을 자지 못했고 내 뱃속 안쪽 어딘가 그 무서운 것이 숨어 있을지 모른다고 생각하니 속이 끊임없이 울렁거려 편치 않았다. 특히 기생충이 마음껏 배불리 잘 먹은 후 불운한 희생자의 항문에서 그 사악한 머리를 들고 나타났을 때의 그 모습은 확실히 상상해 볼 수 있는 것 중에서 가장 혐오스러운 것이었다. 기생충이 사람에게 어떤 해를 끼치지도 않고, 어쩌면 많이 먹어도 살찌지 않게 해줄 수도 있으며, 어쩌면 내 뱃속까지 깨끗하게 만들어줄 수 있을 텐데도, 그것에 대한 생각은 여전히 공포스러운 것이었다. 공포는 언제 일어나는 것인가? 개가 물려고 하는 것은 단순히 공포스러운 어떤 것에 불과하지만, 왜 이것은 그토록 심미적으로, 본능적으로, **실존적으로** 역겹게 다가오는 것인가? 혐오스러운 상존재를 설명해 주는 것은 무엇인가? 필자의 질문은 벌레의 형이상학이 무엇인가 하는 것이다.[15]

(6) 동물들이 혐오스러워질 수 있다면, 식물은 어떠한가? 여기서의 혐오 분포도는 0으로 음영 처리되기 시작하지만 그래도 간혹 혐오의 감을 잡을 수도 있다. 확실히, 썩은 식물은 특히 그것을 먹고자 하는 상황일 때(예를 들어 냉장고 뒤에 처박혀 있다 썩어 질퍽거리게 된 오이) 혐오감을 불러일으킬 수 있다. 야채에 곰팡이가 생기는 것은 명백한 혐오 대상이다. 여기서 부패하는 동물의 몸과 유사하다는 것이 드러난다. 한때 살아 있던 유기체가 썩고 망가지게 되어 물컹해지고 냄새나며 변색되는 것이다. 하지만 싱싱한 식물도 가끔 혐오의 대상이 되는 경우가 있는데 상대적으로 미약한 것이라 해도, 조류나 해조류, 곰팡이는 혐오 반응을 일으킬 수 있다. 질척질척해 보이는 식물은 부정적인 꼬리표가 따라붙고, 어떤 식물들은 자연발생적으로 더러

---

15 카리브해의 아름다운 하버(Harbour)섬에서 바다를 바라보며 점심을 먹었던 적이 있다. 필자는 배를 묶어두는 하얀 밧줄 길이만 한 것이 다소 낡고 조잡하게 물살에 흔들거리며 떠다니는 것을 내려다보고 있었다. 잠시 후 필자는 이것이 스스로 움직이고 있다는 것을 깨닫게 되었는데 보고 있던 그것은 밧줄이 아니라 바닷속 밑에 있던 똥을 먹고 있는 기다랗고 하얀 지렁이들이었다. 갑작스럽게 필자에겐 그것이 인간의 창자가 물속에 떠 있는 것과 완전히 똑같아 보이기 시작했고 강한 혐오의 충격이 밀려와 점심 식사도 아예 거르고 말았다. 인간의 창자가 거기 버려져 **있다**고 생각해 보라. 진짜 역겨웠을 것이다. 하지만 이 거대한 흰 바다 지렁이들은 길쭉하게 너덜너덜한 구더기처럼, 정말 더 끔찍했다. 필자는 두 눈을 껌벅거리며 그걸 보다가 죽다 살아난 것이다.

위진 듯 보인다(버섯이나 독버섯은 종종 흙이 달라붙는다). 나무 균류 같은 기생 식물들 또한 역겹게 느껴진다. 우리는 확실히 발가락 사이의 곰팡이(무좀) 같은 식물균류를 혐오하고 인체 피부에 붙어 자라는 초질류는 분명히 강한 혐오를 불러일으킬 것이다. 그러니까 동물계만큼 강력하진 않더라도, 식물 학계에 혐오 자극이 전혀 없는 건 아니다. 그래도 여전히, 대부분의 식물은 동물들의 방식만큼 거부감을 느끼게 하지 않는다. 꽃, 나무, 풀과 선인장은 정반대로 혐오의 기미조차 보이지 않는다. 그것들은 우리의 혐오를 자극할 만한 특별한 특성조차 가지고 있지 않다. 그것들의 내부는 단지 외부에서 보이는 모습만큼 무해하고, 식물이 썩는다 해도 썩은 동물 시체처럼 취급되 지 않는다. 설령 식물이 불쾌한 냄새가 난다 해도, 늘 그렇듯 이 때문에 메 스꺼움까지 느끼는 건 아니고, 일반적으로 식물의 냄새는 기분 좋거나 중립 적이다. 쥐와 달리 혐오에서 멀리 떨어져 있는 장미는 혐오의 대상과 아주 반대되는 것이다(장미가 "쥐"로, 쥐는 "장미"로 불릴 수 있다는 것을 받아들이기조차 어렵다). 이렇게 일반적으로 허용되는 것을 감안해 볼 때, 왜 우리는 식물 중 일부를 심지어 약간 유해한 것으로 분류하는 것일까? 독성이 있는 식물은 위험성 때문에 적절히 선별되었던 것이고 자양분이 많은 식물과 대조되지 만, 그것은 혐오/비(非)혐오로 구분된 것이 아니다. 독성 식물은 실제 혐오 적인 것으로 나타나지 않았고 몇몇 자양분이 있는 식물들(해초)은 많은 사람 에게 잠재적인 음식이지만 혐오스럽다고 여겨진다. 질척질척함을 애기해 볼 수 있겠지만, 혐오가 그런 것으로 구성될 수 있는 것일까? 모든 혐오스 러운 것들이 질척질척한 것은 아니다. 그리고 여하튼 질척함은 왜 문제가 되는가? 좀 더 깊은 분석이 필요하다.[16]

---

16 나무줄기에서 흘러나오는 수액은 어떠한가? 그게 혐오스러울 수 있을까? 그럴지도 모르 지만, 그렇다면 이건 필자의 생각에 점액과 다른 신체적 분비물을 생각나게 하기 때문인 것 같다. 그것은 어느 정도 적극적 관찰이 필요한 혐오 대상이지만 분명히 부차적인 것처

(7) 다음 카테고리는 유기체나 유기체의 일부 또는 특성(가장 확장된 의미를 제외하고)에 대한 것이 아니다. 이번에는 단순히 말해 **흙먼지**이다. 흙먼지라는 개념은 과학적인 것이 아니다. 이에 대한 자연적인 종류라는 건 없다. 오히려, 흙먼지는 우리가 다소간 더럽다고 **생각하면서** 그에 대한 감정적 반응에 따라 정의된 범주이다. 1차적인 종류의 먼지는 피부에 달라붙게 되는 종류로서 그것을 제거하려면 약간의 노력, 즉 비누와 물이 필요한 종류의 것이다. 하지만 그러한 정의를 내리기 거의 어려운 것이, 위장 물감, 향수뿐만 아니라 비누 자체도 (방금 사용하면 냄새가 나는 것처럼) 포함하여 화장품 메이크업도 달라붙는 그 특성을 공유하기 때문이다. 어떤 것이 더러운 것으로 인정받기 위해서는 개별적으로 더러운 인간이나 아니면 적어도 그의 동료(더러워진 아이와 유달리 깔끔 떠는 부모가 같이 있다고 생각해 보라)가 혐오를 불러일으켜 그것을 제거하고 싶은 욕망을 자극해야 한다. 먼지와 오물은 우리 주변에 있다가, 우리가 세상과 접촉할 때 들러붙는다. 그렇게 되면 우리가 반사적으로 말하듯, 손과 발은 지저분해지고 너무 더러워지는 것이다. 최악의 더러움은 의심할 여지 없이 대변이지만 다른 종류의 물질도 있다(질이 양보다 중요하다). 더러운 물질은 이제까지 고려해 왔던 모든 것처럼 특별히 유기적일 필요는 없다. 어떤 금속의 미세한 먼지가 몸에 달라붙을 때처럼 순전히 화학적인 먼지도 있다(당신은 녹슨 물건으로 꽤 더러워질 수 있다). 먼지는 일반적으로 몸의 냄새(및 맛)뿐만 아니라 색깔을 변화시키고 끈적거리기 쉽게 만든다. 신체 자체에서 나오는 분비물과 배설물의 더러움은 크게 눈살을 찌푸리게 하는데, 경건한 신의 계율과 나란히 하는 청결의 개념으로 인해, 자신의 대변으로 문대는 것은 예의 바른 사회에서 일반적으로 용인되지 못하는 것이다. 이른바 개인위생은 땀, 소변, 배설물, 점액, 귀지 등등 우리의

럼 보인다.

더러운 내부로부터 바깥으로 흘러나오는 더러움을 관리하는 체계적 노력이다. 외부에서 들어오는 먼지는 그렇게 악랄한 것은 아니지만, 잘 살펴보지 않은 채 놔두게 되면 문명 집단으로부터 계속 지탄받아 추방당할 것이기 때문에 얼굴에 흙먼지를 묻히고 손톱에 때가 낀 채로 사적 데이트에 나서게 된다면 그 더러움이 아무리 "무해한" 것이라 해도 현명하지 못한 일이 될 것이다(위생 근무자들은 말할 것도 없고, 석탄 광부들은 이런 면에서 힘든 시간을 보내고 있다). 어느 정도 쌓여가는 먼지는, 아무리 개별적으로 몹시 깐깐하게 구는 사람조차도 하루가 지나면 피할 수 없는 것이라서, 우리는 매 24시간 혹은 그 정도마다 온몸의 먼지를 씻어내기 위해 온갖 노력을 기울여야 한다고 생각한다(음, 영국에서는 그렇게 자주 하지 않을 수도 있다). 운동 후 땀이 많이 나면 즉시 씻어내야 하므로 테니스 선수 같은 사람들은 자주 샤워해야 한다. 물론 이것은 모두 정도의 문제라 할 수 있는데, 현미경으로 보면 아무리 "위생적인" 사람이라도 먼지가 보일 것이고, 먼지는 매순간 공기를 통해 공해, 꽃가루 등등의 형태로 우리 몸에 달라붙기 때문이다. 그래도 먼지는 눈에 띄지 않아야 하며 빨리 없애야 한다. 그러나 다시 질문하겠는데, **왜** 우리는 그토록 까다롭게 구는 것일까? 먼지 안에 무엇이 있길래, 우리는 그렇게 혐오하는 것일까? 어떤 동물들은 진흙 속에 파묻히는 걸 즐기고 돼지들은 온갖 종류의 오물 속을 뒹굴며 다닌다. 하지만 우리는 손톱 밑에 때가 조금이라도 있으면 아무리 무해한 것일지라도(손톱 **위에** 매니큐어로 까맣게 칠하는 건 신경 쓰지도 않으면서) 신경질적인 혐오를 느낀다. 게다가, 우리는 몸에 먼지 붙는 것을 싫어할 뿐만 아니라 먼지가 몸을 통해 옮겨질 가능성이 없는데도, 주변 환경에 먼지 앉는 걸 참지 못한다. 먼지가 실제 집 안에 있어 사람들을 더럽게 하는 것이든 말든, 집을 온전히 깨끗하게 유지하고, 쓸고, 문질러 닦아야 하는 것이다. 그리고 천장의 높은 거미줄도 혐오를 벗어나지 못한다. 일부 지나치게 깔끔한 사람들은 종이 서류나 책이 어지럽게 흩어져 정돈되지 않은 것만으로도 더러움을 느낀다. 우리는 몸이 더러워져 씻어야 할 때는 "어질러진 것부터 치워야" 하는 것이다. 지저분한 요리 도구는 특히 더 깨끗이 문질러 닦아야만 한다고 느낀다. 냉장고 또는 오븐은 오염 물질이 더 들러붙기 전에 즉시 미리 미리 닦아놓아야 하는데 그렇지 않은 경우가 많으니, 끔찍하게 더러운 오염원이 되기 쉽다. 먼지는 끊임없이 우리 주변에 들어와 쌓이고, 우리는 그것을 몰아내려 전쟁을 치른다. 혐오는 닦고, 문지르고, 쓸고, 광을 내는 우리의 모든 노력을 이끌어내는 원동력인 것이다.

혐오의 범주라는 것이 변칙적인 예외도 없이, 단칼에 건조하게 만들어진 것처럼 보일 수도 있다. 그러나 문제는 그리 간단하지 않다. 필자는 이전에 몸에 덧붙여 문지르는 물질 형태로서 매력을 **가꿔주는** 메이크업 화장품을 언급한 적이 있는데 그것 말고도 헤어 젤, 모이스처라이저(moisturizer), 피부 회춘제, 향수, 자외선 차단제, 및 태닝을 도와주는 제품도 있다. 이런 종류는 너무 오래 방치하면 더러운 범주 안에 들어갈 수도 있지만 새 제품이면 불평할 일이 없다. 또한 우리는 옷이 먼지처럼 피부에 들러붙는 것이라 해서, 옷을 몸을 더럽히는 먼지의 종류로 여기지는 않는다. 먼지가 작아서 떨어져 나갈 수 있는 것이기 때문일까? 하지만 우리가 몸 위에 한 번에 작은 입자가 뿌려진 스웨터가 있다면 그것을 혐오스럽다 생각할까(보디페인팅을 떠올려보라)? 옷은 더러워질 수 있지만, 아무도 옷을, 아주 간단히 벗어버리면 사라져버리는, 커다랗고 알록달록한 종류의 먼지쯤으로 생각하지 않는다. 낡고 누더기가 된 셔츠 또는 빛바래서 나뒹구는(하지만 깨끗함!) 속옷이 만약 있다면 어느 지점에서 더러운 것의 범주로 들어가는 것일까? 일회용 반창고가 붙어 있거나 사마귀 제거 연고가 발라져 있다면 더러운 종류인가? 배꼽에 솜털이 조금 나 있는 건 어떠한가? 몇 가지 애매한 경계선들이 있는 경우에는 범주의 가장자리가 흐릿해질 수 있다. 확실히, 그것은 달라붙는 물질의 문제가 아니다. 만약 그것이 문제라면 벽걸이 장식이 거미줄처럼 나쁘고 얼굴에 바르는 파우더가 석탄가루처럼 나쁠 수도 있다. 털은 겉

보기에 더러운 것들의 형태와 비슷하더라도 결국 더러운 것은 아니다. 그런데 털은 일단 면도를 하거나 잘리게 되면 더러운 것이 된다. 더러움의 범주는 단순히 물리적 형태 구조나 몸에 그저 들러붙어 생기는 것과는 다른 어떤 것으로 구분되어야 한다. 더러운 것은 물리학자가 관심 있어 하는 물질의 범주가 아니다. 더러운 것은 혐오에 나타나는 것으로, 대략적이나마 포괄적인 문제로 정의되어야 한다. 그런데 무엇이 혐오스러워지는 것일까? 사물이 더럽기 때문에 혐오스러워지는 건 아니다. 사물이 혐오스럽다고 생각하기 때문에 더럽게 보이는 것이다. 이러한 이유로, 혐오의 범주에서 독립적인 혐오는 무엇인지에 대한 어떠한 설명도 부족하다. 시체, 배설물, 벌레들이 더러우므로 혐오를 느낀다고 말하는 것은 전혀 설명에 도움이 되지 않는 것이다.[17]

(8) 지금까지 혐오의 양식은 특성상 감각적인 것으로, 어떤 것의 시각, 후각 또는 느낌이 혐오스럽다고 하는 것이었다. 그러나 그런 것만이 그 분야의 자리를 차지하고 있는 것은 아니다. 행동의 형태도 혐오스럽다는 것을 발견할 수 있다. 그러한 모든 경우가 분명 서서히 나타나는 것이긴 해도, 엄밀한 의미에서 전부 도덕적 혐오감에 해당하는지 여부는 분명하지 않다. 그러나 도덕적 혐오는 우리가 지금까지 고려해 왔던 것보다 좀 더 "추상적"이라서, 지각보다는 개념의 문제라 할 수 있다. 중요한 것은 혐오를 느끼는 주체가 활동을 인식하는 방식이 아니라 활동 그 자체의 본질, 즉 활동에 대한 바로 그 생각이다. 필자는 주로 "일탈"로 간주되는 성행위와 관련된 혐오감을 생각하고 있다. 그러한 반응은 문제가 된 행위와 관련된 일반적인 의견

---

17 콜나이는 더러움에 대한 상세한 논의를 펼치며, 다음과 같이 말한다(Kolnai, pp.55~56). "명백한 삶과의 지향적 관계, 삶의 성쇠와의 지향적 관계가 존재한다. 손은 손으로 하는 활동을 통해 더러워지며, 속옷은 착용을 통해 더러워진다. 그리고 종종 오물의 형성에서 유착시키는 역할을 하는 땀이 있다. 더러움은 어느 정도 단순히 생명의 흔적이 존재함이오, 소멸되지 않음이다."

상태에 따라 다양하지만, 많은 사람이 혐오스럽게 느끼고 있는 것으로는 이종 간의 성교, 소아성애, 동성애, 항문성애, 구강성애, 자위, "프렌치 키스", 비정상 체위 성교, 출산을 배제하고 쾌락만을 쫓는 섹스 같은 것들이 있다. 대부분의 경우 혐오의 판단은 도덕적 평가가 수반되어 있지만, 두 가지 별개의 태도, 즉 혐오에 대한 미학적 태도와 비난에 대한 도덕적 태도가 관련되어 있음을 살펴보는 것이 중요하다. 의심할 여지 없이 많은 이들이 미학적 혐오감으로부터 도덕적 판단으로 옮겨가면서 그 두 가지를 혼동한다.[18] 그러나 그리하면 분명 불합리한 추론이 되는데, 사물이 완전히 혐오스럽게 보이지만 그것에 대해 도덕적으로 말할 수 있는 것은 아무것도 없기 때문이다. 우선, 모든 이들이 이러한 관행을 혐오스럽다고 하는 것에 동의하는 것은 아니지만, 도덕적 판단에는 그러한 상대성을 적용시킬 수 없다. 우리 관점에서 볼 때 더 의미심장한 것은, 어떤 행위가 혐오스럽다고 판단 내리는 것과(판단 내리는 자에 관한 한) 또한 그 판단이 도덕적으로 허용될 수 있다고 생각하는 것이 매우 일치한다는 사실이다. 예를 들어, 이성애자는 동성애를 그나 혹은 그녀 자신의 경우에 비추어 역겨움을 느끼게 될 것이므로, 동성애는 혐오스럽다고 생각하는 동시에 그렇게 생각하는 것은 도덕적으로 완전히 옳다고 판단 내리는 것이다. 도덕적으로 허용되는 것을 어쩌다 혐오스럽다고 생각할 수는 없는 거라고 말하는 사람들은, 필자가 혐오 대상의 분야에서 주장하는 미적 태도에 대해 공감하지 않을 수 있다는 것을 알고 있다. 모든 사람이 혐오스럽다고 생각하는 어떤 행동이 있는데, 말하자면 살아 있는 벌레를 먹는다 해도, 실제 혐오를 일으키게 만드는 그 행위에 참여하기를 바라는 몇몇 사람들이 있다면(그들은 자기 주도성을 보여주려는 욕망으

---

18 도덕과 법과 관련된 혐오에 대한 좋은 논의는 마사 너스바움(Martha Nussbaum)의 『혐오와 수치심: 인간다움을 파괴하는 감정들(*Hiding from Humanity: Disgust, Shame, and the Law*)』을 참조하라. 그녀는 혐오와 부도덕성을 정확하면서도 뚜렷하게 구분해 주고 있다.

로 그리하는 건지도 모른다), 그런 행동을 비난할 어떤 **도덕적** 근거는 없다. 그러므로 이 섹션에서 인용된 예는 **비**도덕적인 의미의(다음에는 정확히 도덕적 혐오라고 불리는 것에 대해 고찰할 것이다) 혐오감을 예시하기 위한 것일 뿐이다. 이를 명확히 하면 우리는 성적 "이탈"이라고 인식하는 혐오감을 지금까지 구별해 온 다양한 혐오감에 추가할 수 있다.

이러한 경우에 대해 몇 가지 언급할 것이 있다. 첫째, 이러한 몇 가지 활동들은 앞서 혐오를 유발하는 항목 리스트에 있는 신체 부위, 특히 항문과 연관되어 있는데, 그러므로 그런 부위로부터 혐오 가치를 부여받아 그렇게 된 건지도 모른다. 하지만 그게 전부일 순 없는 것이 혐오스럽게 일탈된 것으로 여겨지는 다른 성행위는 앞에서 말한 그런 혐오 부위를 포함하지 않기 때문이다. 그리고 심지어 항문 섹스의 경우 느끼게 되는 혐오는, 항문이라는 그 자체의 부위로 인한 것뿐만 아니라 항문에 **행해지는** 것, 즉 행동의 본질에 대한 혐오이다. 그래서 이러한 범주는 이전에 구별된 범주 안으로 축소될 수 없다(이종 간 성교에 대한 혐오는 대상인 종 그 자체로 인해 달라지는 것이 아니라는 것을 주목하라. 일반적으로 양들의 경우 본질적으로 혐오스럽다고 생각하지 않는 것이다). 둘째, 열거된 행위의 일부 흥미 대상이 정확히 혐오스러운 것으로 느껴지는 대상으로 **인해** 결정될 수도 있다는 것을 배제해서는 안 된다. 사람들은 혐오스러움에도 불구하고 그러는 것이 아니라 혐오 때문에 그런 행위에 참여할 수도 있는 것이다. 혐오가 매력의 일부가 되는 것이다(뒤에 혐오의 매력에 관해 좀 더 얘기할 것이다). 세 번째, 여기에서 혐오 반응은 개인별로 차이가 있을 뿐만 아니라, 문화에 따라, 시대별로 눈에 띄게 다양하다. 확실히, 동성애는 그걸 원하는 사람들에게는 혐오스러운 것이 아니다. 실제로 이성애 욕망이 없는 사람에게는 이성애가 혐오스러운 것일지도 모르고 다른 종류의 "일탈적인" 섹스에 관해서도 비슷할 것이다. 구강 성관계와 자위행위에 대한 태도는 이전 시대의 엄격성에 비해, 유달리 진실하지 못한 것으로 드러났다. 그래서 여기 데이터는 매우 강력하거나 절대적이지 않다. 그런 혐오감은 우발적인 믿음과 문화적 가정, 또는 단순한 편견들에 더 많이 의존하기 때문에 다른 종류만큼 원시적이고 근절할 수 없는 것처럼 보이지는 않는다. 그럼에도 여전히 혐오에 대한 일반적인 이론이라면, 멀리 동떨어져 있고 또는 관계가 거의 없는 것이라 해도, 좀 더 중심적 사건들에 어느 정도 관련이 있음을 보여주는 그러한 반응의 가능성에 대해 말할 수 있어야 한다. 객관적이든 아니든 사람들이 그런 것들을 혐오스럽게 **생각했다는** 것과 그들의 감정에는 짐작컨대 일종의 이해 가능한 근거가 있을 것이라는 것은 적어도 사실이기 때문이다.

만약 우리가 위에 열거된 활동으로 촉발된 혐오감에서 가장 자유로운 성적 행위가 무엇인지 묻는다면, 임신을 목적으로 하는 정상 체위 성교가 가장 높은 점수를 얻는 것으로 나타날 것이다(일부 사람들은 그런 것에도 약간 위축된 반응을 할 수도 있겠지만). 진정 스스로 동성애를 혐오한다고 선언하는 자들은, 말하자면, 이성애에 대해서는 전혀 아무 문제가 없을 것이다. 하지만 좀 더 객관적인 관점에서 보면, 즉 만약 우리가 순전히 활동의 역동성과 상존재에만 초점을 맞춘다면(기본적으로는 구멍에 찔러 넣어 밀어붙이기), 무엇이 차이를 만들 수 있는 건지 알기 어렵다. 어떤 다른 구멍보다 오히려 한 구멍을 향한 특정 리듬의 동작에 왜 그런 선택적 혐오를 느끼는 것일까? 무해하고 깔끔한 것인데도 자위행위가 왜 혐오의 대상이 되어야 하고, 반면에 질내 음경 사정은 왜 완전히 공명정대한 것이라 생각되어야 하는가? 왜 후자가 전자보다 **심미적으로** 선호되어야 하는가? 두 가지 경우 다 마찰과 유압이 사용되는 단순한 기계적 역학만으로는 정답을 알 수 없다. 적어도 그 경우에 각기 다른 혐오 반응을 가진 사람들의 마음속에서 그 두 가지를 차별화할 수 있는 부분이 있는지, 그래서 다른 것과 함께 이 범주를 통합해 주는 어떤 것이 있는지 찾아보는 것이 좋을 것이다. 동질감으로 연결된다고 느껴지는 관계는 순리적으로 밝혀낼 수는 없다 하더라도, 설명될 수 있어야 할 것이다.[19]

(9) 마지막으로, 우리는 도덕적 혐오를 합당한 것으로서, 즉 우리가 특별한 악행을 비난할 때 느끼게 되는 그런 종류로 보아야 한다. 필자는 이 범주에, 적절한 지적 기준에 한참 못 미치는 것을 보게 되면, 우리가(우리 중 일부가) 느끼게 되는 종류로서, 지적 혐오라고 부를 수 있는 것을 포함시키고자 한다. 따라서 이 범주는 말하자면 특히 개탄스러운 금융 사기에 대한 우리의 반응에서부터, 초라한 글쓰기(아마도 우리 자신의 글)에 대해 느끼는 것까지 다양하다. 다음은 일반적으로 그러한 반응을 유발하는 좋지 않은 행위 유형에 대한 대표적 목록이다. 부정행위, 부패, 잔학 행위, 괴롭힘, 속임수, 이기심, 위선, 당혹감을 주는 행위, 게으름, 가식, 회피, 모호함, 궤변, 난잡함, 진부함, 표절, 비문법(非文法) 등이 그렇다. 그러므로 조잡한 글을 방 저편에 내던져 눈에 보이지 않게 없애고자 하는 것은 명백한 지적 또는 문학적 혐오의 사례가 될 것이다(어떤 이유인지 이 시점에서 내 학생들의 에세이가 생각난다). 흉악한 범죄자를 보며 느끼는 혐오 또한 하나의 예가 될 수 있다. 히틀러의 얼굴도 그런 반응을 촉발할 수 있는 것이다. 필자의 생각엔 이런 종류의 혐오감은 기본적인 감각적 사례에서 파생되며 심지어 은유적 성격마저 띤다고 분명하게 생각한다. 물론, 우리는 이것들로 시작해서 위에서 인용되었던 비도덕적인 경우로 돌아가려는 시도는 하지 말아야 한다. 이런 종류의 혐오 언급을 하는 요지는 혐오의 기본 사례에 대한 유추를 통해 일부 항목에 대한 우리의 강한 반감을 입증하려는 것이다. 시체, 대변 등등에서는 가능성이 많겠지만 실제 구토할 가능성이 거의 없는 경우에도, "토 나올 거 같이 **역겹다**"고 우리는 말한다. 그러므로 필자는 도덕적이고 지적인

---

19 이곳은 개인과 집단의 편차가 많은 문제가 있는 영역이다. 차별화에 대한 확실한 근거가 만들어지지 않았다고 할지라도, 필자는 사람들이, 혐오스럽다고 말하는 사례에 대해, 적어도 현저하게 구별되는 어떤 혐오 속성을 주장할 것이라고 가정한다. 앞으로 보게 되겠지만, 처음에는 임의적으로 보일 수 있다 하더라도, 이러한 반응을 일반 이론에 포함시키는 것은 가능한 일이다.

혐오감이, 당연히 흥미롭긴 해도, 일반적인 혐오 이론을 발전시키기엔 단지 미미하게 관련된 것일 뿐이라는 생각이 든다. 그래서 이 연구에서는 그 혐오에 대해서 더 이상 말하지 않을 것이다.[20] 우리의 관점에서, 가장 중요한 것은 원초적 혐오감이 원래 경계를 넘어 우리가 다른 차원에서 사물을 평가하게 하는 방식이다. 그리하여 그것은 우리 삶에서 혐오 감정이 가지고 있는 심리적 힘을 드러낸다. 인식론적 감정 시스템은 원래 바탕이 완전히 비도덕적인 것이었으나 도덕성에 의해 구성되고 발전되어 왔다. 만약 우리가 **이미** 물질적 혐오를 느낄 수 없는 상태에 있었다면, 사물을 도덕적으로도 혐오하지 않았을 것이다. 혐오는 쉽게 퍼지는 감정이며, 원래 기본 영역에서 멀리 떨어져 있는 것처럼 보이는 많은 것을 경험할 수 있도록 방식에 영향을 미친다. 우리는 혐오에 사로잡힌 종족이다. 우리의 마음은 음식과 신체로부터 도덕적·지적 가치에 이르기까지 여러 단계의 혐오 반응으로 가득 차 있다. 혐오는 변화무쌍하고 반복적이며 여기저기 도처에 존재하며 나타난다.[21]

그리고 지적이고 도덕적인 영역에서 어떤 것이 비혐오 반응을 일으키는 것일까? 필자가 제시하는 것은 다음과 같은데 진실성, 명확성, 간결함, 엄격함, 우아함, 근면함, 정직함, 친절함, 진실함, 관대함 등의 전통적 덕목들

---

20 도덕적 혐오에 대한 자세한 설명은 Miller, 8장, Kolnai, 4장, 그리고 Nussbaum 여러 곳에 있다. 단순한 물리적 혐오와 도덕적 혐오의 분명한 차이점이라면 물리적 혐오는 비난의 개념을 의미하지 않지만 도덕적 혐오는 비난의 개념을 의미한다는 것이다.

21 필자는 사실상 혐오감이 인간 마음에 만연해 있다는 것을 시사하고 있다. 프로이트가 말하는 성이 여러 마음에 영향을 미치듯, 혐오감은 인간의 여러 마음, 즉 감각, 기억력, 상상력, 감정, 꿈, 예술, 유머, 도덕, 종교, 정치 등등에 영향을 미친다. (이 책 2부에서 인간 마음에 만연해 있는 혐오에 대해 자세히 논의할 것이다.) 혐오는 인간 의식의 배경에서 웅얼대고 있는 일종의 보편적인 체계의 불안감으로서, 어느 순간에나 분출할 준비를 갖추고 있다. "혐오 충동"은 프로이트가 "성적 충동"에서 발견한 것과 같은 종류의 효력을 가지고 있는데, 강력하고 변화무쌍하며 파급력 있는 심리적 힘을 발휘한다.

이라 할 수 있다. 누군가 별별 상상력을 발휘하여 외계에서 벌어지는 것 같은 심리적 상황을 만들어낸다 해도, 이러한 자질들에 혐오 반응을 한다는 것은 상상하기 어렵다. 누군가가 무엇이 진실성인지 어떻게 알고, 또 그러면서 어떻게 그 진실성을 혐오스러운 성격의 특징으로 느끼게 되는 것일까? (반대로, 우리는 썩어가는 시체에 혐오감을 느끼지 않는 마음의 유형을 상상해 볼 수도 있는데, 예를 들어 독수리가 차지한 썩어가는 시체에 대해서는 혐오하지 않게 되는 마음의 유형을 가정해 볼 수도 있다.) 비록 그 두 태도들은 개념적으로 구별되지만, 도덕적으로 승인하면서 도덕적으로 혐오감을 느낀다는 것은 분명히 불가능하다. 도덕적 감각은 이미 존재하던 혐오감과 이제 나란히 평행하게 나아가는 관념으로 적용된 것이다. 여하튼, 필자는 이제부터 도덕적 혐오에 그다지 큰 비중을 두지 않을 것이다.

제3장

혐오의 구조

이제까지 혐오에 관한 자료를 모았으니, 혐오 설명 이론으로 들어가기에 앞서 몇 가지 일반적인 패턴을 파악하고자 한다. 이런 모든 다양성 안에서 두드러지게 나타나는 일반적 특성이 있다면 무엇일까?

(1) 혐오는 "접촉에 민감하다". 우리에게 어떤 혐오를 거부하는가 묻는다면, 간단히 말해 접촉이다. 공포가 그렇듯이 위험해서 거부하는 것은 아니고, 오염되는 것이라 불릴 수 있는 것을 싫어하는 것인데 이는 세균과 질병의 의학적 의미가 아니라, 자신이 침범당하고 침해당하며 더럽혀졌다고 느껴지는 감각을 말한다. 이 점에서 촉각은 혐오의 주된 감각 양식이다. 즉, 혐오 대상은 우리가 수로 만지고 싶어 하지 않는 물체이다. 당신은 시체나 배설물 더미를 보고 혐오감이 점점 커져간다는 걸 느끼지만, 당신이 가장 두려워하는 것은 이런 대상들과의 신체 접촉과 그로 인해 몸에 묻어 남아 있을 잔여물과의 접촉이다. 혐오스러운 동물 종도 마찬가지다. 혐오감이 무엇보다 피하고자 하는 것은 물리적 근접성이다. 그러니 몸 바깥뿐만 아니라 몸 안도 마찬가지인데 최악의 경우는 혐오스러운 대상을 혀, 입술, 목구멍,

뱃속으로 넣게 되는 것이다. 피하고자 하는 접촉 대상이 입에서 멀리 있으면 있을수록 참기가 수월해진다. 따라서 발의 오염은 우리가 그나마 제일 견뎌낼 수 있는 신체의 오염 부분이다(물론, 발은 더러운 땅바닥과 가장 가까이 있다). 벌레가 피부 위를 기어 다니는 것도 충분히 트라우마에 시달릴 일이지만, 이보다 훨씬 더 혐오스러운 것은 벌레를 먹는 것이다. 앞서 나열했던 혐오의 범주를 간단히 살펴보게 되면 일반적 특성이 이렇게 드러나고 있다는 것을 확인할 수 있을 것이다. 촉각은 가장 강력한 친밀함의 형태라서 우리는 혐오스러운 것과 친밀해지고 싶어 하지 않는다. 이와 관련하여 후각과 미각은 흥미롭다. 이 두 감각이 혐오 자극에 매우 민감하다는 것은 더할 나위 없는 사실이다. 후각은 우리에게 "이 지독한 냄새는 뭐지?"하면서 혐오스러운 무언가가 곧 생길 것이라는 것을 가장 먼저 경고하는 감각일 수 있다. 하지만 이 두 후각과 미각은 시각, 청각과 달리 문자 그대로의 촉감을 느끼는 감각이다. 미각은 당신이 직접 접촉하지 않는 한 당연히 맛볼 수 없기 때문에 미각을 느끼려면 대상이 당신 혀 위에, 입안에 있어야만 하므로, 대상이 "멀리 떨어진 곳에서 맛보기"란 있을 수 없다. 또한 혐오 자극이 사실 맛이 나쁘지 않을 수 있는데도 싫어하는 것은 이 혐오스러운 것이 가장 민감한 신체 부분인 입과 맞닿을 수 있다는 사실이다. 시체와 배설물 맛이 실제 그리 끔찍한 것이 아니라는 사실을 안다 해도 별로 위안이 되진 않겠지만 말이다! 후각도 접촉 감각인데, 어느 정도 떨어져 있다 해도, 자극의 입자가 실제로 콧구멍에 닿아서 혐오 대상의 일부가 코 안쪽에 실제로 남아 있기 때문이다. 그런 자극이 가까워질수록, 그리고 냄새가 강해질수록, 대상의 더 많은 부분이 비강을 통해 주체자의 몸으로 들어간다. 따라서 우리는 후각적 접촉을 막기 위해 코를 막는다. 주관적으로 말하자면, 불쾌한 냄새는 몸에 대한 침입, 즉 몸을 뒤덮고 있는 일종의 포화 상태로 느껴지며 반면에 시각이나 청각은 그렇지가 않다. 만약 머리부터 발끝까지 혐오 대상의 더러운 물질로 뒤덮이는 것이 최악의 경우라 한다면, 혐오도의 한쪽 끝에는 후각으로 인한 국부적 신체 오염이 존재하게 된다. 말 그대로 냄새 풍기는 대상은 코를 만지고 점유한다. 이런 이유로 우리는 기분 좋은 냄새를 안으로 빨아들이고 불쾌한 냄새는 코로 내뿜어, 나쁜 냄새의 접촉을 거부한다.

그러므로 혐오 대상에 대한 자연스러운 반응은, 대상이 촉각의 범위를 벗어나게 만드는 것이다(인도 카스트 제도의 '불가촉 천민'을 생각해 보라). 우리는 두려운 사람이나 동물이 우리를 해치지 못하도록 감금하지만 혐오 대상은 "처분한다". 우리는 혐오 대상을 묻거나 불태우거나 함께 살아갈 수 있는 것으로 바꿀 수 있다. 후각, 미각, 촉각으로 우리를 건드리지 못하도록 그것들을 적절히 처리하는 것이다. 감각의 범위를 벗어나 멀리 떨어져 있다 해도 피해를 입을 수 있겠지만, 그런 것에 혐오감을 느낀다는 것은 가능한 일이 아니다(기억이라는 매개를 통한 것은 제외하고). 우리는 심지어 혐오감이 역제곱 법칙을 따른다고 가정할 수도 있는데, 혐오 자극의 값이 주체와 대상 사이 거리의 제곱에 따라 변화하는 것이다(실험으로 테스트한 결과이겠지만, 일반적인 관찰 결과를 보아도 사실에 근접한다는 것을 보여준다). 뭔가 가까이 올수록 혐오 반응은 더 커진다. 그러므로 혐오를 느낀 주체는 자신과 혐오감을 주는 것 사이에 거리를 만들려고 노력한다. 물질은 더 가까우면 가까울수록, 당신에게 뻗어나가 당신을 건드리게 될 가능성이 더 커진다. 망원경으로 시체를 본다면(그리고 당신이 그것을 그런 식으로 보고 있다는 것을 아는 상태), 그 정체의 이미지를 눈으로만 확인하는 것이겠지만, 가까이서 보는 것보다 혐오 반응은 줄어들게 될 것이다. 아마도 이 지점에서 우리가 추측할 수 있는 것은 촉각이 여기서 그토록 중요한 이유가, 뭔가를 만진다고 하는 것은 그것과 섞인다는 것, 즉 자신의 본성이나 정체성이 그 충돌 대상과 뒤엉켜진다는 사실이다. 말하자면, 똥과 같이 뭉개진다는 것은 그 재료와 접촉하는 것뿐만 아니라 그것이 내 자신의 모습을 구성하게 되는 것(최소한 비누와 물을 사용할 수 있기 전까지)을 의미하게 된다는 것이다. 썩어가는 시체와 자신을 접촉시키는 것은 그것을 만지는 시체의 정체성을 가지게 되는 것과 너무도 흡사하다. 그래서 잔여물도 처음의 접촉만큼이나 끔찍한 것이 되는데, 혐오 물체가 당신에게 흔적을 남기고 당신을 만들어내고 당신을 변화시키는 것이다. 만약 배설물과의 접촉 과정이 시작된다면, 말 그대로 자기 자신의 살이 똥으로 변하게 된다는 것인데 이를 상상해 보라. 그러면 결국 혐오스러운 악몽이 되는 것이다. 하지만 일부 접촉일지라도 이와 비슷한 불쾌감을 받을 수 있다. 우리가 느끼기에 혐오의 속성은 전염성이 있고 신체적인 접촉에 의해 퍼져 나가게 되므로 우리는 혐오 접촉에 이어 변모하는 것을 두려워하는 것이다. 우리는 그러한 변화로부터 우리 자신을 보호하려고 필요한 거리를 유지하려 한다. 이런 종류의 환상적 사고는 아마도 확실히 환상에 불과한 것이겠지만, 그렇다고 해서 그것이 우리에게 아무런 영향을 미치지 못한다는 것을 의미하는 건 아니다. 똥으로 더럽혀진다는 건 똥 냄새가 (똥 같은 냄새) 난다는 말이라서, 여하튼 그 안에는 말 그대로의 진실이 담겨 있는 것이다. 게다가 우리는 외부에서 혐오가 손길을 뻗기도 전에 이미 혐오스러운 존재이다. 그래서 우리 자신을 체질상 혐오스러워지기 쉬운 존재라고 생각하는 것은 이상한 일이 아니다. 우리 몸에는 끊임없이 똥이 들어차고, 몸이란 기본적으로 (소화의 과정을 통해) 똥으로 만들어지는 것이며, 비록 항문을 거쳐야만 하지만 매일같이 똥과 직접 접촉한다. 확실히 현재 우리는 부패하고 있지 않지만 분명히 후에 부패할 것이다. 그러므로 크게 부패할 가능성을 지니고 있는 우리 몸이 실제 부패하는 몸과 접촉하게 되면 단지 필연적이고 본질적인 것에 기여하게 되는 것뿐이다. 내 몸에 대한 내 관계를 촉각에 한정시키는 경우라면, 나는 혐오스러운 몸을 늘 만지고 있으며, 혐오스러운 몸으로 구성되고 있다. 혐오스러운 것의 손길이 두렵다면, 우리는 항상 함께 있으며 늘 만지게 되는 그 혐오스러운 몸을 생각해 봐야 한다. 변형은 이미 일어난 상태인 것이다(후에 이 주제로 되돌아올 것이다)[1]

(2) 혐오는 "감각에 기반"을 둔 감정이다. 공포는 한 대상이 위험하다는 믿음에서 온다. 그 대상의 감각적 외관의 모습은 있는 그대로의 모습이다.

그러나 혐오는 이런 식으로 믿음에 근거한 것이 아니고 자극의 감각적 출현에 의해 촉발되고 집중된다. 따라서 그런 감정을 보여주기 위해 사용되는 술어들은 감각적 서술어로 "칙칙한", "냄새나는", "기괴한", 기타 등등이 있다. 대상이 감각적으로 나타나서 혐오 반응이 발생하는 것인데, 반응 전이나 또는 감각적인 출현과 관계없이 나타난다면 혐오가 있을 수 없다.[2] 어떤 것의 기능 또는 동적 속성이 아니라 그것의 모양, 느낌, 맛 또는 냄새가 혐오 가치를 결정하는 것이다. 이런 식으로, 혐오는 원시적인 감각적 감정이된다. 혐오의 행동 표현은 신체적인 반동, 움츠러든 코, 벌어진 입, 그리고 메스꺼움이라는 원시적인 지각 감정인 것이다. 우리가 무언가에 혐오감을 느낀다는 것은 우리의 몸이 중점적으로 관여되는 것으로써, 간단히 말해 지적 판단을 내리는 것이 아니다. 우리는 몸을 뒤로 뺐다가 다시 움츠러들기도 하면서 마치 내 몸이 혐오를 느낀다고 말할 수도 있다. 그러나 우리가 후에 살펴보게 될 것이지만, 그렇다고 염소 냄새 또는 신맛이나 쓴 과일의 맛 같은 다른 유해한 자극에 대한 신체의 반응처럼, 타고난 반사적 반응은 아니다. 혐오란 감각적인 감정이지만, 어느 정도 그에 대한(우리가 나중에 보게 되겠지만) 정교한 인지적 상황이 존재한다. 여하튼, 그것은 지각적으로 세상을 임의적으로 조각하여 만들어내는 것처럼 보이는 방식을 띠고 있지만, 감각에 뿌리를 두고 있다. 그래서 이것은 수수께끼 중 하나이다. 혐오감은 어떻게 감각을 기반으로 하면서도 더 높은 수준의 유형에 민감할 수 있는 것

---

1   접촉과 혐오에 대해서는 Miller, pp.60~66과 Kolnai, pp.39~45를 참조하라. 콜나이는 혐오 대상이 손을 뻗으며 우리에게 강력히 다가오는 방식을 다음과 같이 묘사해 준다. "혐오스러운 대상은 우리를 향해 이를 드러내고 히죽거리고 악취를 풍긴다"(p.41). 그것은 적극적인 의지로 우리와 접촉하려는 경향이 있는 것 같다.

2   필자는 혐오 대상의 정신적 이미지를 형성할 때처럼, 여기에도 감각적 상상력을 포함시켜야 한다고 생각한다. 혐오 대상의 기억 이미지는 확실히 아주 쉽게 혐오감을 불러일으킬 수 있다.

인가(아직까지도 우리가 밝혀내지 못한 부분이다)?

자주 언급했듯이, 혐오감은 모든 감각에 걸쳐 있거나 모두 동일하게 나타나는 것은 아니다. 연구자들은 각기 항목에 따라 다른 선택을 하기 때문에 혐오의 일차 감각 방식을 어떤 이들은 미각이라고 말하는 사람도 있고 어떤 이는 후각이라고 말하는 사람도 있지만, 촉각을 선택하는 사람도 있다.[3] 하지만 청각에는 다른 감각과 결부될 때를 제외하고 혐오 유발 요인이 없다는 것에 모두 동의하는 것 같다. 어떤 것을 들으며 공포를 느낄 수는 있겠지만, 어떤 청각 자극이 인간의 혐오를 유발하는 것 같지는 않다. 확실히, 소리는 거슬리고, 혼란스럽고, 불쾌하고, 추잡할 수 있지만, 더러운 소리 때문에 토한 사람이 누가 있겠는가? 이유 또한 명확하지 않다. 우리가 시각적인 자극이나 후각적인 자극에 반응하듯이 소리에 혐오 반응을 일으키는 존재를 상상이나 할 수 있겠는가? 단순히 청각이 시각보다 덜 발달되어서 그럴 거라고 말하기는 어려운 것이 후각은 훨씬 더 제한적인 데도 많은 혐오의 원천이 되기 때문이다. 음파 탐지 능력을 갖춘 지능형 박쥐가 우리가 눈으로 보고 느끼듯이 소리를 혐오스러운 것으로 경험할 수 있을까? 박쥐는 부패하는 시체를 향해 부딪치는 청각 신호를 보낸다. 이때 신호의 반향은 시체에 대한 풍부한 청각 이미지로 해석되므로 박쥐는 속에서 메스꺼움을 느끼며 혐오를 알린다. 박쥐가 그리하면 안 된다는 개념적 이유는 없는 것 같지만, 그래도 그런 생각은 너무 억지스러워 보이긴 한다. 이것은 단지 박쥐의 음파 탐지기 경험의 가능성에 대해 우리가 상상으로 이해할 수 있는 범위의 한계 때문일까? 필자는 모르겠다. 필자는 청각적으로 혐오를 느끼는 박쥐

---

3 우리가 간략히 살펴보았듯이, 다윈(Darwin)은 미각을 선호했다. 콜나이는 후각이 핵심적이라고 여기면서 이렇게 설명한다. "왜냐하면 혐오의 진정한 원천은 후각이기 때문이다. 혐오스러운 냄새 유형은 다른 혐오스러운 형성물보다 더 견고한 통일성을 보이며, 연관되는 부수적 기능은 덜 필요하다"(p.50). 밀러는 특히 촉각의 접촉으로 인한 오염을 강조한다. Miller, 4장을 참조하라.

가 되는 것이 어떤 것일지 모르겠다. 혐오감을 불러일으키는 것은 경험의 자질인가 아니면 그 경험에 담기게 되는 정보일까? 사람의 혐오를 불러일으키게 되는 건 정확히 똥 냄새지만 똥을 다르게 감지한 존재에게도 같은 반응은 일어날 수 있다. 다행히 여기에서 그런 질문에 대답할 필요는 없다.[4] 어하튼 현 상황에서 인간은 청각 시스템의 전달(심리적 연상이나 공감각의 가능성은 제쳐두고)에 대해 혐오감으로 반응하지 않는다. 누군가는 특히 싫어하는 음악 작품에 대해 도덕적 또는 지적 혐오감으로 반응할 수도 있지만, 그렇다고 그것이 신체적 혐오의 특징적 증상에 반응하는 것과 같은 건 아니다. 소리는 말 그대로 메스꺼움을 일으키지 않는다. 소리의 현상학에는 혐오감이 없는 것이다.

(3) 중요한 것은 혐오가 회피적이면서도 이끌리는 감정이라는 점이다. 우리가 대상에서 멀어지도록 만드는 것이 혐오의 확실한 주요 특징이지만, 그러면서도 우리를 그 대상 안으로 끌어들일 수 있는 것 또한 혐오이다.[5] 그러한 끌어들임은 다양한 형태를 취하고 있고 혐오와 끌림의 조합은 복잡하면서도 미묘해 보인다. 이러한 양면성은 아마도 성의 경우에 가장 첨예하게 드러난다. 우리는 특정한 방식으로 다른 이의 성기를 혐오하는 경향이 있지만, 그것에 강하게 끌리기도 한다. 성의 독특한 현상은(적어도 많은 사람이 그

---

4 아무리 정교하고 세부적으로 제시한다 할지라도, 청각이 지각 대상을 제시된 실체로 의식화시키지 못한다는 생각은 확실히 중요한 의미를 가지는 것 같다. 곤충이 할퀴는 소리를 들었을 때, 곤충 자체는 내 의식 속에 존재하지 않는다. 오히려, 자신이 직접 파악한 소리에서 그 존재를 추론한다. 우리는 소리의 근원이 아니라 소리를 듣는 것이다. 그래서 박쥐들은 아마도 청각적으로 식별된 대상에 대해 이런 류의 간접적 인식을 하는 것 같다. 즉, 박쥐가 듣는 건 대상의 소리이지 대상이 아니다(그러나 우리는 대상 자체를 만지고, 보고, 냄새 맡고, 맛보기도 하는 것이다).

5 콜나이는 혐오 대상의 "섬뜩한 매력"에 대해 말하면서 처음부터 이것을 높이 평가하고 있다(p.42). 혐오 대상들은 우리의 관심을 끌어당겨 모으려 한다. 즉, 대상은 감각들을 자력으로 끌어당기기도 하고 또한 동시에 밀어내기도 하는 것이다.

것을 경험하는 만큼) 이러한 끌어당기는 힘과 밀어내는 힘의 역학을 반영한다. 불안 요소가 상대의 생식기를 만지고, 탐색하고, 자극하려는 충동을 수반하게 하는 것이다. 다른 사람의 생식기 분비물과 사정은 모두 성적 흥분과 성적 억제 또는 적어도 망설임(때로는 두려움)을 자극한다. 순수한 아름다움은 거기서 찾을 수 없지만, 감각은 고조되고 자극 받는다. 성의 특징은 일반적으로 혐오감을 불러일으키는 무언가를 급히 원한다. 진실은, 특히 만족감이 넘쳐흘러 성욕이 가라앉았을 때 가장 분명해지는 것이, 그 후에 성적인 혐오감이 너무도 쉽게 다가오는 것이다. 입과 키스도 마찬가지다. 우리는 항문에 대해 혐오를 느끼듯이 축축하고 냄새나는 다른 이의 입에 자연스레 혐오감을 느낀다. 그러나 이러한 혐오는 만약 매력이 충분히 강하면 극복할 수 있다. 우리는 단지 아무에게나 키스하지는 않을 테니까! 성적 끌림은 혐오를 느끼기 쉬운 인간에게 앞서 일어났던 혐오감을 극복하게 만드는데, 그런 극복 속에서도 혐오는 계속 배경 조건으로 남아 있다. 성적 쾌락의 특징은(우리는 그 독특한 매력이라고 말할 수도 있다) 이러한 끌어당김과 밀어냄 사이에 정확히 놓여 있다고 할 수 있는데, 흔히들 말하듯이 생굴을 먹는 즐거움과 다르지 않다고 볼 수 있다. 이러한 양면성은 일부 중요한 관점을 구성하고 있다.[6]

이런 종류의 양면성은 성에만 국한되지 않는다. 죽음과 대변은 질병, 부상, 기형 등의 혐오감 유발 조건이 그렇듯, 인간의 마음을 끌어당기는 매력을 가지고 있다. 여기 이곳에 "병적 매력"이라는 개념이 건강치 못한 호기심으로 참견하며, 들어오면 안 될 자리에 끼어 들어오게 된다. 사람들은 자신의 의지에 반해, 심지어 속이 뒤집어져 메스꺼워져도 스스로 시체에 이끌린

---

6 여기에서 하는 필자의 발언은 대충하는 것이라 재미없고 전혀 독창적이지 않다는 거 잘 알고 있다. 다만, 훨씬 더 심도 있는 논의를 끌어들일 수 있는 친숙한 현상을 넌지시 제시하고자 한 것뿐이다.

다. 유혈이 낭자한 자동차 사고는 속이 울렁거리고 들썩대어도 오랫동안 바라보게 된다. 심지어 인간이나 동물의 똥 더미조차, 너무 친밀하면서도, 너무 원초적이고, 너무도 이상하게 적극적인 매력의 양자를 지닌다. 잠깐 냄새를 킁킁대며 맡는 것일 뿐이겠지만, 우리는 멈춰서 바라볼 수밖에 없다. 그러고 나서 진정된 시간이 지난 후에야 우리는 갑자기 방향을 틀고 되돌아오게 된다. 혐오는 우리를 밀어낼 때에도 악마적인 힘을 발휘한다. 우리는 갈등과 혼란스러움, 불안을 느낀다. 뱀파이어는 이런 종류의 양면성을 완벽하게 구현한다. 자기력으로 매력적인 시체이자 로맨틱한 흡혈귀로서, 병적으로 무덤처럼 음침하면서도 아름다움을 지닌다. 혐오에는 결국 뭔가 평범함을 넘어서는 어떤 흥미로운 것이 있어서, 혐오는 감정을 자극하는 중요한 일을 한다. 혐오는 기억에 붙어 남아 있어서, 특히 가장 거부하고 싶은 순간조차도 감각을 생생하게 되살린다. 혐오는 지루하지 않다. 일종의 부정적인 매력이 있다. 그리고 인간의 마음은 흥미롭고 뛰어난 마법의 힘을 가진 그 격앙된 대상에 끌린다. 우리는 혐오 대상으로 인해 놀라 몸을 부들부들 떨면서도 그 이상한 힘을 경이롭게 바라볼 수 있는 자신의 태도에 놀란다. 이 모든 것이 강한 혐오감과 양립하는 것이다. 독수리가 썩은 새의 모래주머니를 찢어 먹거나 암소가 지저분하게 새끼를 낳는 모습, 특정 유형의 추잡한 포르노를 볼 때의 소름 끼치는 매력을 생각해 보라. 우리는 얼굴을 가린 손가락 사이로 그것을 바라보며 자극과 경악을 동시에 느낀다. 오직 피하고 싶은 마음만 들고 동시에 주의를 끌지 않는 혐오 대상을 찾아내기는 어렵다. 그곳에 아름다운 것도 없고 긍정적인 평가를 받을 만한 것도 없는데, 여전히 우리는 혐오 대상에 사로잡혀 그 소름 끼치는 우스꽝스러운 상황극으로 빨려 들어가 압도당한다. 혐오 대상은, 우리가 주목할 때 그 안에 거의 쾌락에 가까운 어떤 것이 끈질기게 끼어들어와 일종의 사악하고 뻔뻔한 노출 증세를 드러낸다. 혐오는 우리에게 마법을 걸어 최면을 거는 것 같다. 묘한 기운이 감각을 끌어당기며 감도는 것이다. "내가 왜 쳐다보고 있는 거지?" 우리는 스스로에게 묻지만 답을 줄 수는 없다. 그러나 이 부인할 수 없는 매력에도 (우리 대부분에게) 확고한 한계는 있다. 대상을 아마도 반쯤 감은 눈으로 빠르게 훑어볼 수 있을 뿐이라서, 결국 강한 거부감이 승리하게 되기 때문이다. 우리는 무엇인지 알아야 하지만 혐오스러운 광경에 빠져 들어가고 싶지는 않은 것이다. 그저 그 정도로만 혐오 광경을 볼 수 있을 뿐이다.[7]

특정 변태는 그런 매력과 호기심을 억제할 수 없기 때문에 발생하는 것으로 보인다. 사체성애, 호분증, 그리고 다양한 종류의 도착 성욕을 보여주는 페티시즘(fetishism)은 매력으로 인해 혐오감이 퇴색해진 경우이다. 전체적으로 또는 주로 혐오 요소가 후퇴하거나 침묵하는 상태가 되면서 혐오는 매력적인 것이 된다. 그런 상태는 극단적으로 규범을 벗어나는 경우로 드러나는데, 사실, 의심할 여지 없이 비정상적인 것은 혐오감을 유발하는 상황에서 매력적인 구성 요소가 전혀 없다고 할 수 있다. 그런데 당신이 이렇게 말하는 필자를 용서해 준다면, 우리 모두는 적어도 잠재적으로, 또는 어떤 경우에서는 약간 변태적이라고 말하고 싶다. 즉, 우리 모두는 대부분 거칠고 혐오스러운 것에 스스로 반응을 보이는 것에, 그리고 우리를 불편하게 만드는 것에 매료된다. 우리는 그런 유혹에 넘어가서는 안 되므로 눈을 크게 뜨고 둘러보며 어느 정도 균형과 자제를 필요로 한다. 우리는 새로움과 흥분을

---

7 우리는 혐오를 회피 감정이라 부르고, 이어 그 매력적 측면에 주목한다. 하지만 가상의 이론적 입장에서 볼 때, 그것은 혐오가 덧씌워진 매력적인 감정이다. 마음 한쪽은 정말로 혐오 대상을 좋아한다(이 부분을 **이드**(id)라고 부를 수도 있을 것이다). 반면, 또 다른 한쪽은 그것을 싫어한다(이것을 **초자아**라고 부르자). 둘 다 독자적인 취향을 가지고 있는 것이다. 따라서 우리는 분열된 마음을 가진다. 이런 입장은, 마음에서 오래된 이드 부분에 끌릴수록 최근의 초자아는 기본 매력에 더더욱 제한을 가하게 된다고 주장할 수 있다. 이것은 불안한 입장일 수도 있지만, 선험적으로 배제할 수 있는 입장은 아니다. 그만큼 매력적인 면은 상당히 뿌리 깊고 견고하게 자리 잡고 있는 것처럼 보인다.

추구하는 성향 때문에 자연스레 나타나는 혐오감을 무디게 하지 않도록 해야 하는데, 안 그러면 정신이상이 되거나 더 나쁜 상황이 될 수 있기 때문이다. (동시에 혐오 반응을 제어하는 능력은 의사, 간호사, 위생관리원 등에게 필수적이다.) 이러한 방식으로 혐오 현상은 인격에 대한 도전을 일으키며 그 점에서 복잡한 문제를 야기한다. 우리는 혐오를 너무 적게 또는 너무 많이 느껴서 혐오 부족이 되거나 혐오 과잉이 되어서는 안 된다. 우리는 혐오의 균형을 찾아야만 하는 것이다.

(4) 혐오감은 자아-타자 비대칭을 나타낸다. 다른 것들이 동등해도 나 자신보다 너에게 더 거부감을 자연스럽게 느낀다는 것이다. 그러나 여전히 필자는 의심스러운 것이, 내가 다소 객관적이지 못하게 거부감을 느끼는가 하는 것이다.[8] 나 자신에게 용납될 수 있는 것은 다른 사람에게 용납할 수 없는 것이 된다. 그러면 나는 구제불능의 나르시시스트(narcissist)란 말인가? 내가 그렇다면 남들도 모두 그렇다. 당신 자신 몸의 노폐물을 대하는 태도와 다른 사람 노폐물을 대하는 태도를 비교해 보라. 당신의 똥 냄새는 다른 사람들 똥 냄새만큼 나쁘지 않다는 것은 자명한 사실이며, 우리 목록에 있는 다른 항목의 혐오 특성도 마찬가지이다. 더러운 손도 자신의 손이냐 아니면 타인의 손이냐에 따라 다른 반응을 이끌어낸다. 어떻게 보면 이것은 역설이다. 당연히 당신 자신의 몸이 다른 이의 몸보다 당신에게 더 가까이 있기 때문이다. 손에 더러운 것이 이미 묻으면, 이는 내 몸의 다른 쪽으로 옮겨 가기 쉬운데, 말하자면 입 같은 곳에 쉽게 묻을 수 있다. 그런데도 나는 특히 당신이 샌드위치를 만들고 있는 중이라면, 당신의 더러운 손에 훨씬 더 집착하게 된다. 이는 마치 내 더러움이 당신의 더러움보다 더 깨끗하다고 생각하는 것 같다! 자신의 생식기는 겨드랑이, 손톱, 코, 귀 등도 마찬

---

8   필자는 다른 사람들이 이 점에 대해, 여하튼 명시적으로 지적한 것을 본 적은 없지만, 그것은 매우 확실한 것으로 보인다. 그것은 어려운 이론적 도전을 제기하고 있다.

가지로, 다른 사람의 생식기와 비교했을 때, 혐오의 정도가 상당히 낮은 것 같다. 특히 아프거나 질병이 관련되어 있는 경우(괴저성 다리에 대해서는 자만하기 어려울 것이다), 나에 대해 자기혐오가 생길 수도 있는 것이 사실이지만, 일반적으로는 내 자신의 혐오에 대해서 놀라울 정도로 신경 쓰지 않는 것처럼 보인다. 사실, 자신의 대변을 스스로 만지거나 치우거나 하기 적합한 단순한 중성 물질 덩어리로 받아들인다는 건 아니다. 아무리 습관적인 자기애가 있다 해도 그 정도까지 확장되지는 않았다. 그러나 인간은 다른 사람의 대변보다 가까이 있는 자신의 대변이 훨씬 덜 불쾌하다고 생각한다. 콧물이 흐르는 것도 같은 이야기를 한다. 사람들에게 자신의 배설물이 5피트에 있는 것과 다른 사람의 배설물이 20피트에 있는 것, 둘 중 하나 선호하는 걸 고르라고 하는 설문조사가 있다면, 예측 가능한 결과를 얻어낼 수 있을 것이다.

이러한 비대칭의 근거는 무엇일까? X의 것이 Y의 것보다 내게서 더 멀리 떨어져 있다면, X의 것이 Y의 것보다 덜 불쾌하다고 생각하는 이유가 되는데, 분명한 것은 자기 자신의 것인 혐오 대상이 다른 사람의 혐오 대상보다 멀리 떨어져 있다는 것은 불가능하다는 것이다(따라서 역설이다). 이 수수께끼에 대한 자연스러운 대답은 내가 나 자신의 생산물에 단지 더 익숙하다는 것이다. 즉, 나는 순전히 반복을 통해 그것에 익숙해진 것이다. 그러나 필자는 이런 설명이 유효하다고 생각하지 않는다. 필자는 시간이 흘러도, 나 자신의 신체 부산물에 익숙해지지 않았다고 보고할 수 있는데, 그것들은 30년도 더 넘는 세월 동안 그래왔듯이 지금도 나에게는 혐오 가치가 동일한 것으로 보이기 때문이다. 순전히 반복했다고 해서, 지금까지 전반적으로 자기 주도적 혐오 성향이 떨어지는 현상은 없었다. 또한 필자는 내가 더 오래 살수록, 다른 사람의 부산물을 더 편안하게 받아들인 적이 없고, 다시 말하지만, 이런 현상은 수십 년 동안 꽤 일정하게 유지되어 왔다. 반복되었다고 해서 어떤 경우에도 내 혐오 반응은 줄어들지 않았던 것이다. 더욱이, 환자와 노인의 몸을 돌보는 것이 일상 업무인 전문가들에게, 처음에는 끔찍하게 여길 수도 있었겠으나, 이제는 어느 정도 익숙해진 것처럼 보이는데도, 여전히 문제의 비대칭을 보여준다. 침대의 변기 처리와 스펀지 목욕의 온갖 일을 하는 숙련된 간호사들은 비위가 약한 이들은 속이 편하지 않았겠지만, 이제 비교적 안정된 뱃속을 유지하면서 신체 배설물에 익숙해져 왔을 수도 있다. 그러나 필자는 그녀가 수천 번 시시때때로 오줌 흘리는 환자를 간병했을 때보다, 여전히 자신의 몸의 것을 훨씬 더 평온하게 받아들일 거라 당연히 확신한다. 사실, 필자는 그녀가 혐오스러운 일 앞에서도 침착함을 보이는 것은 깊이 있는 감정적 조정을 했다기보다는 좀 더 행동을 억제했기 때문이라고 생각한다. 물론, 자신의 몸에 대한 평온함은 엄격한 훈련과 철저한 자제력의 결과는 아니다. 그것은 오히려 자연스러운 것이고 노력을 필요로 하지 않는다. 평생 냄새 풍기는 내 대변을 매일 보아야만 한다는 걸 아니까, 이를 억지로 스스로 참아내야만 했던 것은 아닌 것이다. 필자 또한 무의식적으로 습관화되는 어떤 과정도 경험한 적이 없다. 수년에 걸쳐 음식을 많이 먹어왔다는 이유만으로, 음식이 내게 맛없게 느껴진 적은 없었기 때문이다. 사실, 일반적으로 자극에 대한 혐오 반응은 습관화 효과가 거의 없이 일생에 걸쳐 꽤 강하게 나타난다. 따라서 비대칭은 나 자신의 혐오 본성과의 접촉 빈도의 증가 또는 근접성과 무관하다.[9]

따라서 비대칭은 접촉 빈도 등에 대한 우연한 사실을 반영하지 않으며 확고하고 보편적으로 나타난다. 차이를 만드는 것은 부산물이 나에게서 나온

---

9 내가 내 자신의 대변과의 감각적 접촉을 인위적으로 박탈당했지만 다른 사람의 대변에 노출되었다고 가정해 보자. 그래서 다른 사람의 대변에 대한 내 지각 접촉 빈도는 내 대변에 대한 이전 접촉의 경우보다 더 커지게 되었다. 그렇다면, 내가 처음으로 내 대변을 보게 되면, 다른 사람의 대변보다 습관화 효과 때문에 더 혐오스러워지게 될까? 이는 뭔가 의심스럽다. 중요한 사실은 통계적인 접촉 빈도가 아니라 내가 그것을 누구의 것으로 알고 있느냐 하는 것이다.

다는 것, 즉 그것이 내 것이라는 사실이다.[10] 누군가 나를 속여서 실제 내 대변인데 남의 대변이라고 믿게 하고 내 혐오감을 측정하게 한다면, 문제의 물질이 다른 사람의 것일 때 나왔던 바로 그 똑같은 반응을 할 것이고, 다른 사람의 것이 내 것이라 믿게 되는 상황이라면, 내 것에 대한 반응과 비슷한 반응을 할 것이라 확신한다. 이 말은 자신의 배설물이 틀림없는 자기 신분의 흔적을 보여준다는 말이 아니라, 오히려 물질의 기원에 대해 틀릴 수도 있는 믿음이 그것을 받아들여야 할지 말아야 할지 결정한다는 것이다. 그 설명에 대해 제기되는 질문은, 물질의 감각적 영향은 누구의 것이든 상관없이 동일할 텐데, 누구의 것이냐 하는 믿음이 왜 혐오 반응을 결정해야 하는가에 대한 것이다. 대상에 대한 그 반응은 의심할 여지 없이 감각적이지만, 비감각적 사실에 대한 믿음은 감각적 자극에 대한 반응을 제한하고 조정한다. 누구의 것이라는 믿음이 주어지면 그 자극은 마음에 뭔가 다른 냄새, 즉 내 것이나 다른 이의 것에 따라 여하튼 각기 다른 냄새로 인식되는 것이다. 다시 한 번, 사람들은 혐오감에 대한 좋은 이론이 이 기묘한 비대칭성을 밝혀줄 수 있을 거라 기대할 것이다(나중에 발전시켜 볼 아이디어가 몇 가지 있지만, 여전히 곤혹스러운 질문은 남게 된다). 우리는 혐오 대상이 나에게 속하느냐 아니면 다른 이에게 속하느냐에 따라 혐오 대상의 의미가 달라지는, 이러한

---

10 나는 다른 사람들의 정체성보다 내 자신의 심리적 정체성에 대한 인식이 더 강하면서도, 내가 다른 사람들의 노폐물에 대해 생각하는 것보다 내 노폐물이 내 정체성과 더 무관한 것이라고 생각하는 것은 아닐까? 나는 나 자신을 내 몸이 만든 노폐물과 밀접하게 연관시켜 생각하지 않지만, 나는 다른 사람들의 노폐물을 그들의 정체성으로 더 많이 생각하게 되는 것이다. 나는 다른 사람들에 대해서는 몸을 더 많이 생각하고 나 자신에 대해서는 마음을 더 많이 생각하므로, 나는 다른 사람들의 경우보다(내가 그들을 이해할 때), 내 몸에 대해서는 존재론적으로 나 자신과 좀 더 멀리 떨어뜨려놓고 생각하게 된다. 따라서 현재의 나를 덜 구성하게 되는 내 몸을 나는 덜 불쾌한 것으로 생각한다. 여기엔 분명한 비대칭이 있지만, 그것이 실제로 그 이유를 설명해 주는지 여부는 덜 명확하다. 그래도 그 제안은 고려해 볼 가치가 있는 것이다.

비대칭이 가지는 심오한 구조적 원인을 찾아내야 한다. 확실히 본질적 물질 구성이나 지각적 상존재는 각기 다른 개인에 걸쳐 있다 해도 변함없이 일정할 것이기에 어떤 작용도 하지 않을 것이고, 차이가 있다면 의미가 무엇이든 간에 누구에게서 나온 것인가라는 단순한 사실에 근거해야만 하는 것이다.

(5) 혐오란 무생물이 아니라 생물에 대한 반응이다. 이는 앞서 진행되었던 모든 것에 함축되어 있다. 동물 유기체는 혐오의 주요 초점 대상으로 앞서 있고 식물들이 부차적으로 길게 그 뒤를 따른다. 혐오는 공포와 불쾌함과 매우 다르다. 기계와 산, 바다, 절벽에 공포를 느끼는 건 순전히 가능한 일이고 쓴맛이 나는 해로운 화학 물질에 불쾌한 반응을 하는 것도 가능한 일이다. 그러나 그런 것들에 혐오를 느낀다는 건 불가능하다. 이것은 혐오감에 대한 매우 중요한 사실이며, 혐오의 본질에 대한 설명을 조건으로 삼아야 한다. 이는 지각적 초점에도 불구하고 감정에 강한 인지적 구성 요소를 제안한다. 마음은 유기적이냐 무기적인 것이냐의 차이에 따라 우리 혐오 반응을 조정하도록 되어 있기 때문이다. 물론 무기적 물질도 유기적인 물질을 모방한다면 혐오감을 불러일으키는 것이 가능하다. 그런데 주체가 금속과 플라스틱 조각 같은 것을 보고 무기물이라고 인식한 상황에서, 혐오를 느낀다는 것은 불가능해 보인다. 혐오 자극을 주려면 생명체로 보이는 인상이 자극 안에 있어야 하는 것이다. 이 사실은 우리에게 중요한 의미를 부여해 주고 있는데, 왜냐하면 그동안 혐오스러워 보이는 많은 물리적 특징을 공유한다고 여겨지는 물체 자체, 이를테면 기름지고, 끈적끈적하고, 더럽고, 새고, 변형되고, 부식되는 등의 물질 자체가 혐오스러운 것이라 생각되지 않기 때문이다. 칠이 벗겨지고 녹이 슬고 있는 차가 있는데 엔진에서 오일이 새고, 부딪친 자국에, 긁히고, 시트가 찢어졌다면, 어쩌면 끈적끈적하고 더러워 보여서 불쾌감을 줄 수도 있겠지만, 막상 그런 차를 타게 되면 진짜 혐오감을 불러일으킬까? 자동차 마니아라면 마치 썩어가는 시체 대하듯

그 차를 보고 메스꺼움을 느낄까? 필자는 이를 매우 의심스럽게 생각한다. "퇴물로 변해가는" 자동차는 살아 있는 조직이 없다는 것이고, 이것이 의미하는 모든 것은 슬픈 일이라 하더라도, 그 차가 혐오감을 줄 수는 없다는 것이다. 오래된 건물 폐허나 분화구가 있는 바위 표면, 분출하는 화산, 노쇠한 조각상 또는 흠뻑 젖은 담요도 거의 동일하다. 여기에는 혐오스러운 유기체와 지각적으로 닮은 부분이 있지만, 유기적 조직의 기질이 결정적으로 빠져 있다. 썩는 시체는 부서지는 건물과 무너지는 다리에서 나오는 것과는 다른 감정적 범주에 속한다. 심지어 사람처럼 보이도록 만들어진 로봇조차도 얼마나 많이 끈적이는 것이 새고 있느냐에 상관없이(새는 물질이 유기적인 것이 아닌 한) 혐오감을 일으키지 못할 것이다. 녹이 슨다는 것은 결코 썩는 것과 동일하지 않다. 무기적인 것은 유기적인 것을 흉내 내어 (가짜 피나 그럴듯하게 만든 웅가처럼) 관중을 속이도록 만들어졌을 때만 혐오감을 자극할 수 있고, 이런 것은 만들어내기 꽤 어렵다(가짜 피는 보통 유기물질로 만들어진다). 그리고 이는 유기적인 것으로 인식되어야만 혐오에 완전히 종속된다는 것을 보여준다. 공포와 증오는 유기체라는 조건을 벗어날 수 있다(생각할 수 있는 바로는 금속으로 만들어진 의식 있는 로봇은 악한 행동을 하기 때문에 싫어할지도 모른다). 그러나 혐오는 선택된 대상을 더 선별적으로 선택한다. 필자는 이 부분에서 무엇이 혐오 감정이라는 것을 만드는 것인지에 대한 중요한 단서가 있다고 생각한다. 혐오와 유기적 생명체는 함께 하는 것이다.[11]

(6) 혐오는 분명 동물과 작은 어린아이들은 경험하지 못하는 것이다.[12] 이

---

11 작가들은 혐오감과 관련하여 이점을 자주 언급하지만, 그 이론적 중요성은 일반적으로 덜 인식되고 있다. 이는 혐오감을 단순한 감각적 특징에서 벗어나 더 추상적인 인지 방향으로 밀어내므로, 생물과 무생물 사이의 개념적 구별이 필수적이다. 유기 생명체의 개념이 어떻게 정의되어야 하는가는 추가적인 질문 사항이며(번식과 소화가 유기 생명의 충분조건인가?), 이 또한 쉬운 질문은 아니다.

12 혐오의 발달 이론을 성숙된 아이 마음의 다른 측면, 특히 아이가 마음의 개념을 이해하는

사실은 혐오가 혐오 자극의 감각적 자질에 대한 반응일 뿐이라는 자연스러운 생각을 뒤집어놓는다. 대변을 다시 생각해 보라. 성인 인간은 대변을 극도로 혐오하는 경향이 있으나, 동물과 아이들은 감각 자극이 확실히 두 그룹 모두에게 같은 것일 텐데도 그렇지 않다. 동물들은 친숙하게 코를 킁킁거리며 동요함도 없이 곧장 냄새나는 똥으로 향할 것이고 인간 아기들은 맨손으로 똥을 가지고 노는 것을 아무렇지 않게 생각한다. 그러나 확실히 대변은 관련된 모두에게 똑같이 보이고, 느껴지며, 냄새가 난다. 때때로 이는 혐오감이 본능적이거나 타고난 것이 아니라 학습되어져야만 나타나는 것으로 간주된다. 그러나 그것은 데이터로부터 정확하게 유추된 것이 아니다. 3세에서 7세가 될 때까지 아이들이 혐오 반응을 보이지 않는다고 해서 감정에 유전적 근거가 없다고 유추할 수는 없다. 유전자 프로그램은 언어 발달과 사춘기의 경우처럼 아이들이 태어나서 몇 년이 지난 후에야 그 능력을 보여주기 시작하는데, 이런 일은 매우 흔하게 나타난다. 초기에 일종의 잠복기를 거친 후 아동기 발달의 특정 단계에서 혐오 능력이 작동되는 시작점은 유전적으로 결정될 수 있다. 선천성에 대한 문제를 해결하기 위해서는 배변 훈련 따위를 받지 않은 개인에 대한 추가 데이터가 필요하다. 설사 혐오 반응이 아이들에게서(예를 들어 야생아) 자연발생적으로 발달되어 나타나지 않았다고 해도, 여전히 그 능력은 선천적인 것이 아니라 학습된다는 결론을 내릴 수 없다. 선천적 프로그램은 일반적인 언어 발달과 마찬가지로 그 자체를 나타내기 위해 촉발하는 외부 자극이 필요할 수도 있기 때문이다. 필자는 혐오의 탄력성, 보편성, 그리고 무의식성 때문에 선천적인 기반

측면("마음 이론" 연구처럼)과 연결하는 것은 흥미롭다. 혐오의 시작과 마음의 개념을 이해하는 것 사이에 상관관계가 있는가? 필자가 뒤에서 설명한 바 있는데, 혐오는 마음과 몸의 연관성에 대한 이해를 포함하는 방식으로 인해 이 두 가지가 서로 얽혀 있을 수 있음을 제안한다. 그러나 이는 나중에 설명되면서 좀 더 명백해질 것이다.

을 두고 있는 것이 아닐까 스스로 생각하고 있다. 그러나 우리는 여기서 그런 경험적 질문을 해결할 필요가 없다. 중요한 것은 혐오감이 인간에게서 나타나는데, 독특하게도 인지 및 감정적 발달의 특정 단계에서만 나타난다는 것이다. 혐오는 모든 인지적 입력을 무시한 채 불쾌한 맛에 단순히 반응하는 그런 것이 아니기 때문에 어떤 높은 수준의 심리적 전제 조건이 분명히 필요하다. 나중에 분명해지겠지만, 필자는 혐오감이 정교한 개념화를 포함하는 상당히 풍부한 인지적 배경 안에 존재한다고 믿는다. 이런 배경은 "보편적 혐오 문법"이라는 타고난 기반에서 비롯될 수도 있고 아닐 수도 있지만, 눈을 깜빡이거나 쓴맛 나는 물질에 바로 거부반응을 일으키는 단순 감각의 운동 반사보다 훨씬 더 풍부한 구조를 지닌다. 필자의 견해에 따르면, 혐오감은 세상에 대한 특정한 생각, 특히 삶과 죽음과 관련된 생각에 달려 있다. 따라서 아이는, 남자 또는 여자아이의 마음속에 특정한 개념, 즉 세계에 대한 특정한 사실이 인식되고 이해되도록 어떤 개념이 형성되는 성숙 단계에 도달해야, 혐오 감정에 필요한 기초 배경을 갖추게 된다. 남자나 여자아이에게 똥이 더러운 것이라고 부모가 말하는 것을 단순히 믿게끔 아이를 때린다든지 조건화시키는 부모의 배변 훈련이, 혐오 감정을 만들어낸 장본인이라는 생각에 필자는 회의적이다. 그것은 보상과 처벌로 습관적 반응을 주입하는 문제가 아니다. 오히려, 아이는 특정 사실을 파악하여 인식한 후, 혐오가 이런 사실에 적절한 반응이 될 거라는 것을 깨닫는다. 필자의 견해는, 아이가 자발적으로 특정 일반 원칙들이라 할 수 있는, 뭐랄까, 하나의 윤곽이라 할 수 있는 스키마(schema)를, 문법 원칙이 일반적으로 파악되고 적용되는 것과 거의 같은 방식으로, 이를 광범위한 경우에 일반화한다는 것이다.[13] 이러한 원칙은 사물의 본성에 깊이 파고들어 특성상 매우 추상적

---

13 분명히, 필자는 여기서 촘스키(Chomsky)를 따르고 있는데, 혐오감은 그것의 발달을 제한하는, 선천적으로 구체화된 추상적 원칙들에 달려 있다는 사실을 제안한다. 그러므로 우

이고 거의 형이상학적이다. 아이는, 훈련 과정에서 어른들에 의해 주입되어 개별적이면서 연속적으로 작동하는 조건화 된 습관의 저장소가 아니다. 아이는 이런저런 것에 혐오로 반응하고 다른 어떤 것에는 반응하지 않도록 조건화 되는 것이 아니라, 오히려, 남자 또는 여자아이가 특성이 상당히 추상적인 혐오에 대한 일반 스키마(schema)를 그려낸 후에, 그것을 이질적 현상의 범위에 적용해 나가는 것이다.

그 추상적인 스키마는 결과적으로 약간의 적응성이라는 여지를 남겨둔다(언어의 경우와 상당히 비슷하다). 따라서 혐오스러운 것으로 밝혀진 것(예를 들어 먹을 수 있는 것으로 간주되는 것)에서 개인 및 문화적 다양성의 척도가 나타날 것이지만, 혐오 반응의 일반적 형태는 보편적이고 강력한 것이다. 이 경우, 언어 및 기타 타고난 인지 체계와 상당히 비슷하다. 예를 들어 우리는 부패와 배설물을 보편적인 혐오 대상으로 여기는 반면에, 어떤 동물 또는 성행위가 혐오감을 느끼게 하는가에 대해서는 다양한 생각을 한다. 따라서 심리언어학자와 마찬가지로 필자의 임무는, 관련된 일반 원칙들을 확인하여 남자나 여자아이의 마음속에 존재하게 되는 다양한 자극에 대한 혐오 반응의 인지적 구조의 그림을 그려보는 것이다. 동물에게는 이러한 구조들이 부족하다고 가정할 수 있다. 그래서 동물은 언급할 만한 혐오감을 보이지 않는 것인데, 단지 특정 방식으로 세상을 인지하지 못하기 때문이다. 지각 자극이 혐오 반응을 불러일으키려면 특정 인지 설정이 필요한 것이라서, 자극 그 자체만으로는 충분하지 않다. 따라서 혐오 반응은 감각적 표현을 방아쇠로 삼게 되지만, 그 안에는 혐오 감정을 가능하게 만들어주는 비감각적 요소도 포함되어 있다. 주체는 지각적 자극을 더 넓은 세계에, 어떤 의미의 개념에 따라 적용시킬지 해석해야만 하는 것이다. 그에 대해 너무 세세히

리는 언어를 배우지 않는 것처럼 혐오를 배우는 것이 아니다. 즉, 우리는 단지 보편적으로 타고난 정신 구조에 문화적으로 특정한 세부 사항을 덧붙일 뿐이다.

따져보는 건 아니더라도, 자극은 더 깊은 진리의 표시이자 그 자체를 넘어선 어떤 것을 나타내는 것으로 바라보아야만 하는 것이다.[14]

우리는 혐오에 대한 단순한 생존 기반 설명이 효과가 없다는 것을 이미 알고 있다. 감정은 생물학적 효용에 대한 기본적인 고려 사항으로 설명될 수 없다. 혐오는 공포와 불쾌감이 다루어지는 직접적인 방식으로 유용하지 않다. 동물들은 두려워해야 할 것이 많이 있어서 공포심을 많이 느끼므로, 이러한 감정은 포식자 등을 피하는 데 도움이 된다. 또한 어떤 것이 독이 있거나 영양가가 없는지 신호를 보내는 미뢰가 동물에게 유용하게 쓰이고 있고 따라서 동물에게도 그러한 특성이 부여되어 있다. 그러나 혐오감은 이런 식으로 적용되지 않기 때문에 동물들은 혐오라는 귀찮은 감정을 겪지 않는다. 인간에게는 어떤 명백한 생물학적 욕구도 혐오로 충족되지 않으며, 전체적으로 바라볼 때 혐오는 그 대신에 우리가 세상을 어떻게 이해하고 있는지, 그 안에 존재하는 우리의 위치는 어떤 것이며 또한 우리는 어떤 종류의 존재인가에 대한 것을 반영해 준다. 그것은 어떤 의미에서는 철학적인 감정으로서, 즉 고도로 개념화된 결과물이다. 철학자가 아닌 아기들과 동물들은 그럴 시간이 없겠지만, 인지적으로 성숙한 성인 인간은 철학자가 되는 것을 피할 수 없으므로 혐오는 철학적 영역 내로 들어오게 된다. 그러나 이것은 혐오감에 대한 설명, 즉 그것을 뒷받침하는 일반 원칙이 무엇인지 고려할 때 명확해질 것이다(필자는 그것을 바라고 있다). 이제, 필자는 성인 인간들이 소유한 형태의 혐오가 동물과 유아에게는 해당하지 않는다는 점에 주목하면서, 이는 어떤 정교하고 인지적인 전제를 반영해야 함을 관찰한다. 혐오

---

14 필자는 이것을 칸트식의 부류들이 사용하는 "본유적 형이상학"의 일반 테제(These)의 일부로 본다. 즉, 대상, 인과관계, 유기적, 마음, 공간, 시간 등등 같은 개념의 인식과, 감정의 형성 내로 들어오는 매우 추상적인 범주의 선천적 시스템이 있는 것이다. 앞으로 부각되겠지만, 필자의 생각에 혐오의 인지적 요소는 이런 종류로, 아마도 선천적으로 부여된 것이라 여겨지는 매우 일반적인 종류의 개념을 포함하고 있다.

감은 따라서 진화적이고 개체발생적인 장면에서 뒤늦게 나타나는 후기 단계의 감정인 것이다.[15]

(7) 혐오감은 "캡슐 안에 싸인" 것으로 주장할 수 있다. 눈에 그대로 보이는 환상은 실제 상황에 대한 지식이나 믿음에 의해 변형될 수 없듯이, 혐오 반응도 단순히 의지나 인지력 강화로 바뀔 수 없다.[16] 달리 말하면, 우리는 뮐러-라이어(Muller-Lyer) 환상의 선의 길이가 일정하지 않다는 걸 보지 않을 수 없듯이, 우리를 혐오스럽게 하는 것을 어찌하지 못한다. 지금 당장 냄새 풍기며 썩어가는 시체를 보면서, 이건 정말 전혀 해로운 것이 아니니 시체 앞에서 쿨하게 있을 수 있다면 좀 더 괜찮아질 거라고 스스로에게 말할 수도 있겠지만, 그렇다고 내 혐오 반응을 멈출 수는 없는 것이다. 반대로, 만약 내가 위험하다고 생각했던 어떤 것이 정말 해롭지 않다고 생각되면 그 순간 내 공포는 사라질 것이다. 그러나 내 속을 뒤집어놓는 대상에 대한 혐오감은 내가 어떤 걸 알아낸다 해도 잠재워질 수 없다. 자극적인 혐오는 지식이나 믿음 또는 무자비한 의지로 억누를 수 없다.[17] 모든 혐오를 떨쳐버릴 수 있다면 내 삶이 더 나아질 것이라고 생각하며, 혐오감은 비이성적이고

---

15 혐오감은, 평가와 자기 계발을 수반하는 정교한 개념적 토대를 갖는 수치심, 자존심, 죄책감과 같은 그런 부류의 감정에 속한다. 동물과 유아들에게도 이런 종류의 감정은 없다.

16 필자는 『마음의 모듈방식(*The Modularity of Mind*)』에서 개발된 제리 포도(Jerry Fodor)의 캡슐화 개념을 사용하고 있다. 폴 그리피스(Paul Griffiths)는 『감정이란 정말로 무엇인가: 심리적 범주의 문제(*What Emotions Really Are: The Problems of Psychological Categories*)』에서 혐오감을 포함한 감정 사례에 대한 개념을 적용시키고 있다(필자는 캡슐화 테제와, 혐오감이 복잡한 인지적 전제를 가지고 있다는 생각 사이에 불가피하게 존재하는 모순은 없다고 생각하는데, 그것은 믿음이나 판단의 유형은 아니다).

17 폴 로진(Paul Rozin)의 실험은, 그럴듯하게 인조 대변이 만들어진 것이고 바퀴벌레를 살균시켰다고 사람들에게 알려주어도, 여전히 혐오감을 불러일으킨다는 구상을 확인시켜주었는데, 감각적 상존재는 그렇게 쉽게 무시되지 않는다는 것이다. 로진, 하이트와 맥콜리(Rozin, Haidt and McCauley)의 조사 연구 논문 "Disgust"를 참조하라.

근거 없는 것이라고 단단히 믿을 수도 있겠지만, 그래도 나는 늘 그렇듯 혐오 대상에 계속 민감하게 노출될 것이나. 당신이 아무리 열심히 나를 설득한다 한들, 당신 말 중 어떤 말도 내가 느끼는 혐오감을 멈추게 할 수는 없다. 혐오감은 나머지 심리로부터 격리되어 캡슐화 된 모듈로 구성된다. 이 안에 싸여 있는 혐오는 신념 형성과 마찬가지로 공포, 증오와 상당히 다르다. 아마도 이는 지각의 관점에서 볼 때 놀라운 일이 아닌 것이, 신념이 어떤 것이든 상관없이 우리는 세상을 특정한 방식으로 보지 않을 수 없기 때문이다. 바늘에 찔리는 고통스러운 느낌처럼 혐오에는 저절로 일어나는 어떤 것이 있다. 그것을 혐오 반사라고 말한다면 틀린 말이 아닐 것이다. 그것은 무엇이라고 할까, 목구멍 뒤에 손가락을 집어넣는 것과 유사한 역할을 한다.

이런 캡슐화 테제(These)는 어쩌면 과장된 것으로 느껴질 수도 있다. 사람들은 가끔 초기에 자연스럽게 일어나는 혐오를 지속적인 노력으로 극복하지 않는가? 사랑하면 혐오를 누를 수도 있고 심지어 멈추게 할 수도 있지 않은가? (또한 장기간에 걸친 노력으로 동기부여가 잘되어 있다면, 시각적 환상을 극복할 수 있지 않을까 궁금해할 수도 있을 것인데, 아는 바에 따르면 이 문제와 관련된 경험적 데이터는 없으며, 필자는 그러지 않을 거라 생각한다.) 그런 경우는 신중하게 해석해야 할 것 같다는 것이 필자의 생각이다. 확실히, 의지력은 혐오의 행동 증상을 억제하는 데 도움이 될 수 있고 심지어 초기의 강한 혐오감을 감소시킬 수도 있다. 그러나 그렇다고 해서 혐오감을 없앨 수 있다거나, 단순히 혐오감을 마음에서 지울 수 있다고 말하는 것은 아니다. 헌신적 간호사는 혐오감을 마음속에 억눌러 드러내지 않고 그것을 조정할 수 있지만, 필자는 그녀가 단순히 마음에서 혐오감을 제거하거나 아니면 이를 긍정적인 것으로 대체할 수 있을 것이라 생각하지 않는다. 혐오감을 느껴서는 안 된다는 취지의 자기암시를 아무리 많이 한다 해도, 혐오는 단순히 사라지지 않을 것이다.[18] 이 경우는 현기증의 감각과 다소 비슷한데, 현기증은 무의식적으로 일어나는 것이고 신체적 안전에 대해 아무리 확신해도 그걸 없앨 수는 없다. 그러므로 혐오감을 판단의 한 종류로 생각하는 것은 매우 잘못된 일이 될 것이다. 왜냐하면 판단은 정확히 다른 판단에 의해 수정되기 쉽지만(판단은 "중앙 시스템"에 속함), 혐오감은 주체가 세상에 대해 판단하는 것에 전혀 민감하지 않다. 예를 들어, 혐오스러운 냄새가 무해한 것에서 나온다고 믿음으로써 혐오감을 감정적으로 중립화 시킬 수는 없다. 우리는 혐오감이 이성적인 기능을 거쳐가지 않기에, 그것은 의도적인 것이 아니라 반사적인 것이라 말할 수 있다. 우리는 혐오를 느끼기로 결정하지도 않고 혐오하지 않기로 결정할 수도 없는 것이다.[19]

(8) 혐오감은 성향적으로 정의되는 이차적인 특성이 아니다. 만약 내가 어떤 대상에 "혐오"라는 용어를 적용한다면, 나는 몇몇 선택된 대상 그룹에서 주체들이 혐오 반응을 일으키는 성향에 따라 정의되는 속성을 귀속시키지 않는다. 혐오에는 이런 식의 관계성이 없다. 특정 유형의 대상이 한 그룹에서는 혐오감을 불러일으킬 수 있고 다른 그룹에서는 혐오감을 불러일으킬 수 없다는 것이 아니라, 필자의 요점은 오히려 그런 경우에 한 그룹은 옳고 다른 그룹은 틀리게 될 거라는 것이다. 필자는 혐오감이 주관적이거나 상대적인 속성이 아니라 객관적인 특성이라고 주장한다.[20] 인간의 대변은

---

18 밀러가 보고하는 시에나(Siena)의 성 캐서린(St. Catherine)의 '스스로 유발한 혐오의 시련'은 매우 이례적인 것으로, 혐오 반응을 통제하는 것이 얼마나 어려운지를 보여준다. Miller, pp.158~159 참조.

19 혐오감이 일종의 감각으로 특징지어질 수 있다는 사실은 캡슐화 테제와 잘 들어맞는다. 우리는 이를 "감정적 지각"이라고 부를 수 있다. 우리는 감정적 방식으로 지각하는 것이다. 이러한 심리 상태의 또 다른 예는 아름다움에 대한 경험인데, 우리는 그 아름다움에 감정적으로 반응하는 방식으로 대상을 지각한다. 지각과 감정이 불가분으로 함께 융합되는 것이다.

20 혐오감이 혐오스럽게 보이는 것과 너무도 가까운 것 같기 때문에 처음에는 이 말이 놀랍게 들릴 거라는 거 알고 있다. 하지만 잠깐 기다려보라. 필자의 생각에, 그런 연관성은 전

혐오스럽고 수정(crystal)은 비혐오적이다. 하지만 화성인들이 이러한 반응 패턴을 반전시킨다고 가정해 보자. 대변은 그들에게 사랑스러운 반면 수정은 메스꺼움 및 기타 혐오 증상을 일으킨다. 화성인들은 수정을 보면서 우리가 대변과 맞닥뜨렸을 때 느끼는 것과 같은 바로 그 느낌을 실제로 느끼고 있다고 가정해 보는 것이다. (충분히 큰 그룹의 일반 주체들에게) 혐오스럽다는 것은, 단지 혐오스럽게 보이는 것이기 때문에 우리 둘 중 어느 쪽도 잘못된 반응을 보이지 않는다고 말해야 할까? 우리가 "대변은 혐오스럽지만 수정은 혐오스럽지 않다"고 말하는 것처럼 화성인들이 "수정은 혐오스럽지만 대변은 혐오스럽지 않다"고 말한다면, 문제의 성질은 상대적으로 정의되어 있는 상황이니까, 화성인들이 진실을 말하고 있는 것인가? 직관적으로 이것은 매우 잘못된 것이라 여겨지는데 수정은 정말로 전혀 혐오스럽지 않기 때문이다! 화성인들은 이상한 판단 오류를 범하고 있거나 감정 병리 피해자들인 것이다. 화성인들은 또한 금이나 삼각형이 혐오스럽다고 생각하면서도 썩은 고기의 향을 즐기고 점액질이 흐르는 파이를 먹고 있는 모습을 우리에게 보여줄지도 모르는 일이다. 그들이 그렇게 느낀다는 것을 부정할 수는 없지만, 그렇다고 그들이 올바르게 하고 있다고 동의할 필요도 없다(그들 또한 사물의 주된 자질에 관해 우리에게 동의하지 않을 수도 있고 또 여기에서는 그들이 그냥 착각하고 있는 것인지도 모르는 일이다). 직관적으로, 우리는 수정이 혐오 반응을 일으킬 가치가 없는 반면, 대변과 점액들은 그럴 가치가 있다고 말하고 싶어 하므로, 이는 혐오의 특성을 주관적으로 평가해서는 안 된다는 우리의 확신을 드러낸다. 대변 자체에는 혐오 반응을 정당화하는 무언가가 있고, 수정에는 그런 것이 없다. 즉, 한 대상이 정말 혐오스러운지 여부에 대한 "사실"이 있는 것이다. 공포의 속성도 마찬가지라고 말할 수 있는데 사

형적인 이차적 특성과 함께 그렇게 가까이 연결되지 않는다.

람들이 실제로 그것을 두려워하든 말든, 무해한 대상은 공포의 속성을 가지고 있지 않기 때문이다. 공포에 떨려면 실제로 위험해야 하고, 공포에 반응할 가치가 있어야 한다. '하지만 위험이 공포에 대해 의미가 되는 것이라면, 이와 같이 혐오의 감정에 대해 의미가 되는 것은 무엇인가?'라는 질문이 제기될 수 있다. 사람들이 실제로 혐오감을 느끼는지 여부에 관계없이, 무엇이 대상을 본질적으로 혐오스럽게 만드는 것일까? 그러므로 그것이 우리가 답하고자 노력하는 탐구 질문으로서, 무엇이 혐오스러운 대상을 구성하는지를 알아내려 하고 있다. 그 질문에 대한 답을 얻으면, 혐오 반응을 보증하는 특정 대상에 대한 것이 무엇인지 알게 될 것이다. 그래서 대변은 가지고 있으나 수정에는 없는 특성, 즉 사물들의 완벽한 객관적 특성이 밝혀질 것이다. 그 이론을 올바른 것으로 받아들인다면, 화성인들은, '객관적으로 혐오스럽지 않은 걸 그렇게 생각했다!'고 말하며 자신들이 진짜 이상한 망상 종류에 사로잡혔던 거라고 결론 내릴지 모르는 일이다. (실제로 처음부터 어떻게 이런 실수를 할 수 있는지 알 수 없는데, 왜냐하면 수정, 금, 삼각형이 혐오스럽지 않다는 것은 너무도 명백하기 때문이다.) 그러므로 단순히 사람들이 똑같이 옳으면서도 서로 다른 방식으로 사물을 받아들일 수 있다는 사실 때문에 사물이 혐오스러운 것은 아니다. 혐오 반응의 근거가 되는 어떤 것이 있어서, 반응을 적절하거나 부적절하게 만드는 것이다. 따라서 혐오의 자질은 주의 깊게 분석하면 이차적인 특성이 아니다.[21]

---

21 이 점에서 혐오란 부끄러움 같은 감정과 가까운 사촌지간이라 할 수 있는데, 사람들이 실제로 어떤 행동을 부끄러워하기 때문에 그것이 부끄러운 것이 아니라 그 행동은 부끄러움이 타당하다고 여겨져야 한다(농담이란 것이 사람들이 웃는다고 해서 다 우스운 것이 아닌 것처럼, 웃을 가치가 있어야 한다). 어떤 것에 대해 혐오감을 느끼는 것이 옳은 일이고, 옳은 일이기만 하다면, (반드시) 그 어떤 것은 혐오스러운 것이다. 우리는 규범적인 반응 의존적 개념에 대한 방안이 필요한데, 반응은 개념의 분석에 들어가서 법칙을 따르지만, 사실상의 방식은 아닌 것이다. 이것은 무엇이 혐오스러운지 아닌지에 대한 광범위

(9) 혐오감은 종종 웃기는 상황과 당혹감을 불러일으킨다. 죽음과 성에 대한 농담처럼, 신랄한 유머가 넘쳐난다. 우리는 혐오스러운 깃들을 보고 웃는다. 이는 혐오스러운 것이 종종 당황스러운 것이라는 사실과 관련이 있다. 불편함이 그 근본에 깔려 있는 요인이다. 우리는 똥이 불편하고 당황스러운 거라 생각하기 때문에 그에 대해 농담한다.[22] 존경과 사회적 지위에 대한 문제도 그것과 관련이 있다. 방귀를 사람들 앞에서 뀐다는 건, 나와 늘 붙어 다니던 내 몸이 너무도 혐오스럽다는 생각이 들게 만들고, 당황스러우면서, 불쾌하기도 하고, 게다가 웃기기도 하다. 왜 이런 이차적인 감정이 혐오감에 들러붙어야만 하는가? 왜 똥은 그렇게 웃기면서 불편한 것일까? 우리는 혐오 이론이 이러한 연관성을 밝혀서 이차적 감정이 혐오의 근본적인 감정과 결합되어야 하는 이유를 설명해 줄 것이라 기대한다. 어떤 배경의 생각들이 혐오감을 불러일으켜 그렇게 유머와 당황스러움을 느끼게 할 수 있는 것일까? 불안하고 부조리한 감정을 자연스럽게 만들어내는 혐오의 영역에서 우리는 무엇을 생각하고 있을까? 그토록 골치 아픈 코미디를 만들 수밖에 없는 혐오의 내용이란 무엇일까? 더 정확히 말하자면, 혐오가 우리에게 어떤 것을 타협하여 받아들이도록 강요하는 것일까? 혐오는 어떤 민감한 심리적 부위를 건드리는 것일까? 다음 장에서 이 질문에 대한 답변을 시작하고자 한다.

한 오류의 여지를 남길 수 있다.

22 프로이트가 유머를 성적 욕구를 중심으로 한 억압의 해방으로 간주한 것은 유명하다. 필자 역시 유머가 금기의 억압에서 비롯된다고 생각하지만, 성적 금기는 아니다(또는 일반적으로 그렇지 않다). 유머는 우리가 혐오하는 것에 대한 억압의 해방이다. 성이 유머가 되는 이유는 용납할 수 없는 성적 욕구 때문이 아니라, (대략) 혐오감을 불러일으킬 수 있는 잠재적 영역이기 때문에 유머가 된다. 혐오스러운 대상에 속수무책으로 메스꺼움을 느끼는 대신, 우리는 그것을 보고 비웃음으로써 혐오의 효능을 약화시킨다. 우리는 본능적으로 우리를 불안하게 만드는 것을 조롱하려 시도하는 것이다.

제4장
혐오의 이론들

혐오로 제기되는 주요한 이론적 과제는 혐오감을 유발할 수 있는 대상이 매우 다양하다는 것이다. 이러한 다양성에 어떤 질서를 부여할 수 있으려면 몇 가지 혐오 대상을 기본 중심으로 두고 다른 대상들은 중심 가지에서 뻗어 나오는 것으로 살펴보아야 한다. 하지만 여기서 위험한 건, 이론가가 선호하는 이론에 맞는 혐오 대상의 주체를 선택하다 보면 이론 범위가 협소해진다는 것이다. 그 위험의 반대 상황은 모든 혐오 대상을 마치 동등하게 모두 다 포함시켜 다뤄보려고 시도해 보는 것인데, 그러면 그 이론이 너무 광범위해져서 엄밀히 혐오적인 것이라고 주장할 수 있는 것보다 더 많은 것을 포함시키게 된다는 것이다. 필자는 이러한 두 가지 오류를 범하지 않기를 바라며, 핵심이 되는 혐오의 예들을 다음과 같이 제공하고자 한다. 첫째는 썩은 살, 둘째, 대변 그리고 세 번째로 상처들이다. 과정으로 말하자면, 신체 부패, 배설, 신체 손상이라 할 수 있다. 이와 함께 마지막으로, 잘라 내거나 찢어진 육체뿐만 아니라, 문둥병처럼 온전한 육체에 영향을 미치는 질병도 포함하고자 한다. 그다음 다른 경우의 사례를 보자면, 이는 이러한 세 가지 핵심 영역으로부터, 때로는 매우 유사하게 때로는 더 세부적인 형태로, 분기되어 나타난다고 보고 있다. 여하튼, 앞서 열거한 모든 사례는 우리가 고려하고 있는 어떤 이론이든, 그에 비추어 검토해 보고 테스트해야 하는 필자의 연구 가설이 될 것이다. 우리가 이 세 가지 기본적 사례를 다루는 것으로 한정할 때, 지나치게 축소시키게 될 위험성은 그리 크지 않을 것이라 생각한다. 필자는 또한 시각, 미각, 후각, 촉각은 제안된 이론을 평가하는데 모두 각기 제 기능을 인정받아야 하므로, 하나로부터 다른 모든 것이 파생적으로 혐오감을 보여준다는 의미에서, 즉 우리에게 하나의 감각은 기본이고 나머지는 파생적이라고 강력하게 주장만 하면서, 단 하나의 지각적 양상만을 기본으로 선택하는 것은 실수라 생각한다.[1] 비록 다른 감각이 한 주체 안에 없더라도, 각각의 감각은 그 자체로 혐오감을 유발할 수 있다고 생각한다(청각은 예외적으로 혐오감을 실제 파생적으로만 유발한다). 그래서 예를 들면, 후각적인 혐오감이 없더라도 시각적인 혐오감이 있을 수 있고, 그 반대도 마찬가지다. 다시 말하자면, 기본적인 경우 일부 선택이 불가피해 보이더라도, 어떤 혐오 이론도 사례별로 감각 양상 모두에 공평할 필요가 있다. 이러한 적합성의 조건을 염두에 두고, 최소한 타당하다고 여겨지는 것부터 시작하여 몇 가지 이론을 고려해 보겠다.

---

1   필자가 제안하듯이 촉각이 패러다임이라고 할 수 있을지도 모르지만, 하나의 감각이 패러다임이라고 하는 주장과 구별하고자 한다. 촉각은 그 기본 형태의 모델을 제공해 주고 있긴 하지만, 그렇다고 해서 다른 감각들이 각기 고유 영역 내에서 혐오감을 나타내지 않는다고 말할 수는 없다. 촉각을 전혀 느끼지 않은 상황에서도 우리는, 원칙적으로, 후각, 미각 그리고 시각을 통해 혐오감을 경험할 수 있는데 여전히 이러한 감각은 촉각과 유사한 기능 때문에 혐오감을 유발하는 것이다. 촉각만이 진정으로 혐오감을 유발하고 다른 감각들은 파생적이거나 연관성에 의해 그렇게 되는 것이 아니라, 오히려 다른 감각들이 접촉과 유사한 요소들을 포함하고 있기 때문이다. 모든 감각이 맞닿음과 근접성을 수반하는 촉각의 조건과 가깝다고 해도 과언이 아니다. 아마도 촉각이 첫 번째로 진화를 시작하게 되는 감각이었을 것이다.

(1) **미각-독성 이론**. 이것은 원래 다윈에 의해 제안된 이론으로, 그 단어의 어원으로 이론의 의미가 알려지게 되었다. 『인간과 동물의 감정 표현(*The Expression of Emotions in Man and Animals*)』에서 다윈(Darwin)은 다음과 같이 쓰고 있다. "가장 간단한 의미에서 '혐오'라는 용어는 맛이 불쾌한 것을 의미한다. 음식의 성질, 생김새, 냄새에 이상한 어떤 것이라도 느껴지면 이런 감정이 얼마나 쉽게 자극되는지 특이하다. … 남자의 수염에 묻은 수프는 혐오스럽게 보이지만, 수프 자체에는 물론 혐오스러운 것이 없다. 상황이야 어떻든 이것은 우리 마음에서 음식을 보는 것과 그것을 먹는다는 것 사이의 강한 연관성에서 비롯된 것이라고 나는 추측한다."[2] 영어 단어 "혐오"는 "맛의" 단어와 어원이 같기 때문에 본래의 의미로는 "맛없음"과 동의어가 된다. 따라서 수염에 묻어 있는 수프는 혐오스럽다는 인상을 준다. 왜냐하면 우리는 그렇게 수염 위로 튄 음식을 맛보게 된다면 불쾌할 것이기 때문이다. 다윈의 다른 혐오스러운 대상의 경우에도 마찬가지다. 썩은 살, 내장, 대변, 코딱지, 벌레, 사마귀 등 우리가 입에 넣고 씹고 삼키기 꺼려하는 것들이다. 우리는 한 대상을 인식했을 때, 그것을 섭취해 볼 생각을 해보고 그것이 독성이 있거나 불쾌한 맛이라는 것을 알게 될 때, 그럴 때만 혐오감을 느끼게 된다. 그래서 시각적인 혐오감은, 말하자면, 미각적인 혐오감에 따라 달라진다. 혐오스러운 것은 단순히 음식으로서 거부감을 느끼는 것인데, 이 거부감은 맛 그 자체에 의한 것이든 맛에 영향을 미치는 다른 감각에 의해 매개되든 상관없다. 따라서 유독 물질은 모든 것 중에서 가장 혐오스러운 것

---

2 Darwin, pp.256~257, 다윈의 이론은 Miller, 1장, Menninghaus, pp.183~184, Rozin, Haidt, and McCauley, pp.637~638쪽에서 논의되었다. 혐오감이 미각에서 비롯된다는 생각은 다윈에게만 국한된 건 아니다. 로진은 그것을 현재 존재하는 혐오감에 대한 일반적 설명으로 받아들이지 않지만, 혐오감이 음식 거부로부터 진화를 시작하게 되었다는 생각에는 좀 더 공감한다. 그 감정은 이제 생물학적 기원에서 상당히 멀리 떨어져 있게 되었지만, 이 생각은 맞을 수 있다.

이 될 것이고, 반면 영양가 있는(그리고 그렇게 간주되는) 것은 어떤 것이든 혐오감에서 제외될 것이다. 이 이론에 따르면, 자연의 선택은 유독성 식품을 막기 위한 보호 장치로서 우리 몸에 혐오감을 심어놓았다.[3] 따라서 우리는 신선한 상태에서 조리된 고기를 건강에 좋다고 생각하지만, 썩고 오염된 고기에는 혐오감을 느낀다. 그리고 우리는 채소를 받아들일 수 있다고 생각하지만, 채소가 소화되어 나오는 대변은 그렇지 않다. 혐오감은 식용 가능성, 영양 및 건강에 맞춰져 있다.

"혐오"라는 영어 단어의 본래 의미에 대한 이론에 비춰볼 때도, 맛과의 관련에서 예외가 될 수 없는 것이, 그 단어가 특히 미각, 맛있거나 맛이 없다는 기호에 따라 구체적으로 정의되기 때문이다. 그러나 이제 그 단어는 훨씬 더 방대한 의미를 가지게 되었으며, 우리가 포착하려고 하는 것은 바로 이 의미이다. 독일어 단어 "에켈(ekel)"은 전혀 미각과 관련하여 정의되지 않는데, 따라서 독일 작가들은 맛에 대한 개념을 한정시키는 데 있어서 다윈의 모델을 따르지 않았다.[4] 다행인 것은 그 이론이 몇 가지 명백히 반대되는 사례에 직면하게 된 것이다. 어떤 식으로 든 독성이 있거나 영양이 없는 것으로 믿거나 여겨지는 것은 혐오스러워 보이는 것의 필요조건은 아니다. 우리가 혐오하는 많은 동물, 즉 쥐, 박쥐, 민달팽이와 곤충 등은 독성이 있거나 영양가가 부족한 것으로 간주되지 않을 뿐더러, 한 아이가 동물 지방 먹

---

3 다윈의 턱수염 사례가 그의 일반적인 이론과 잘 맞지 않는 이유는, 다른 사람이 씹은 음식이 독으로 바뀌지 않는 것처럼, 턱수염이 음식을 반드시 유독한 것으로 만드는 것은 아니기 때문이다. 그래서 수염에 붙은 음식이 혐오스럽게 보인다고 하는 것은 이유가 될 수 없다. 다윈이 찾고 있는 것은 분명 혐오에 대한 깔끔한 적용 이론적 설명일 텐데, 이는 그에 미치지 못하는 것 같다.

4 Menninghaus, 1장을 참조하라. 그는 독일어권 작가들이 혐오 주제에 대해 제대로 눈에 띄게 풍부한 묘사를 해왔는데도, 예를 들어 밀러와 같은 영어권 작가들이 이를 무시하고 있다고 불평한다. 그의 연구는 예리한 이론적 통찰뿐만 아니라 놀랄 만큼 폭넓은 학식을 보여준다.

는 것을 많이 주저하며 싫어할 때가 있는데, 그렇다고 지방이 독성이 있거나 칼로리가 낮다고 주장하고자 하는 것은 아니다. 썩어가는 시체가 맛있고 건강한 식사가 된다는 것을 알게 된다면, 이에 대해 스스로 더 이상 혐오감을 느끼지 않을까? 피는 거부감을 느끼게 만들지만, 살아 있는 날것의 심장과 콩팥은 말할 것도 없이, 영양적인 면에서는 부족한 점이 없다. 많은 항목들을 음식으로 거부하기 때문에 혐오를 느끼는 것이 아니라, 오히려 우리는 그것들을 미리 혐오스럽다고 생각하기 때문에 음식으로 거부한다. 여기에서 영양적 가치에 대한 판단은 아무런 역할을 하지 못하는 것이다. 인간의 대변이 단지 영양분이 풍부하다는 그 사실만으로, 설사 그렇게 될 수 있다 해도, 받아들여지지는 않을 것이다(어떤 영리한 과학자가 그 형태의 상존재를 바꾸지 않고 똥을 음식으로 재활용하는 방법을 찾았다고 상상해 보라). 대상이 독성이 있거나 영양이 부족하다는 사실만으로 혐오를 판단하기에 충분하지 않은 것이다. 만약 그 사실만으로 본다면 예를 들어 금속 같은 무기물은 거의 먹을 수 없기 때문에 우선 대부분의 무생물 세계를 혐오스러운 것으로 취급하게 될 것이다. 입에 쓰거나 불쾌한 맛은 음식 거부를 유발하지만 특정 화학물질과 같이 반드시 감정적 혐오감을 유발하는 건 아니다. 불쾌한 맛을 느끼는 것과 혐오를 유발하는 것은 다르다. 따라서 유독성이 있거나 영양이 없다는 것은 혐오의 필요충분조건이 아니다. 어떤 경우에는 혐오감이 독성으로 인해 발생된 것이라 추적되지만, 일반적으로는 혐오와의 관계가 너무 느슨하여 포괄적인 이론을 세울 수 없다. 비록 혐오감이 좋지 않은 음식에 대한 보호 반응으로 시작되었지만, 진화 역사로 거슬러 올라가면, 혐오감은 그 원시적인 생물학적 기능과의 독점적 관계에서 벗어난 지 오래되었다. 그리고 주목해 볼 것은 동물과 유아에게 있어 혐오 부재가, 일반적으로 성인 혐오라는 것이 좋지 않은 음식으로부터 유기체를 보호할 필요성에서 나온 것이라 주장하려 했던 모든 시도가 거짓말이었음을 보여주는데, 동물과 유아는 명백히 이러한 필요성을 공유하기 때문이다. 그들은 혐오감을 느끼지 않고서도 충분히 음식을 잘 뱉어내는 것이다. 맛이 좋지 않다고 느끼거나 배탈 날 거라고 생각하거나 심지어 영양실조를 일으킬 거라고 느끼게 되는 것은 본질적으로 혐오의 감정과는 아무런 관련이 없다. 여기서 유일하게 확실한 연결고리가 있다면, 우리가 어떤 것이 혐오스럽다고 생각할 때, 그것을 입에 대거나 삼키고 싶지 않다는 것이라 하겠는데, 이는 그것이 영양을 공급하지 않기 때문이 아니라 단순히 혐오스러운 것에 접촉 따위를 하고 싶지 않기 때문이다.[5] 다윈은 위인이었지만 여기서부터 첫걸음을 잘못 뗀 것이다. 그리고 이 실패에서 얻는 일반적 교훈 중 하나는 혐오감이 제공하는 어떤 단순한 생물학적 목적도 알아내지 못할 것 같다는 것이다. 즉, 그것은 단순한 적응도 아니면서 우리의 일반 미적 감각 그 이상이다. 혐오감은 그보다 더 정교하고 미묘하다.

(2) **악취론**. 미각-독성 이론의 문제들 중 하나는 많은 혐오 대상이 실제로 주체의 입에 들어가지 않은 상태에 있고 또 주체가 그것을 먹을 의도가 없을 때도 혐오스럽게 보인다는 것이다. 그때, 만약 그 물체가 입안에 있었다면, 우리가 불쾌함을 느꼈을 거라는 가정법적 혐오감을 단언할 필요가 있다. 냄새와 혐오감을 연관 지으면 그런 종류의 반론을 극복하게 하는데, 냄새는 맛보다 주변 세상에 훨씬 더 많이 널려 있기 때문이다(당신은 지금 맛을 보지 않고서도 냄새를 맡을 수 있는 것이다). 그리고 확실히 후각은 혐오 자극을 놀라운 강도로 보여주는데, 누군가는 그것이 외설적인 친밀감을 드러낸다고 말할지도 모른다.[6] 그렇다면 혐오는 단순히 나쁜 냄새가 나는 것일까?

---

5 다윈의 수염이 난 남자는 우리가 주로 입안에 털이 있는 걸 불쾌하게 생각하기 때문에 털에 묻은 수프는 수프 안에 들어간 털처럼 우리를 불쾌하게 한다. 일반적으로 다른 이의 털을 먹는다는 것은, 특히 음식과 섞어 들어갔을 때 거부감을 느끼게 만든다. 그러나 이는 털이 독성이 있다고 생각하여 그런 것이 아니다(해롭지 않다고 해서 손톱이 음식이랑 같이 있는 걸 원하지는 않을 것이다). 단순 독성과는 무관한 것일지라도 입과 접촉하고 싶어 하지 않는 이유들이 있는 것이다.

우리의 기본 사례 중 두 가지는 이러한 이론을 구성하고 있다. 즉, 부패와 대변 그리고 특징적인 악취는 이러한 경우 확실히 혐오의 감각 기반을 많이 차지하는 부위이다. 썩은 살과 방금 생긴 배설물이 달콤한 냄새가 난다 해도 그렇게 역겨워 보일까? 악취를 풍기지 않았는데도 그 앞에서 속이 뒤틀릴까? 후각적인 측면이 완전히 제거된 상태일 때, 기억과 연관성만으로도, 즉 단순히 그것들을 바라보는 것만으로도 충분한가? 만약 대변에서 초콜릿 냄새가 나고 시체에서 장미 냄새가 난다면 어떨까? 이러한 질문들은 코가 혐오 유발의 주요 기관으로서 혐오와 악취가 불가분의 관계에 있다는 생각을 강하게 불러일으킬 수 있다.

그러나 다시 한 번 필요충분조건의 문제가 제기된다. 콧구멍에 거슬리지 않으면서도 혐오를 느낄 수 있다는 사실이 드러나는 경우가 많다는 것이다. 여러 종류의 상처나 신체 기형은 나쁜 냄새가 나지 않고 예를 들어 사마귀의 경우는 어떤 냄새도 나지 않는다. 또한 내부 장기에서도 냄새가 그리 많이 나는 건 아니다. 대부분의 신체 분비물은 후각 효과(귀지, 정액)가 거의 없거나 전혀 없어서, 확실히 그런 식의 후각 효과는 혐오감에 영향을 미치지 못하는 것이다. 우리에게 혐오감을 일으키는 동물들은 우리가 애착하는 동물들 냄새와 크게 다르지도 않을 뿐더러, 또 어떤 동물들은 거의 냄새조차 없는데도 여전히 많은 사람에게 완전히 끔찍하게 다가온다(예를 들면 뱀). 축 처진 늙은이 몸의 냄새는 젊은이의 탄탄한 몸의 냄새와 똑같다. 먼지는 냄새 없이도 눈에 불쾌할 뿐만 아니라 만지면 끈적거리기도 한다. 그러므로 후각을 침범하지 않는 많은 것이 혐오스러운 것으로 여겨진다.[7] 악취가 충

6　콜나이는 냄새를 강조하면서 "진정한 혐오의 근원"이라고 표현한다(p.50). 그는 다음과 같이 쓰고 있다. "후각 기관을 통해 낯선 대상의 작은 입자들이 주체 안으로 체내화 되며, 그것은 그 낯선 대상(상존재)에 대한 친밀한 파악을 가능하게 한다. 후각이 혐오에 대해 가지는 주된 중요성이 뿌리박고 있는 곳이 바로 후각에 의해 가능해진 **친밀성**"(p.50). 여기서 친밀감이라는 개념은 촉각적인 접촉과 연관된다는 점에 유의하라.

분히 있는데도 혐오스러움으로 반응하지 않는 경우도 많다. 예를 들어 겨자가스나 염소는 불쾌한 냄새가 나지만 혐오를 일으키지 않는다. 이러한 냄새는 잠재적으로 위험한 물질을 나타내므로 냄새나는 곳에서 즉각적으로 뒤로 물러나게 할 수 있지만, 역겨운 맛이 항상 혐오감을 불러일으키는 게 아니듯, 이러한 방어적 반응은 혐오의 경우라 보지 않는다. 그런 냄새로 공포를 느낄 수도 있으나, 우리가 살펴보았듯이 그건 매우 다른 문제인 것이다. 관련된 악독한 냄새가 혐오감의 중심 사례의 특징이 되는 경우가 있을 수 있겠으나, 이것이 중심 사례의 혐오스러운 측면에 아무리 중요한 것이라 하더라도, 그 범주의 본질을 구성하는 것은 아니다. 사실, 필자는 시체나 대변이 냄새 요인이 제거된다면 덜 역겹게 여겨지겠지만 그래도 혐오스러운 건 여전할 것이라 믿는다. 실제로, 필자는 이러한 경우에 경험하는 나쁜 냄새는 독립적으로 만들어진 혐오 반응이라는 견해를 따르고 있다. 다시 말해, 우리는 이미 관련된 혐오 냄새가 어디에서 나오는 것인지 그 근원지를 알고 있기 때문에 이러한 것들이 나쁜 냄새가 난다고 생각하는 것이다. 동일한 그 냄새가 다른 근원지에서 나온 것이라면 우리는 같은 거부 반응을 일으키지 않을 것이다(우리는 연관성에 너무 익숙해 있어서 이런 경우를 찾아보기는 어렵겠지만). 장미꽃에서 실제 세상의 대변 냄새가 나는 것이 가능한 세상에 있다면, 사람들은 장미꽃을 보고 실제 대변 냄새만큼의 혐오 반응을 일으키지는 않을 것이다. 즉, 이는 근원지의 본질에 대한 지식이 감정 반응(이에 대해 나중에 더 자세히 설명)에 영향을 미치기 때문이다. 마치 그 감각 유발자가 혐오 감정의 모든 일을 해낼 수 있었다는 듯이 혐오의 감정을 그 감각 유발자

---

7 후각의 완전한 상실(후각 기억도 없음)이 대변의 혐오감을 제거할 수 있을까? 그것은 매우 의심스러워 보인다. 대변을 맛보고 만진다는 건 허용되지 못할 부분으로 남을 것이다. 필자 생각엔 대변 냄새로 촉발된 혐오감은 주로 촉각 및 시각적 성질을 지각과 기억으로 동시에 파악함으로써 발생하고 냄새는 이러한 다른 양상들을 집중시키거나 모이게 한다. 감각들은 혐오감을 의식하는 그 한순간에 상호작용하는 것이다.

로 좁히려고 시도하는 것은 잘못된 것이다. 사실상, 혐오 감정은 그 유발자가 해석되는 방식에서 비롯된다. 그래서 이는 그 유발자 안에 들어 있는 것이 아니라 그곳으로 이끌어진 일반적 원칙을 포함할 수 있다. 시체나 대변은 최소 어느 정도 우리에게 나쁜 냄새를 풍긴다. 왜냐하면 그 냄새는 시체와 대변이 무엇인지 우리에게 의미하는 바이기 때문이다(아니면 그럴 것이라고 필자는 주장하려 한다).

간단히 말해서, 특정 방식으로 세상을 생각하면서 다른 감각적 양식으로 세상을 인식할 수 있다면, 사람은 코가 전혀 없어도 혐오감을 느낄 수 있다. 이것이 동물들이 일반적으로 뛰어난 후각에도 불구하고 인지적 하부구조가 결여되어 있어 혐오감을 느끼지 않는 이유이다(견종의 특성상 그런 냄새를 아주 잘 견디는 걸로 알려졌지만, 대변은 우리가 느끼는 것보다 개에게 훨씬 더 강한 냄새로 다가올 거라 필자는 장담한다). 냄새는 확실히 혐오의 풍부한 근원이 될 수 있지만, 혐오의 구성 본질은 아닌 것이다. 사실, 혐오감을 일으키는 냄새의 혐오적 양상은 냄새의 촉각적 차원의 영향을 많이 받은 경우이다. 코 안에 냄새나는 대상으로부터 나오는 실제 물리적 입자의 존재와 더러운 대상과의 즉각적인 접촉에 대한 현상학적 감각이 마치 그 대상이 당신을 감싸고, 당신을 휘감으며, 당신에게 들어가, 당신을 해롭게 끌어안고 있는 것처럼 느끼는 것이다. 혐오의 근원이 혐오스러운 존재로서 우리를 만지려고 멀리서 손을 뻗어 마법처럼 행동하고 있는 것 같이 보이기 때문에 우리는 나쁜 냄새를 멀리한다. 예를 들어, 코를 찌르는 대변 냄새 때문에 대변은 우리 몸 안의 공간에 침입하는 촉수를 키워 인간 안에 더러운 잔여물을 남기려는 것처럼 보인다. 어떤 냄새를 맡는다는 것은 문자 그대로, 그리고 은유적으로 그것이 나를 만지는 것이다. 냄새는 촉각과의 친화성 때문에 불쾌감을 준다.[8]

(3) **동물-유산 이론**. 우리는 우리 자신을 우월하고 뛰어나며 독특하고 다소 신성이 고귀한 핏줄을 통해 흐르고 있기에 특별하다고 생각하는 경향이

있다. 우리는 자연 위에 자랑스럽게 서 있고, 다른 동물들은 우리 아래에 정렬되어 있다. 이런 웅대한 자기 인식이나 인간 종족의 나르시시즘은 근거나 타당성이 없는 건 아니다. 우리에게는 언어, 과학, 예술, 철학, 그리고 도덕적 감각이 정말 있기 때문이다. 진화한 존재들 사이에 서 있는 우리는 어떤 면에서는 확실히 상위의 단계에 있다. 어떤 관례에서는, 이러한 생물학적 차이가 다른 동물은 지니지 못한 영혼을 가진 존재이기 때문으로 묘사된다. 우리는 최소한 우리 정체성의 핵심에는 동물의 흔적이 전혀 없는 완벽한 존재인 신에 의해 창조되었다는 가정이 있다. 혹은 또 다른 관례에서 보면, 우리는 우리의 특별한 존재의 투영으로, 지금 우리처럼 본질이 경건한 존재, 혹은 되고 싶은 존재로서 신을 창조해냈다. 우리는 단순한 생물학적인 존재가 아니고, 실상 우리 내면의 존재는 전혀 생물학적이지 않다. 하지만 우리가 우리의 존재를 전체적으로 생각해 볼 때 우리는 동물의 본성을 완전히 벗어날 수 없다. 우리도 죽어서 썩어야 하고, 먹고, 소화시키고, 배설해야 한다. 짝짓기라는 복잡한 과정을 거치지 않고는 번식도 할 수 없다. 몸은 혐오의 장소이고, 소름 끼치는 생체 엔진이다. 결국 우리는 그리 특별난 존재도 아닌 걸까? 우리 몸의 정체성에 대한 사실들을 인정하게 되면, 우리는 생물에 대한 거대한 계획에서 한두 단계의 말뚝 아래로 강등되어 버렸다고 느낀다. 대변이 그렇게 거창한 건 아니지만, 우리는 대변을 보며 살아가고 대변을 보지 못하면 우리는 아무것도 아니다. 이런 생각은 견디기 어려울

---

8   즉, 접촉과 오염은 함께 진행된다. 최악의 냄새는 당신이 개똥을 밟을 때 맡게 되는, 당신에게 해로운 물질의 냄새이다. 코는 접촉이 일어났으며 오염이 뒤따를 것이라고 당신에게 말해 주고 있다. 대상이 가까이 있으면 있을수록 접촉의 위험이 커지므로 냄새는 더욱더 불쾌해진다. 촉각은 아마도 생물학적으로 가장 기본적인 감각일 것이다. 왜냐하면 유기체 생물과 대상의 접촉은 생물체의 생존에 너무도 중요하기 때문이다. 그리고 다른 감각들은 잠재적인 접촉에 대해 경고한다. 신체의 경계선은 그에 따라 엄청난 심리적 무게의 영향을 받고 있는 것이다.

수 있다. 우리는 우리의 신 같은 측면에 초점을 맞추고 싶어 하지만, 생물학적 측면이 계속 자기의 존재감을 드러내며 과시하고 있다. 우리는 마치 벌레(그리고 결국에는 벌레의 먹이)인 것 같은 우리 자신의 존재 방식이 당황스럽다. 우리는 다른 동물들이 유기적 존재의 깊은 법칙에 종속되어 찌그러지고 부서지기 쉬운 조직의 임시 포장물이라는 것을 받아들이는 데 어려움이 없으면서도, 우리 자신은 내적으로 그러한 기본 물질을 초월하는 존재로 느낀다. 결국 우리가 동물들과 그렇게 다르지 않다는 것을 깨닫게 되면, 우리는 정신 차리고 낮아지게 된다. 이렇게 본래 위치를 상기시키는 어떤 것이 압박을 가하면, 우리가 과시해 왔던 준(準)신성의 자리가 유기적 현실의 혼란 속으로 섞여 들어가 희미해지고, 우리의 마음은 불편해지는 것이다. 그리고 단지 몸에 대한 자신의 경험을 통해, 우리는 끊임없이 그런 존재임을 떠올리게 된다. 우리는 동물적인 몸과 존재론적 거리를 두고 영적 초월을 위해 노력하지만, 우리의 모든 것이 동물적 몸에 달려 있다는 것을 받아들여야 한다.[9]

그렇다면 혐오가 우리의 생물학적 뿌리를 상기시킬 것이라는 자연스러운 생각을 할 수 있다. 우리 자신의 대변과 유기적 존재의 다른 측면에 직면한다고 하는 것은 다른 동물들이 그러하듯, 동물로서 우리 진짜 본성의 혐오스러운 사실 속에 코를 박고 문지르며 냄새 맡게 된다는 것을 의미한다. 우리는 특별하지만 충분하게 특별한 건 아니다. 즉, 충분히 초월적이지 못하다. 혐오의 주요 대상은 더 넓은 생물학적 세계와 밀접한 관계가 있음을 단순히 우리에게 상기시키는 것들이다. 인체에 혐오를 느낀다는 것은 단지 우리 자신의 본성에 대한 불쾌한 진실, 즉 우리도 더러운 동물이라는 것을 인정하는 것이다. 진화의 관점에서 보면, 혐오스러운 대상들은 더 오래된 동

---

9 이는 제2부의 주요 주제가 될 것인데 여기서는 단지 살짝 건드려보는 정도로 끝내려 한다.

물 세계로부터 우리가 연속적으로 진화해 온 것임을, 즉 우리가 어디에서 왔는지(그리고 어디로 가는지) 우리가 물려받아 전해줄 그 유산을 드러낸다. 혐오란 우리를 신과 같은 위상에서 강등되게 만드는 우리 본성 부분에 대해 우리가 느끼는 반응인데, 그 부분은 부정할 수도, 피할 수도 없다. 우리의 가장 고상한 생각, 우리의 가장 심오한 도덕적 통찰조차도 결국 우리가 씹은 음식에서 얻게 되는 에너지에 의존한다. 일단 그 음식이 끔찍한 소화 과정을 거치면, 악취가 나는 배설물의 배출로 끝난다. 놀랍게도 똥이 영혼의 필수 불가결한 핵심 요소였던 것이다. 그런 생각은 일종의 수치스러운 혐오감을 불러일으킨다. 혐오란 우리가 동물적 본성에 직면하도록 강요받았을 때, 즉 쥐와 벌레, 소화, 죽음 속에서 살아가는 생물 세계 속으로 우리가 몰입할 때 느끼게 되는 감정인 것이다. 우리는 벌레의 세계에 혐오감을 느낀다. 왜냐하면 그 세계 안에 우리 역시 살아간다는 것을 알면서도 그 사실을 받아들이지 않기 때문이다. 사실, 중요 핵심은 몸의 전체 기관이 자체적으로 벌레 같은 존재라는 것이다. 입에서 시작하여 항문으로 끝나는 소화관이 우리 몸 안에서 똬리 틀고 있는 하나의 지렁이 벌레처럼 아무 생각 없이 생물을 똥으로 바꾼다. 그 존재는 맹목적이고, 소모적이고, 탐욕스러운 관(管)이다. 원시적 벌레라 할 수 있는 그것은 모든 동물 안에 퍼져 있고 다른 영혼 없는 장기나 조직으로 둘러싸여 있어 혐오감이 비슷하다(혐오스러운 뇌는 우리가 주장하는 혐오 자리 꼭대기 위쪽에 무시무시하게 앉아 있다). 하지만 구조적으로나 기능적으로나 그것은 여전히 벌레이다. 장기는 쭈글쭈글하고 커다란 지렁이처럼 보인다. 우리는 우리 자신에 대해 혐오감을 느끼게 된다. 왜냐하면 우리의 생물학적 본성에 대한 지식이, 우리가 위에 서 있다고 스스로 자랑스럽게 여기던, 신이 내재하던 그 세계에서, 우리를 꿈틀거리고 축축한 유기체의 세계 안으로 끌어들이기 때문이다. 진정한 신이라면 유기적 세상으로부터 완전히 떨어져 있기 때문에 그러한 감정을 느끼지 못할 것이다. 하지만 우리는 두 개의 세계, 즉 초월적 영혼의 세계와 소화 기능적 육체의 세계에서 살아야 한다. 우리는 하나의 종으로서 혐오를 느끼는 종이다.

폴 로진(Paul Rozin)은 혐오 주제를 과학적 성과로 이끌어내는 데 가장 많은 공헌을 했던 심리학자로서, 이러한 방법으로 논하면서 혐오 분석을 제시한다. 그는 다음과 같이 말한다.

우리가 동물이라는 것을 상기시키는 것은 어떤 것이든 혐오감을 유발한다. 일곱 개 영역의 혐오 유발 물질에 대한 검토를 거쳐 지금까지 확인된 바는 혐오감이 우리 동물적 몸을 "인간화"시킨다는 것이다. 인간은 동물들처럼 먹고, 배설하고, 짝짓기를 해야 한다. 각 문화는 이러한 행위를 적절히 수행하는 방법을 규정해 주고 있는데, 예를 들어, 대부분의 동물을 잠재적 식용으로 하는 것을 금지하고 있고, 모든 동물을 인간 대부분의 성적 상대로 삼는 것을 금지하고 있다. 이런 규정들을 무시하는 사람들은 혐오스럽고 동물 같다는 비난을 받는다. 더욱이, 우리 인간은 연약한 몸의 외피를 가진 동물과 같아서 다치게 되면 피가 나고 부드러운 내장이 드러나게 된다는 점에서 동물과의 공통점을 보인다. 인간의 몸은 동물처럼 죽는다. 몸이 다쳐서 죽게 되는 모습을 보고 우리는 동물의 연약함을 불편하게 상기시키게 되므로 혐오를 느낀다. 마지막으로, 위생 개념은 인체를 적절하게 다루고 유지하도록 만들어서, 이렇게 문화적으로 정의된 기준을 충족시키지 못하는 사람은 인간 수준 이하로 취급당한다. 동물들은 (자주 부적절하게) 더럽고 위생에 무관한 것으로 보인다. 인간이 동물처럼 행동하는 한, 인간과 동물의 경계는 모호해져서, 우리는 우리 자신을 낮추어 보게 되며, 타락했다고 여기고, (아마도 가장 비판적으로는) 죽은 상태와 다름없다고 생각하게 되는 것이다.[10]

---

10 Rozin, Haidt and McCauley, "Disgust," pp.642. 그는 어니스트 베커(Ernest Becker)의 『죽음의 거부(*The Denial of Death*)』를 출처로 인용하고 있는데, 영향력이 큰 학자라 할 수 있는 콜나이에 대한 언급은 없다.

잘 정리되어 있는 이 말 속에서 필자는 어느 정도 진실한 내용의 빛의 기미를 감시하고 있다. 그러나 현재 이 이론은 다음과 같은 반론에 부딪칠 여지를 남긴다.

첫째, 동물과의 관련을 떠올리게 하는 것은 혐오스럽게 보인다는 것이 사실인가? 만약 그게 사실이라면 말 그대로 다윈의 『인간의 강림(*The Descent of Man*)』은 동물과 인간의 유사성을 강력히 주장하고 있기 때문에 혐오스러운 작품으로 여겨질 것이다. 그러므로 우리의 동물 본성을 떠올리게 하는 모든 것이 혐오의 대상은 아니다. 둘째, 동물과의 유사 관계 자체가 혐오감을 불러일으켜야 하는 이유는 무엇인가? 귀엽고 껴안고 싶은 동물도 있으므로 모든 동물이 혐오스러운 것은 아니다. 그 말은 우리가 동물을 우리보다 열등하다고 생각하는 것으로 보이게 한다. 하지만 왜 우리보다 열등하다고 여겨지는 것과의 단순한 유사 관계가 우리 자신에 대한 혐오감을 불러일으키는 걸까? 우리는 자녀들에게 친밀감을 느끼며, 아이들을 우리의 아랫사람으로 여기지만, 아이들을 생각할 때 결과적으로 혐오감을 느끼게 되는 것도 아니고, 우리 자신의 자아 인식 개념으로 되돌아 비추며 혐오를 느끼는 것도 아니다. 그리고 만약 당신이 우리보다 동물이 열등하지 않다고 생각한다면, 즉 우리가 반대로 그들보다 (많은 방면에서) 열등하다고 생각한다면 어찌 될까? 그렇다면, 동물과의 유사 관계를 상기시키는 것이 혐오감보다는 좀 더 자부심에 가까운 무언가를 불러일으킬 것이다. 셋째, 인간의 모든 특성이 그렇듯, 동물의 모든 특성이 혐오스러운 것은 아니다. 털과 깃털, 날렵한 움직임 혹은 모성애 같은 것은 혐오스럽지 않다. 만약 우리의 털을 동물의 깃털이나 털과 비슷하다고 생각한다면, 우리 자신에 대해 혐오감을 느낄 이유가 없다. 동물의 특정 특성만이 혐오스럽다고 여겨지는 것이다. 그러나 그렇다면, 동물의 특징과 단순하게 유사하다는 것 외에, 혐오감에 대한 다른 기준이 있어야만 한다. 아마도 우리는, 동물들의 특정 특성이 이미 혐오스럽게 생각하는 우리 자신 속의 특성과 닮았기 때문에 혐오스럽다고 느낄 것이다. 그래서 로진의 말은 본말이 전도되었다.[11] 우리는 누구든지 또는 무엇이 혐오 과정을 거치든 간에, 유기적인 과정이 혐오스럽다고 생각하는데, 동물들이 그런 과정을 거치기에 혐오스럽다는 것은 아니다. 만약 (다른) 동물들이 없고 우리만이 홀로 행성에 늘 있었다고 가정해 보자. 그러면 우리는 그렇게 천한 동물과의 관련성에 반감을 느끼며 인간과 동물을 부당하게 비교할 수 없게 될 것이다. 그런 상황이 되면, 우리는 자신의 몸에 대해 혐오감을 느끼지 않게 될까? 필자는 그리 생각하지 않는다. 게다가, 만약 우리가 동물을 우리보다 열등하다고 생각한다면, 우리가 그들보다 우월하다는 의미인데, 왜 비교하면서 우리 자신이 더 낫다고 느끼지 않는 것일까? 결국, 우리는 우리 자신보다 열등하다고 생각되는 많은 것, 예를 들어 문손잡이와 풀과 같은 것들과 일종의 유사 관계를 가진다. 왜냐하면 우리 모두는 물리적 대상이기 때문이다. 하지만 그 유사 관계를 이해한다고 해서, 즉 우리 자신의 높은 존재에 대한 감각을 느낀다고 해서 혐오감이 생기는 것은 아니다. 그 유사 관계는, 우리가 이미 그 문제의 대상이 혐오스럽다고 느꼈을 경우에만, 혐오감을 불러일으킬 뿐이다. 그런데 왜 우리는 처음부터 동물이 혐오스럽다 생각하는 것일까? 우리가 동물과의 유사성을 느끼고 여전히 우리보다 낮은 존재라는 걸 감지하면서, 혐오스럽다고 말하는 것은 거의 불가능한 일인 것이다! 넷째, 우리는 우리가 죽는다는 것을 확신하기 위해 정말로 동물이 필요한 건 아니다. 우리는 자신의 종을 관찰함으로써 그것을 충분히 잘 알고 있다. 죽음은 혐오감을 설명하는 역할을 할 수 있지만(아래 참조), 동물의 죽음에 대한 인식이 그 역할을 이해하는 데 필수적인 것은 아닌 것이다. 마지막으로, 우리는 일부 동물들을 애완동물로 기

---

11 메닝하우스는 로진의 이론을 비판적으로 논하면서(pp.223~225), 필자가 본문에서 말하는 몇몇 요점들, 특히 우리가 다른 동물들에 대해 느끼는 혐오보다, 우리 자신에 대해 혐오를 더 많이 느낀다는 핵심을 잘 집어내고 있다.

르고 있고, 쓰다듬으며, 애지중지하고 싶어 하기에, 우리에게 그런 동물들은 혐오스럽지 않다. 우리는 왜 이런 동물들을 우리와 가장 유사한 동물로 선택하면 안 되는 것일까? 만약 선택하게 된다면, 그에 맞추어 비교했을 때, 우리는 자신에 대한 어떤 혐오도 찾아내지 못할 것이다. 동물 유산 이론은 혐오스러운 동물들을 선택한 이유를 필요로 하지만, 이제 단지 동물이라는 것과는 별개의 독립적인 혐오 기준이 무엇인지 주어져야 할 필요가 있다. 동물과의 단순한 유사성이 핵심이었다면, 나는 고양이와 같은 민첩성과 여우의 교활함이 보이는 내 견해를 자기혐오의 이유로 삼아야 할 것이겠지만, 분명 실상은 그렇지 않다. 그러므로 내 안에 여전히 동물적 특성을 많이 가졌으니, 나는 동물에서 진화되었다고 하는 생각 그 자체가 나 자신에 대한 혐오감의 근거가 되는 것은 아니다. 혐오는 전적으로 그 특징에 의존한다. 만약 필자가 진화론 전체를 거부하면서 우리의 종이 신에 의해 직접 창조된 거라고 가정한다면 어떻게 될까? 내 신체적 본성에 대한 모든 혐오 반응이 없어질까? 거의 그렇지 않을 것이다. 여기서 나는 다른 동물들과 마찬가지로, 내 유기적 본성의 측면이 혐오스럽다고 생각하지만, 그 혐오의 이유는 우리가 그러한 본성을 공유하기 때문이 아니라 그 특징들이 그러한 공유와는 별개로 매우 혐오스럽기 때문이다. 내 유기적인 존재가 존재론적으로 내 지성과 다른 허세들을 조롱하며 나를 끌어내리는 것이 사실일지 모르지만, 그렇다고 이것이 나의 동물적 유산과 상관되는 것은 아니다. 내 유기적인 본성은 여전히 신과 같은 실체인 나 자신에 대한 모욕이 될 것이기 때문에 내가 지적으로 우월한 종에서 진화했다고 확신한다 해서, 내 자신을 덜 혐오스럽다고 생각하지는 않을 것이다. 동물 종간과의 비교는 아무런 상관이 없는 것이다. 우리가 동물의 특정한 특징들을 혐오스럽게 느끼고 나서 유사 관계의 느낌 때문에 이러한 혐오를 우리 자신에게 전가시키는 것은 아니다. 여하튼 우리는 자신에 대한 혐오를 느낀다. 사실, 대변의 사례가 두드러지게 보여주듯이, 우리는 일반적으로 우리 자신의 유기적인 본성을 다른 종의 본성보다 더 혐오스럽게 느낀다. 내 자신이 동물로서 혐오를 느끼는 것이 아니라 인간으로서 혐오를 느끼게 되는 것이다.[12]

(4) **생명-과정 이론**. 죽은 지 얼마 안 된 것이라 해도 우리는 생명 유기체를 혐오스럽게 생각한다. 그것의 주요 특징은 무엇일까? 기본적으로 두 가지가 있는데, 그것은 식품 섭취와 자손 번식이다. 그것을 가능하게 만드는, 특히 그 기능의 소화 및 생식 시스템을 고려해 보면, 둘 다 혐오스러운 물질들이 풍부하다. 여기서 유기체의 "배관"에 대해 말하는 것이 자연스럽다. 왜냐하면 그 해부학적 구조가 내장뿐만 아니라 정맥과 동맥, 그리고 생식 관과 통로까지 아우르는 유체 및 반고체의 파이프와 펌프 그리고 덩어리를 담당하는 컨베이어로 구성되어 있기 때문이다. 이 유기 배관은, 배관계의 (비어 있는!) 금속 파이프와는 달리, 인간 혐오의 주요 장소이다. 부드럽고 미끄럽게 펌핑하는 파이프의 조작을 통해 기본적인 생명 과정이 진행된다. 그렇다면 우리는 배관을 구성하는 생명 과정에서 혐오의 본질을 찾아야 하는 것일까? 우리의 혐오감을 유발하는 것은 원시 유기체 근간에 있는 생명 그 자체인가? 시체가 박테리아와 벌레의 먹이가 되면서, 죽음 속에서도 생명력이 맥박 치고 꿀렁거리며, 그 결과 무엇보다 가장 혐오스러운 시체의 부패 과정이 진행된다. 부패는 생명 과정이다. 그렇다면 바로 그 생명 과정이 우리의 혐오감을 자극하는 것인가? 윌리엄 이안 밀러는 『혐오의 해부』(해부학

---

12 로진의 초반 입지의 타당성은 "동물"이라는 단어를 사용하는 어법에 달려 있다고 생각한다. 우리가 다른 종들을 동물로 단순히 언급할 때 사용하는 중립적 지칭이 있고, 우리가 "우리 안에 있는 동물"을 말할 때, 반감을 의도하는 의미로 사용하는 중첩적 지칭이 있다. 그 반감은 평판이 좋지 않은 충동, 유기적 기능, 그리고 인간성의 비심리적 부분을 내포한다. 그러나 중립적인 지칭은 그런 부정적 의미가 없고 혐오감을 주지 않는 동물의 특성 (예를 들면 움직임 및 심리적 특성)을 나타낸다. 우리 안에 있는 "동물"의 의미를 사용할 때는, 사실상 혐오감을 유발하는 우리 자신의 일부를 가리키지만, 그때, 혐오스러운 것 때문에 우리는 혐오를 느낀다고 하는 단순한 말만 하게 된다면, 그 이론은 충분한 정보를 제공하지 못하게 되는 것이다

의 혐오라 불릴 수 있다)라는 훌륭한 책에서 위에서 말한 견해를 지지하고 있다. 여기서 그는 이렇게 말한다.

> 놀랍게도 혐오하게 하는 것은 삶의 능력이다. 단지 삶이 삶과 상관되어 있는 죽음과 부패를 암시하기 때문만은 아니다. 삶을 생성하는 듯 보이는 것이 바로 부패이기 때문이다. 부패의 이미지는 감지할 수 없게 출생의 이미지로 미끄러져 들어갔다가 다시 나온다. 죽음이 소름 끼치게 반감을 일으키고 혐오를 유발하는 것은 단지 역겹도록 악취가 나기 때문만이 아니다. 그것은 죽음이 삶의 과정의 종말이 아니라 영원한 재생의 고리의 일부이기 때문이다. 살아왔던 자들과 산 자들이 연합해서 — 고약한 악취가 나고 만지기에 거슬리는 — 유기적인 발생적 부패의 세계를 이룬다. 끈적끈적한 진흙, 더러움 거품이 떠 있는 연못은 생명 수프, 생식력 그 자체이다. — 부패하는 식물로부터 자연스럽게 생성되는 점액질의, 미끈미끈하고, 꾸물꾸물하고, 바글거리는 동물의 삶.[13]

생명 수프, 좋은 이미지이다. 그렇다면 혐오란 우리를 둘러싸고 있으면서 거품이 일고, 냄새나는, 살아 있는 수프라는 말인가? 밀러의 말은 아마도 뜻한 만큼 정확한 분석을 통해 나온 말은 아니었던 것 같고, 게다가 그는 그 "이론"에서 혐오의 필요충분조건의 제공을 보여주려는 시도를 하지 않았다. 하지만 우리는 그의 의도가 무엇인지 알고 있다고 생각한다. 몸의 부드럽고 축축한 조직, 체액의 수많은 물방울과 분출물들의 생명을 유지하게 하는 수프 같은 과정은 우리의 혐오감을 상당히 확실하게 자극한다는 것이다. 죽은 자들 위에서 살아가는 굶주린 생명체들의 빠른 공격은 이들 역시 소화와 번식을 할 수 있다는 것을 드러낸다. 생명은 신체의 더러운 배관과 그 증상 및

---

13 Miller, pp. 40~41.

부산물이라는, 이러한 유기적인 과정의 힘을 통해 앞으로 나아간다. 그리고 이러한 생명의 과정은 우리의 뜨거운 의지와 열정적인 이상을 냉정히 잊게 만든다. 생명 과정은 대부분 자동적으로 뒤에서 은밀하면서도 조용히, 그리고 체계적으로 그의 섬뜩한 기능을 수행한다. 그 과정은 사실상 독립적 주요 동인으로, 적극적이면서도 올바르게 그 임무를 단호히 완수해 내고 있는 것이다(단지 급한 장의 활동과 이를 뻔뻔하게 알려주는 뱃속 상황을 생각해 보라). 그것은 몸을 움츠리고 숨지 않으면서도 그 기괴한 작용을 직접 겪게는 하지 않기에, 불시에 그 요구가 커질 때만, 우리는 깜짝 놀라며 그것을 인식하게 된다. 뱃속에서 꼬르륵 소리가 나며, 방귀가 새어 나오고, 양수가 터지며, 번들거리는 아기가 배출되는 것이다. 여기서 누가 힘을 가지고 있는 걸까? 몸일까 아니면 마음일까? 물론 몸인 것이, 우리는 무엇보다도 생물학적 유기체이기 때문에 생물학적 법칙의 적용을 받고 있는 몸이 없이는 여하튼 마음도 있을 수 없는 것이다. 생명 과정의 순전한 힘은 끊임없이 놀라운 작용을 한다. 따라서 생명 과정과 혐오감은 밀접하게 결합된 것처럼 보인다.[14]

다시, 이러한 생각들은 마음을 심란하게 한다. 혐오는 실제로 유기적인 것에 한정되어 있고 그것의 패러다임은 필자가 생리적 배관이라고 지정한 것과 관련이 있다. 그러나 다시 말하지만, 그 이론은 생의 어떤 면이 혐오스러운 건지 너무 구분을 하지 않은 것으로 보인다. 생물에 관한 모든 것이 혐오스럽지는 않다. 결국 마음은 혐오스럽지 않은 것이고 이 또한 생물학적 세계의 일부를 차지하는 생명 과정이기도 하다. 달리거나 뛰거나 헤엄치고 날아다니는 움직임도 혐오스럽지 않다. 그렇다면 무엇이 특정 생명 과정을 혐오스럽게 만들고 그 밖에 다른 것들은 혐오스럽게 만들지 않는 것인가? 혐오 대상의 범위를 포착하기에는 생명 개념 자체가 너무 광범위한 것이라

---

14 좀 더 구체적으로 말하면 가장 혐오스러운 것은 생명 과정 중 특히 소화 및 생식 그리고 장기와 체액(그리고 시체에 의한 박테리아 세균 발생 번식을 포함)의 생성 과정이다.

서, 그 질문에 대해 답하려면 혐오에 대한 독립적 기준이 필요하다. 수프와 배관공에 대한 이야기는 모두 훌륭하고 좋은 것이지만, 문자 그대로의 해석을 요구하는 은유일 뿐이다. 게다가, 생명의 개념은 우리가 찾으려고 하는 강한 혐오감의 근거를 제시하기에는 너무 긍정적인 개념으로 보인다. 생명은 좋은 것 아닌가? 아니면 그저 중립적인 것이라 하지 않겠는가? 그러나 혐오의 대상들은 어떤 면에서 보면 나쁜 것이다. 우리는 생명을 한탄스러워하는 것이 아니라 찬양하지 않는가? 만약 생명의 과정이(적어도 그중 일부가) 정말로 혐오스러운 것이라면, 우리가 얻고자 하는 부정적 개념을 전달하지 못하는 생명과는 다른, 몇 개의 개념 밑에 있는 과정들을 살펴볼 필요가 있다. 우리에게 생명을 생각나게 만들어주기 때문이라면, 썩어가는 시체나 배설물 더미가 혐오스럽게 느껴진다고 하는 것은 간단히 말해 있을 수 없는 일이 된다. 생명을 우리가 바람에 흔들리는 들판의 꽃이나 예쁜 새 떼의 모습이라 생각했다면 어땠을까? 생명의 과정은 종종 혐오스럽지만, 생명 그 자체가 혐오스러운 것은 아니다. 즉, 생명이 그 과정을 혐오스럽게 만드는 것이 아니다. 그리고 이러한 자극이 있는 상황에서, 생명은 사실 우리가 생각하는 마지막 것이 아닐까? 아니면 오히려… 죽음을 생각하지 않을까? 밀러는 죽음이 새로운 삶을 위한 기회라는 것에 주목함으로써 생명 밑에 놓여 있는 죽음을 가정하지만, 여기서 중요한 것은 죽음, 즉 말하자면 매우 부정적인 사실이라고 할 수 있을 것이다. 우리가 소화나 부패와 같은 생명의 혐오 과정에 직면했을 때, 그것이 우리의 마음에 암시하는 것은 두근거리는 생명의 실제가 아니라 암울하게 정체된 죽음의 실제이다. 우리는 그러한 부정적인 맥락에 있는 이런 과정들을 죽음이라는 개념하에 우리가 생각해 봐야 할 과정으로 제시한다. 이는 다음 단계에서 검토해야 할 이론이다. 지금까지의 관찰로 보면, 생명과 살아 있는 것은 결론적으로 혐오와 그의 부재 양쪽을 드러낸다고 말하고 싶다. 예술, 과학, 철학, 도덕 등 인간의 문화는 이런 것들을 만들어내는 마음과 마찬가지로 생의 단면들이지만, 아무도 이런 것들을 혐오스러운 것이라 생각하지 않는다. 생명 안에는 수프보다 더 많은 것이 있는데, 즉 그 안에는 꿀렁거리는 파이프와 그 속에 덩어리와 함께 흐르는 액체만이 전부인 것은 아니다.[15]

(5) **죽음의 이론**. 혐오에 관한 글에서 흔하게 보는 후렴구는 혐오와 죽음 사이를 연관 짓는 일이다. 어니스트 베커(Ernest Becker)의 신랄한 저작, 『죽음의 거부(*The Denial of Death*)』는 우리 인체에 대한 혐오감을 우리가 죽을 운명이라는 걸 알고 있다는 사실과 함께 반복적으로 병치시킨다. 즉, 그는 혐오감을 느끼는 경향의 배후에 죽음의 공포가 깔려 있다고 주장하고 있다.[16] 죽음에 대한 공포는 인간의 정신 깊숙이 자리 잡아 성인 의식 안에서

---

15 밀러에게 영향을 미친 것 중 하나는 지나치게 많으면서도 통제할 수 없는 생명의 풍요한 다산성이다. 그에게 혐오감을 불러일으키는 것은 생명에서 경제성과 깔끔함이 부족하기 때문으로 보인다. 이런 이유로 그는 떼 지어 다니는 곤충들을 혐오스러운 것으로 바라본다. 그러나 필자는 여기에서 그다지 공감할 부분을 찾지 못했다. 함께 옹기종기 모여 있는 수천 마리의 펭귄들이나 넓은 풀밭이나 숲은 아무런 혐오의 느낌도 주지 않기 때문이다. 과도한 혐오감은 이미 혐오스러운 것이 지나치게 있을 때만(1장에서 관찰된 바와 같이) 나타난다. 또한, 적은 양의 것들도, 지나치게 많아지거나 통제력이 부족한 징후와는 별개로, 상당히 혐오스러울 수 있다. 밀러의 혐오 반응(콜나이에서도 마찬가지)에는 지나치게 많으면 무의식적으로 눈살을 찌푸리게 되는 청교도식 부류의 엄격함이 약간 있어 보인다.

16 베커는 다음과 같이 말한다. "인간은 하나의 벌레이며 벌레의 먹이이다. 이것이 역설이다. 인간은 자연에서 벗어났지만 절망적으로 그 안에 있다. 그는 이중적이다. 위로는 별 안에 거주하면서도, 아직도 한때는 물고기에 속해 있었던 것을 증명이라도 하려는 듯, 어전히 아가미 자국이 있는 숨을 헐떡이며, 심장이 뛰고 있는 몸이라는 집에 거주하고 있다. 그의 몸은 여러모로 그에게 낯선 살이라는 재질의 외피로 되어 있는데, 아프고 피를 흘리며 노쇠하여 죽을, 가장 이상하고 혐오스러운 방식 안에서 존재한다. 인간은 말 그대로 둘로 갈라져 있다. 그는 장엄한 위엄을 지닌 채 자연에서 벗어난다는 점에서 자신의 훌륭한 독특성을 자각하고 있지만, 몇 피트 떨어진 땅으로 다시 돌아가 맹목적으로 멍청하게 썩어 영원히 사라지게 되는 것이다"(p.26). 뒤에 죽음과 혐오감을 노골적으로 연결시키며, 베커는 다음과 같이 덧붙인다. "항문과 항문의 이해할 수 없는 혐오 산물은, 육체적 결정론과 한계뿐 아니라 육체적인 모든 것의 운명, 즉 부패와 죽음의 운명도 드러낸다."

끊임없이 따라붙어 흐르고 있으며, 이로써 우리는 몸이 반드시 죽어야 한다는 것을 알기에, 몸에 대한 혐오감을 느낀다. 우리 죽음의 대리인으로서 몸에 대한 혐오감을 느끼는 우리는 그 무엇보다도 죽음을 두려워하는 것이다. 따라서 우리의 피할 수 없는 죽음을 떠올리게 하는 것은 혐오스러운 것으로 경험된다. 몸은 유한하고 취약한 생물학적 본성 때문에 죽음을 기록하고 있으며, 이 달갑지 않은 메시지는 우리의 불안한 의식을 통해 혐오 반응을 불러일으키고 있는 것이다. 혐오감은 죽음이라는 날카로운 사실에 대한 우리의 필사적 반응이다. 그리고 이는 단지 먼 시간에 고정된 죽음만이 아니라, 어느 순간에 예측할 수 없이, 재앙적으로 일어날 수 있는 가능성으로, 몸은 연약한 것임을 지속적으로 드러낸다. 우리는 죽기 위해 태어난 것이며 영원히 죽음의 위험에 처해 있다는 그 사실에 반감을 느낀다. 메스꺼움은 유한성에 대한 우리의 반응이다. 우리는 죽음을 피할 수 없게 만드는 그 시스템에 혐오를 느낀다. 죽음에 대한 우리의 두려움은 혐오의 형태로 그것의 생물학적 매개체인 몸을 향하고 있다.[17]

이런 식의 생각은 혐오에 대해 많이 드러난 사실로 확인되는데, 혐오 패러다임의 대상은 썩어가는 시체이다. 모든 살들의 본향인 죽은 시체를 보고 냄새 맡고 만지는 것보다 더 강력하게 죽음을 상기시켜 주는 것이 무엇이 있겠는가? 이 부패하는 존재에서 우리는 내내 가까스로 생명에 집착해 왔다는 것을 알 수 있다. 일단 신체의 보호 메커니즘이 종료되면 우리는 빠르게 가장 낮은 생물을 위한 먹이가 된다. 면역 체계가 사라지게 되면, 말 그대로 우리 몸에 자연적으로 서식했던 박테리아가 참을성 있게 시간을 보낸

---

17 내부 장기들은 어떤 순간에 끈적한 물질에 휩싸여 오작동할 수 있고, 결국 시간과 엔트로피에 굴복하게 된다는 것, 즉 우리의 죽음을 보장하는 것들에 우리가 완전히 의존할 수밖에 없게 된다는 것을 생생하게 드러내기 때문에 혐오감을 느끼게 한다. 그러므로 뚜렷한 심장 박동의 공포는 어느 순간이라도 박동을 멈출 수 있다는 것이고 그러므로 우리가 살아 있고 의식이 있기 위해 끊임없이 점성의 피를 뿜어내야만 하는 것이다.

후 안쪽에서 바깥쪽 방향으로 우리 몸을 먹게 되는 것이다. 아주 현실적인 의미에서, 몸은 매 순간마다 죽음을 막아내고 있다. 죽음의 생각은 상당히 불쾌한 것이다. 만약 당신이 사체 형태를 마주하게 된다면 우리가 애쓴다고 해도 죽음의 현실을 회피하는 것은 불가능하다. 시체는 달갑지 않은 현실로 돌진하여 혐오를 솟구치게 한다. 그러므로 시체는 새로운 생명의 현장이기 때문이 아니라 죽음의 상징이기 때문에 혐오스러운 것이 된다. 우리는 죽음에 대해 강한 반감을 가지고 있고 혐오감은 그 반감을 둘러싼다. 우리는 죽음을 거부하던 습관으로 되돌아갈 수 있도록, 죽은 것이 눈앞에서 그리고 마음에서 사라지길 원한다. 죽음 이론은 또한 대변의 형태와 소화 과정에서 두 번째 주요한 의미의 승리를 거두는 것으로 보인다. 소화가 죽음의 매개물 외에 무엇을 위해 존재하겠는가? 우리는 살아 있는 조직, 식물 및 동물을 먹는다. 그리고 이는 살아 있는 생명체를 죽이지 않고는 일어날 수 없는 일이다. 똥은 사실상 우리가 이전에 섭취한 유기체의 시체인 것이다.[18] 우리는 죽이지 않고는 살 수 없고, 그것에 대한 증거는 우리 삶에 매일 나타난다. 소화는 죽음의 공장이다. 우리는 이 파괴 과정에 혐오감을 느끼며, 그 과정의 마지막 산물은 그 이전의 죽음을 자극적으로 상기시킨다. 똥은 삶에 필요한 죽음을 의미한다.

상처 또한 부드럽게 이 범주와 맞아 들어가는데, 왜냐하면 상처는 특히 심각하게 베인 상처가 죽음의 전조이기 때문이다. 현대 의학 이전에는, 상피적 상처를 제외하고 거의 전부 감염으로 인해 확실히 죽음에 이르는 경우가 많았다. 그리고 상처가 나서 피를 흘리게 되어도 죽음을 초래할 가능성이 높았다. 그러므로 상처는 우리에게 혐오스럽게 보인다. 그것들은 죽음에 앞서 죽음을 초래하는 유기체의 조건이기 때문이다. 만약 내장이 다 드러날

---

18 그러므로 레오 베르사니(Leo Bersani)는 그의 글에 "직장(直腸)은 무덤인가?"라는 적절한 제목을 붙인 것이다.

정도로 상처가 심각하다면, 그런 상처는 불가피하게 죽음으로 즉각 이어지기 때문에 그에 상응하여 혐오의 정도는 높아질 것이다. 따라서 혐오 대상의 세 가지 핵심 범주 안에 시체, 배설물 및 신체 상처가 포함되는데, 모두 죽음 이론이 다루는 것에 부합되는 역할을 한다. 현상학의 관점에서 보면 혐오-의식의 지향성은 그 분야에서 죽음의 객관적 상관관계를 포함한다. 즉, 현재 그 표본 형태의 죽음(시체), 과거에 일어난 죽음(대변), 그리고 미래에 일어날지도 모르는 죽음(상처)이 있다. 혐오감 측면에서 바라보면 죽음은 사방 도처에 깔려 있고, 공공연히 그리고 은밀하게 연관되어 있다. 혐오감은 우리를 감정적으로 이끄는 의식의 한 형태로서 죽음에 대해 사색하게 한다.[19]

동물들이 혐오감이나 죽음의 불안을 느끼지 않는다는 사실을 보면 그 이론에 대해 더 확증할 수 있게 된다. 즉, 동물들은 일생을 살면서 죽을 것이라는 의식에 사로잡혀 있지 않으므로 인간적 고통에서 벗어나 있다. 또한 동시에 그들은 혐오감을 느끼지 않는 것처럼 보이는데 둘이 함께 어울리며 혐오감이 없는 이유는 죽음에 대한 두려움도 없기 때문임을 암시한다. 그들은 단지 자신이 죽게 될 거라는 걸 알지 못하기 때문에 그 무엇도 그들에게 죽음을 상기시킬 수 없다. 특히, 그들이 몸에 대해 알고 있는 지식은 죽음의 불가피성에 대한 인식을 수반하지 않는다. "나는 유기체이고 그러니 죽어야 한다. 제기랄, 이 비참한 몸!"이라고 절대 생각하지 않는 것이다. 그들은 단지 그런 식의 말로 자신들을 상상하지 않는 것이다. 동물들에게 죽음은 하나의 문제, 즉 두려움과 분노의 원천이 되지 못한다. 따라서 그들은 현실을 인식하며 혐오의 거부 감정으로 반응하지 않는다. 그런 의미에서, 동물은 우리 인간들이 비극적으로 반응하는 것처럼 자신의 주어진 본성을 거부하

---

19 그래서 아이는 죽음의 필연성에 대한 생각이 그 또는 그녀의 의식을 가득 채우기 시작할 때만, 혐오감을 느끼기 시작할 것이다. 경험을 통한 실증 조사 연구를 통해 이에 대해 살펴볼 수 있다.

지 않는다. 그들은 자신의 존재 방식을 죽음의 존재로 여기지 않으며 육체를 죽음의 공모 조력자로 간주하지도 않는다. 동물 의식 내에 이러한 메스꺼운 인식은 포함되지 않는 것이다. 동물 의식은 우리처럼 그토록 비참하게 죽음을 의식하는 것이 아니다.

혐오감을 불러일으키는 일반적 인지 원리에 따르면, 죽음은 우리의 운명이자 모든 생명체의 운명이라는 생각이다. 우리는 이 개념적 도식하에 지각된 세계를 가정하여 대상을 죽음 개념과 연관시킨다. 사물은 죽음의 그늘 안으로 아니면 오히려 그 환하게 따가운 빛 안으로 떨어지게 되는 것으로 해석된다. 죽음에 대한 우리의 인식은 태양에 대한 우리의 인식과 같다. 태양은 직접 보면 눈이 아프기 때문에 직접 쳐다보는 건 어렵지만, 그것은 항상 존재하며, 늘 가차 없이 불타오르며 빛을 내뿜는다. 죽음 이론에 따르면, 이러한 죽음의 자각은 혐오의 감정을 일으킨다. 우리는 죽음의 현실을 피하고 싶기 때문에 그 혐오스러운 대상과의 접촉을 피한다. 그것을 파괴하거나 숨길 수 있다면, 죽음이 우리의 괴로운 자각에 너무도 집요하게 개입하는 것을 막을 수 있다. 혐오 대상과의 접촉을 피하는 것은 죽음을 부정하고 거리를 두기 위한 우리의 전략 중 하나이다. 따라서 혐오감은 우리가 듣고 싶지 않은 정보를 회피하는 인식론적 프로젝트이다. 그러므로 혐오 대상들은 말하기 어려운 죽음이라는 혐오스러운 사실로부터 우리 자신을 보호하기 위해 비밀에 싸이고 개인적인 일로 취급되어 언급되지도 않는다. 우리는 혐오로 대상을 무시하려 애쓴다. 즉, 대상과 지속적으로 접촉하는 것을 원하지 않는 것이다. 죽음 역시 우리가 그늘 밑에 숨기고 금기와 비밀 안에 가둬두고 싶어 하는 주제이다. 혐오란 죽음이 우리에게 약간 지나치게 노골적으로, 약간은 또 너무도 재치 있게 말을 걸고 있는 상태이다. 우리는 '죽음 의식'의 종이기 때문에 혐오스러운 종이다. 우리가 시체를 만나면, 우리 모두의 인간 필멸 상태가 완전히 맨몸으로 드러나게 된다. 내가 바로 저기에 누워 썩어 분해되고 있는 것이다. 우리는 그 대상에서 우리의 운명을 보게 되고 혐오는 우리를 감싼다.

　필자의 생각에 죽음의 이론은 끔찍한 진실의 고리를 가지고 있는 것이, 사실 한동안 그것이 옳다고 생각했었다. 혐오에 중요한 공포는 단지 비스듬히 보이는 죽음의 공포일 뿐이다. 그러나 이는 뼈대(또는 극저온 상태로 보존된 몸)라는 어색한 문제와 직면하게 만든다. 뼈는 또한 우리에게 죽음을 강하게 상기시켜 주기 때문에 문제가 되지만, 우리는 뼈들이 혐오스럽다고 생각하지 않는다. 썩어가는 시체 위에 서 있는 것과 뼈대와 가까이 있는 것은 전혀 다른 것이다. 뼈는 썩은 것이 아니어서, 이 때문에 우리는 살점이 있는 시체에 대해 혐오감을 느낀다. 뼈대도 시체처럼 생명이 없고 똑같이 강력하게 죽음을 상징하지만, 혐오 가치에는 현저한 차이가 있다. 그러므로 혐오감은 단순히 죽음을 인식하는 기능만이 있는 건 아니다.[20] 거의 같은 이유로 마른(또는 가루로 된) 대변은 방금 싸서 축축한 대변만큼 역겹지는 않지만, 둘 다 그 이전에 존재하는 죽음의 징조를 보인다. 상처와 타박상은 일반적으로 방금 새로 생긴 상처만큼 불쾌하지는 않지만, 신체 손상과 취약성을 나타내기도 한다. 혐오감을 유발하는 것은 그런 죽음이 아니라 죽음을 암시하는 자극의 특정 성질이다. 그러나 우리는 아직 이 특정 성질이 무엇으로 구성되어 있는지 말하지 않았다. 다시 한 번 이 이론은, 좋은 이론이긴 하지만, 혐오스럽지 않을 때도 그 어떤 것들이 혐오스럽게 보여야 한다고 주장하고 있으므로, 너무 넓게 그물을 던지고 있는 것처럼 보인다. 죽음은 혐오의 필요조건일 수 있지만, 충분조건은 아닌 것이다. 아마도 뼈대가 보여주는 반례는 우리에게 그렇게 놀라운 얘기도 아닐 것이다. 왜냐하면 죽음의 현실을 상기시키는 다른 것들, 예를 들어 언어로 보고하는 내용 같은 것들도 혐오감을 전혀 가지고 있지 않기 때문이다. 자극은 특정한 성질, 특정한 상존재

20　콜나이는 뼈대의 비혐오적 특성을 지적하면서, 미라가 된 시체도 함께 포함시키고 있는데, 필자가 보기엔 그리 명확해 보이지는 않는다(p.53 참조).

를 가져야 하므로 죽음을 언급하는 단순 명제 내용만 가지고 혐오감을 불러일으킨다고 하기에는 충분하지 않을 것이다.[21] 그렇다면, 문제는 누락된 요소가 무엇인지 여부인데, 이는 다음 마지막 이론에서 살펴보도록 한다.

(6) '생-중-사 이론. 우리는 어떤 대상이나 사건이 죽음에 대한 정보를 전달해야 한다는 것만으로는 혐오감을 불러일으키기에 충분하지 않다는 것을 방금 보았다. 만일 내가 "사람들은 항상 죽는다"고 말한다고 해서 여러분에게 혐오감을 일으키는 것은 아니기에, 사망에 대한 언어 보고의 사례는 이미 이를 충분히 입증한 것이다. 왜일까? 그 이유는 나의 이 말이(또는 그것을 쓰는 것) 단지 청각적 신호(종이 위에 표시)에 불과할 뿐이라, 이런 것들이 혐오를 불러일으키는 것은 아니기 때문이다. 뼈대 또한 우리에게 사람이나 동물이 죽었다는 것을 말함으로써 죽음에 대한 정보를 전달하므로, 죽음에 대한 논란의 여지는 전혀 없다. 뼈대는 한때 살았던 사람의 몸의 일부분으로서 누구도(정상적인 상태에 있던) 뼈대만 남도록 제거된 상태에서 살아남을 수는 없기 때문이다. (미래의 의학은 뼈 질환의 경우에 완전한 골격 치환을 가능하게 할 수도 있겠지만 지금은 아닌 것이다.) 그러나 몸의 일부인 뼈가 적어도 일단 "깨끗해"지고 골수가 제거되면, 왜 혐오감을 불러일으키지 못하는 것일까? (아니 어쩌면, 우리가 뼈대를 만지게 되면, 완전히 편안하다고 할 수는 없으니까, "매우 혐오스럽다"고 말해야 하는 경우도 있을 수 있다.) 그 이유는 확실히 뼈가, 근육, 내장 기관, 다양한 체액, 반고체 덩어리 등 신체의 나머지 부분들과는 다르게, 즉 우리에게 유기적으로 다가오지는 않기 때문이다. 뼈는 생명이 없는 물질의 세계, 특히 암석의 세계(결국 그것들도 대부분 칼슘으로 구성되어 있다)에 속하는 것처럼 보인다. 화석화된 뼈는 단순한 암석이며, 형태학적으

---

21 또한, 어떤 공상 과학 소설처럼, 순간적으로 연기나 재로 변하는 형태의 죽음은 혐오감이 없어 보이는데, 재로 남은 잔여물은 혐오감을 거의 일으키지 않기 때문이다(적어도 필자가 생각해 오고 있던 공상 과학 소설에 묘사된 종류의 것).

로 원래의 뼈와 크게 다르지 않다는 인상을 준다. 뼈는 단단하고, 밀도가 높고, 구부러지지 않으며, 부서지기 쉽고, 부패하지 않으며, 냄새도 없으므로 신체의 부드러운 조직과는 매우 다르다. 따라서 신체는 뼈대와 그 위에 덮인 살이라는 두 부분으로 나뉘며, 이를 보는 우리의 생각과 느낌은 서로 다르게 나타나는 것이다. 인공 심장이나 다리가 비(非)유기적인 것으로 대체되었을 경우와 달리, 뼈가 금속 막대 등으로 대체될 때는, 깊은 존재론적 변화가 없다. 만약 한 사람의 생물학적 뼈가 금속이나 플라스틱 "뼈"로 완전히 대체된다면, 그렇게 만들어진 뼈대가 구경꾼들에게 혐오감을 일으키지 않을 것이다. 하지만 그 경우는 실제 뼈와 그렇게 다르지 않은 것이 이 물질들 간에 큰 차이가 없기 때문이다. 뼈의 상존재는 적절한 무기 대체물의 상존재와 거의 동일한 것이다. 뼈대는 신체의 다른 부분보다 기계와 더 비슷하며, 관절로 연결된 단단한 부분들의 집합이다. 따라서 그것은 철커덕거리고 달가닥거린다. 뼈대는 살아 있는 조직으로 우리에게 다가오지 않는다(과학적인 관점에서 보면 뼈도 살아 있는 조직으로 성장 등을 하지만).[22] 극저온 보존에 대해서도 같은 말을 할 수 있지만, 여기 살점은 변형을 견뎌낸다. 따뜻하고 쭈글쭈글했던 유기적인 부분들은 생명 없는 고체로서 단단한 것 등등의 얼음으로 변하는 과정을 거친다. 무언가를 동결한다는 것은 그 안에 있는 생명 과정을 일시 중단하고(적어도 일시적으로) 무생물로 만드는 것이어서, 얼린 살점은 부패하는 종류와 상당히 다른 것이다. 얼음으로의 변환은 존재론적 범주를 변경함으로써 대상의 혐오 값은 낮아진다. (배설물을 얼리면 혐오감

---

22 뼈대는 육체 구성물 중에서, 생명체와 분리된 것처럼 보이는 특이한 생명의 잔재로서, 혐오스럽다기보다는 좀 더 괴상해 보이는 존재의 느낌으로 우리에게 다가온다. (깨끗한) 두개골 하나를 두 손에 들고 있는 것은 갓 잘린 머리나 일부 부패가 시작된 머리를 들고 있는 것과는 매우 다른 문제이다. 머리는 말을 꺼낼 수 있을지도 모르지만 두개골은 그렇지 않다. 우리는 두개골 안에서, 친숙하고 부드러운 살점이 있는 실체가 아니라 생명이 없는 신체의 하부 구조를 보는 것이다.

이 없어지는지 여부는 흥미로운 질문이 된다. 그러므로 그런 경우라면 혐오감은 줄어들 것 같아 보인다.)

이러한 견해는 우리에게 간단하게나마 죽음 이론을 수정해야 할 필요성을 제시한다. 즉, 혐오스러운 것은 살아 있는 조직의 형태로 제시된 죽음이다. 혐오스러운 것은 생명의 맥락하의 죽음, 즉 산 자가 죽었거나 죽어가는 것이다. 간단히 말해 죽음이 아니라 생의 과정 중에 있는 죽음이 혐오로 휩싸이게 되는 것이다. 아니면 다시 말해서, 그것은 살아 있다가 죽게 되는 것이 그런 끔찍한 변화를 만든다(또는 좀비, 흡혈귀 등과 같이 죽었다가 다시 살아나는 것). 혐오감은 삶과 죽음 그 두 가지 조건이 어떤 형태로든 존재할 때 그 사이의 애매한 영역에서 발생한다. 삶 그 자체나 죽음 그 자체가 아니라, 그 둘이 불안한 병치 상태에 있을 때 혐오감이 나타나는 것이다. 혐오는 "죽음의 생명"과 "생명의 죽음"으로서, 어느 한쪽도 아니고 그렇다고 다른 쪽도 아닌 둘 다를 포함하는 것이다. 혐오스러운 것은 삶과 죽음이 상호 침투된 것으로서, 양쪽의 부조화스러운 결합이다. 말하자면, 즐겁게 뛰어 노는 어린 양은 우리에게 순수한 생명의 사례로 여겨지기에 혐오감을 일으키지 않는 것이고, 코끼리의 흰 뼈대는 확고부동한 죽음의 형태를 지니고 있다고 확신할 수 있지만, 이 또한 혐오감을 일으키는 건 아니다. 그러나 방금 전까지만 해도 살아 있다가 막 숨져서 생명과 죽음의 중간 지대를 이루며 부패하기 시작한 인간 사체는, 부패와 분해라는 유기적 작용의 형태로 사후에 생명들이 폭발적으로 발생하는 터전이기도 하다. 이곳은 순수한 생명이나 순수한 죽음이 아니라, 그 둘의 불안하고 거의 역설적인 결합 또는 교차가 이루어지는 곳이다. 마치 두 개의 거대한 반대편이 신비스럽게 힘을 합친 것처럼 보이는 그 부조화스러운 조합은 우리의 반응을 일으키는 초점 대상이다. 우리는 이렇게 각자 대립하여 있는 그곳에서 서로를 분리시키고 싶어 하지만, 그 둘은 계속 서로 섞이며, 역설적인 (그리고 역겨운) 존재의 형태를 만들어낸다.[23] 혐오감은 삶과 죽음이 만나 합쳐져서 불확실성과 양면성을 이루는 경계상의 공간을 차지하게 된다. 시체에는 의심할 여지 없이 죽음이 존재하지만, 그렇다고 불안정한 생명이 그의 상존재로부터 완전히 추방된 것도 아니다. 이와 대조적으로, 뼈대에는 살아 있는 어떤 자질의 암시도 전혀 없이 죽음이 아주 완전한 영구적 상태로 그 안에 자리 잡고 있다. 우리는 시체가 갑자기 눈을 뜰지도 모른다고 생각할 수 있지만, 해골의 눈은 결코 그럴 수 없다(그리고 죽은 눈은 혐오감이 집중된 곳이다). 시체의 살점은 비록 끔찍하고 엇나간 방식이지만 여전히 생명 진행 과정과 관련이 있다. 그러나 해골은 암석과 화학물질의 세계로 던져져 생명은 먼 기억에 불과한 것으로 존재할 뿐이다. 혐오의 적절한 대상은 대상이나 조건이기보다는 실제 과정 이라고 말할 수 있다. 혐오감을 일으키는 것은, 이전에 생명이 있었던 한 대상이, 생명의 적용(집어삼키려 달려드는 박테리아의 형태)으로 인해 죽음으로 바뀌게 될 때, 드러나는 부패의 과정이라 할 수 있다. 모든 혐오 대상에서, 양극단에 있는 생명과 죽음의 전환 과정은 필수적인 과정으로 보인다(이론을 자세히 검토하기 위해 혐오 유발 요인 목록을 곧 살펴보도록 하겠다).

19세기 독일의 심미학자 카를 로젠크란츠(Karl Rosenkranz)와 그 외 다른 사람들도 이러한 입장을 예상한 것으로 드러났으나, 그 입장을 가장 효과적으로 피력한 이는 『혐오에 대하여』의 아우렐 콜나이이다.[24] 다음의 긴 콜나

---

23 이 부분에 원칙적인 요소가 있다. 생명과 죽음이라는 이 두 요소는 서로 떨어져 분리되어야 하지만, 서로 계속 융합하려 한다. 이 둘은 상호 의존적이 아니라 상호 배타적이어야 하는 상태인 데도 그렇다. 이 부분에서 본성은 잘못된 길을 가고 있다. 즉, 규칙에서 벗어나고 있는 것이다. 본성은, 사물이 옳은 방향으로, 어떤 식으로 진행되어야 한다는 우리 인간의 기대에 부응하지 못하고 있다.

24 로젠크란츠에 대해서는, Menninghaus, pp.132~133을 참조하라. 로젠크란츠는 다음과 같이 요약하고 있다. "죽은 그 자체 안에서 나타나는 생명의 출현은 혐오 내에서도 무한히 거부 반응을 일으킨다"(p.132). 그에게 혐오의 핵심은 콜나이와 마찬가지로 부패이므로, 그는 유추에 의한 경우를 제외하고는 비유기적인 무기물이 혐오스러운 것이 될 수 없다고 말한다.

이의 말을 인용하고자 한다.

혐오의 원형적인 대상은 이미 암시했듯이 부패와 관련된 현상의 부류이다. 여기
에는 생명체의 변질, 부패, 분해, 시체 냄새, 일반적으로 살아 있는 것의 죽음 상
태로의 전이가 포함된다. 그러나 이러한 상태 자체가 혐오스러운 것은 아니다.
왜냐하면 비유기적인 것은 대조적으로 전혀 혐오스럽게 경험되지 않기 때문이
다. 해골이나 미라가 된 시체도 혐오스럽지 않다. 왜냐하면 '소름 끼치는' 것은
'혐오스러운' 것이 아니기 때문이다. 혐오스러운 대상의 표식은 부패의 과정에
서 그리고 부패의 매개체에서 특히 명확하게 발견된다. 비록 복잡하지만, 여전
히 구조적 통일성을 유지할 정도의 시각적-촉각적-후각적 구성물로서의 부패의
이미지가 존재한다. 예를 들어, 썩은 고기와 썩은 과일 사이에는 연화(軟化)와
같은 다른 공통된 특징은 말할 것도 없고 결국 색깔의 유사성이 있다. 우리는 일
반적으로 죽은 것이 **단순히 기능하지 못해서** 혐오스러운 것은 아니라는 것을 다
시 한 번 반복한다. 왜냐하면 신선한 고기는 죽은 상태라서 혐오스러워야 하겠
지만, 그것은 결코 사실이 아니다. 오히려 실질적인 분해가 필수적이며, 그 분해
는 마치 생명의 또 다른 발현인 것처럼 적어도 지속적인 과정의 제시로 보여야
한다. 이미 여기서 우리는 혐오와 분명히 생명 있는 것, 활기 있는 것과의 관계
를 직면한다. 그리고 실제로 부패에는 의심할 여지 없이 생명의 소멸과 연관된
확실한 — 꽤 놀랄 만한 — 생명의 증강이 있다. 그것은 생명이 **거기에** 존재한다
는 사실에 대한 과장된 선언이다. 생명이 존재한다는 증거는 부패, 흔히 눈에 띄
는 색의 변화, 썩은 '빛깔', 부패를 특징짓는 모든 교란 현상을 수반하는 강화된
냄새에 의해 제공된다. 그러나 병적으로 강화된 모든 활동이 혐오스러운 것은
아니다. 미치광이의 광란도 죽어가는 사람의 고통도 혐오스럽지 않다. 죽어가면
서 혐오스러워지는 것은 살아 있는 존재 전체가 아니라 신체의 부분들, 예를 들
어 신체의 '살'이다. 그러므로 혐오스러운 것은 어떤 의미에서도 죽음과 유사하
지 않으며, 죽음에 임박하거나 죽음의 순간도 혐오스러운 것이 아니다. 오히려

죽을 때 끝나는 생명의 부분이다.[25]

이 강력하고 시사적인 글에서, 우리는 생명과 죽음이 뒤섞이는 과정으로서, 그 둘 중 어느 쪽이라고 정의 내리기에 충분치 않은, 혐오의 본질적 개념을 발견하게 된다. 콜나이는 신선한 고기와 미라로 된 시체가, 실제 부패한 종류들보다 단지 덜 혐오스럽다고 말하기보다 확실히 혐오스럽지 않다고 바로 선언해 버렸는데, 이 말이 옳은지 확신할 수는 없다. 사실 이 경우, 생명과 죽음이 혼재되어 나타나기에 혐오스러운 조건이 갖춰지게 된 것이겠지만, 그가 부패의 패러다임 상태를 강조하고 이 과정에서 다른 혐오 현상에 대한 본보기를 찾아낸 것만은 옳다고 생각한다. 혐오는 한 발은 생생히 살아 있는 것에 두고, 다른 발은 완전히 죽어가는 것에 걸쳐 두고 있어, 즉 죽은 것도 산 것도 아닌 "살아 있는 죽음"의 상태라 할 수 있다. 혐오는 범주의 부딪침 또는 충돌이라는 일종의 모순에서 비롯된다. 사실, 그것은 자의식적인 동물이라는 우리의 개념 체계에서 가장 핵심을 차지하는 두 범주 사이의 마찰에서 비롯된 것으로, 따라서 우리의 "실존적 곤경 문제"인 생명과 죽음을 암호화한다. 생명과 죽음의 완전한 범주가 분리되기를 거부하고 함께 합쳐질 때, 혐오감이 밀려들어 오는 것이다. 말하자면 추상적이고 구체적인, 특히 생명과 죽음의 범주여야 하는 이 두 가지 주요 범주가 결합을 위협할 경우 혐오감을 유발하지 않는다. 우리는 죽음을 두려워하고 회피하며 생을 껴안고 축복한다. 그러나 그 둘이 함께 모였을 때, 또는 둘을 구별하기 어려울 때, 마치 상호 침입의 사실에 대해 알고 싶지 않다는 듯이, 우리의 반응은 혐오감을 느끼며 외면하는 것이다. 우리는 썩어가는 육체 속에서도 욱신거리는 생에 대해 긍정적 감정을 느끼지만, 죽음에 대한 부정적

---

25 Kolnai, pp. 53~54.

영향의 무거운 무게는 일상적 가치에 대한 긍정적 감정을 앗아간다. 우리는 분리되어, 갈등하고, 혼란스러워한다. 놀라워해야 하는 건지, 움츠려들어야 하는 건지, 웃어야 할지, 울어야 할지 모르는 것이다. 생명의 놀라운 힘은 우리에게 깊은 인상을 주지만, 죽음의 끔찍한 필연성은 우리를 위축시키고 우울하게 만든다. 혐오 패러다임으로서 부패는 활력과 무효를 모두 투명하게 결합한다. 곧 보게 되겠지만, 이 구조적 이율배반은 다른 혐오스러운 대상과 관련하여 반복되고 있다.

이 부분에서 콜나이가 그린 밑그림에 하나 더 추가하고 개발할 필요가 있는 것이 있는데, 그것은 혐오를 구성하는 복잡한 반응 안에서 기능하는 생과 죽음의 개념에 대한 정확한 이해와 관련된 것이다. 간단히 생과 죽음의 개념이라는 것이 살아 있는 식물에도 적용될 수 있는 것인가 아니면 더 풍부하고 더 흥미로운 어떤 것일까? 더 풍부하고 흥미로운 개념이라 할 수 있는 것은 확실히 의식적인 존재에 적용되는 생과 죽음의 개념이다. 인간과 많은 동물의 경우, 생은 가장 넓은 의미에서 지각하고, 알고, 느끼는 주체, 즉 지각하는 주체의 생이며, 그러한 주체의 죽음은 지각하는 존재의 죽음이다. 예를 들어, 필자의 생은 무감각한 벌레에서 일어날 수 있는 것과 같은, 살아 있는 신체 내부의 생물학적 과정으로 구성되어 있을 뿐만 아니라, 의식적인 자아 내부의 심리적 과정으로 구성되어 있는데, 사실 그 심리적 과정이 내게는 정말 중요한 내 생의 일부이다. 내게 있어 죽음은 단지 기능하는 유기체의 끝일 뿐만 아니라 주관적인 자아의 끝이다. 그래서 생과 죽음이 함께 역설적으로 합일된 것으로 이해될 때, 우리는 의식과 그것의 종결이 함께 합쳐지는 것을 본다. 썩어가는 시체에서, 우리는 한때 의식적인 존재를 거두었다가 이제는 더 이상 거두어들이지 않는 어떤 것, 즉 의식이 여전히 육체 안에 모호하게 존재하다가 그 최종적인 분해를 기다리는 것 같은 모습을 본다. 의식적으로 살아 있는 것은 여전히 유기적으로 죽은 것 주위를 맴돌고, 죽은 것은 살아 있는 것에 영향을 미치는데, 이는 의식이 무심하고 흐트러진 물질로 변하게 되는 깊은 형이상학적 전환의 순간이다.[26] 마찬가지로 대변에서 우리는 살아 있는 것의 죽음을 볼 수 있다. 일부 살아서 지각이 있었던 것들이 음식으로 마감되어 그렇게 된 것이라 할 수 있지만, 또한 우리는 그 안에서 지각 있던 존재가 작용하는 생의 과정을 본다. 식용 동물의 의식적 생은 포식자의 대변 안에서 모호하게 존재하며, 결국 유기 조직과 함께 소비되고 말았지만, 우리는 소비를 한 의식적 생명의 흔적도 볼 수 있게 된다. 의식 있는 동물은 의식 있는 동물을 소화하는데, 똥은 그 소화 흡수된 것의 가시적 징후이다. 현상학적으로 말해서 똥의 기이한 생명력은 지각의 세계에 내재되어 있음을 반영한다. 여기에 수반되는 생과 죽음에 대한 생각은 현재 의식하고 있는 것과 더 이상 의식하지 않는 것에 대한 생각을 담고 있다. 그리고 죽음과 결합하는 생이 식물이나 박테리아 같은 무의식적인 생명일지라도, 우리는 생명이라는 것을 주로 지각적인 생명이라는 관점에서 생각하기 때문에 의식에 대한 개념적 연관성은 여전히 그 존재를 드러낸다. 시체를 먹고 사는 미생물들은 지각 있는 존재가 아니라고 할 수도 있겠지만, 높은 지각 상태에 있던 생명체 위에 군림하며 연속적인 생의 끈으로 이어져 나타나는 그들의 끔찍한 생명력은, 마치 의식적인 의지가 그 안에서 작용이라도 하는 것처럼 보이게 된다. 우리가 먹는 식물들은, 생물 계층 도표에서 인간처럼 의식을 가진 포유동물들이 있는 맨 위쪽과는 다른 반대편, 즉 맨 아래 끝에 위치하고 있다. 우리에게 생은 의식적 생의 패

---

26 물론 시체가 반쯤 의식 상태에 있다는 뜻은 아니다. 필자의 말은 우리가 그 안에서 존재하는 의식적인 생명의 흔적을 보지 않을 수 없다는 것이다. 이 때문에 우리가 시체의 어떤 경련이나 숨 헐떡임을 두려워하게 되는 것이다. 시체가 턱을 벌리는 것은 확실히 충격적이다. 시체가 눈을 뜨면 의식적 생이라는 강한 인상을 주기 때문에 잠자는 것처럼 보이도록 우리는 그 눈꺼풀을 덮어둔다. 죽음에 이르는 길은 분명히 표시되어야 하고, 틀림없어야 하며, 애매모호해서도 안 되고 (죽은 자가 일어나듯이) 되돌리는 일은 없어야 하는 것이다.

러다임이고, 죽음은 의식적(의식적인 자아의) 종말의 패러다임이다. 그래서 우리가 생과 죽음의 연관성을 생각할 때, 우리는 패러다임의 사례를 떠올리게 된다. 따라서 이러한 생-사 병치에 대해 우리가 섬뜩하게 인식하게 되는 것은, 의식에 대한 생각이, 즉 한때 의식이 있던 것이 생물학적 실체 세계의 독특한 관계에 대한 생각으로 함께 관통되어 이어진다는 것이다. 시체는 한때 생물학적 실체 기능에 의해 존재했던 지각 있는 존재였었고, 부패라는 것은 원시적 수준의 지각을 암시하는 작은 유기체(더 확실하게 구더기와 벌레의 경우) 생물의 활동임을 우리는 목격하게 되는 것이다. 그러므로 의식의 생물학적 화신(化身)과 그 화신의 비극적 본질에 대한 수수께끼는 우리 혐오 반응의 핵심 안에 존재한다. 왜냐하면 의식과 그것의 종말은 혐오감을 유발하는 생과 죽음이라는 그 한 쌍 안에 개념적으로 존재하기 때문이다. 따라서 감정은 복잡하면서도 암묵적으로 생과 죽음, 지각 있음과 지각 없음 같은 거대한 대립을 한데 묶는 개념적 하부 구조로 이루어진다. 죽음 이론에 따르면, 생과 죽음의 경계선이 혐오감을 유발하는 것이지만, 이 경계선은 생물학적 물질에 대한 의식의 비극적이고 당혹스러운 의존성뿐만 아니라, 의식과 그 소멸에 대한 생각과 밀접하게 연관되어 있다. 그것은 일종의 형이상학적 감정으로, (대략적으로) 마음과 물질 사이의 경계에 걸쳐 있다. 혐오의 대상들은 의심할 여지 없이 그 자체가 물질적이지만, 심리적인 개념이 혐오 대상들을 지배하게 되면서 감정의 윤곽을 그리게 되는 것이다.[27]

---

27 이것은 마음의 개념을 소유하지 않고는 혐오도 없다는 것을 암시한다. 따라서 이는 아이들이 혐오감을 늦게 습득하게 되는 이유를 설명해 준다. 이와 비슷하게, 죄책감도 옳고 그름의 개념을 소유하지 않으면 가질 수 없다. 그러므로 아이들은 기본적인 도덕적 개념을 이해할 때까지는 죄책감을 제대로 느끼지 못하게 될 것이다.

제5장

혐오의 사례들

필자는 독자들이 생사설(생중사론) 속에서 설득력 있는 진리를 감지하기 바란다. 이제 필자의 임무는 그 이론이 얼마나 혐오의 데이터를 잘 다룰 수 있는지를 알아보기 위해 역겨운 것들의 사례를 조사하는 것이다. 이 작업은 충분히 명확하지만 어떤 면에서는 약간의 독창성을 요한다. 필자는 독자들이 빈틈을 스스로 채울 수 있을 것으로 믿고 잰걸음으로 나아가려고 한다.

(1) 썩어가는 시체는 혐오의 대표적인 예로서 이미 충분히 다루었다. 미생물에 의한 시체의 점진적 부패에 대한, 그리고 불의 힘에 의한 시체의 소멸에 대한 ─ 시체의 부패와 화장에 대한 ─ 우리의 반응을 고찰해 보는 것이 이해에 도움이 된다. 유기적으로 부패된 조직은 혐오의 극치에 있지만, 화장의 잔재들은 전혀 혐오 반응을 일으키지 못한다. 그것들은 건조하며 가루 같고 동물성이라기보다 광물성이다. 재 속에는 생명이 없고 불에 의한 소멸도 유기적 과정이 아니다. 그러나 부패하는 살의 경우엔 매우 다른 문제인 것이, 그 속에선 생명이 여전히 그 끈질긴 율동을 지속하고 있는 것이다. 소화, 배설, 그리고 번식의 전 과정이, 박테리아에 의해서든지 또는 벌레와 파

리들에 의해서든지 간에, 여전히 썩어가는 조직 속에서 지속된다. 반면, 재 속에서는 아무런 유기적 생명도 꿈틀거리지 않는다. 나병과 같은 질병들이 그와 같은 법칙을 따른다. 생경한 생명체가 숙주 유기체의 살을 눈에 띄게 무섭도록 부패시키고 있다. 물리적 힘의 결과로 살이 단순히 그 형태를 잃 는 것이 아니라 살아 있는 그 어떤 생명체가 살이 그 평소의 온전성을 잃게 하는 것이다. 더구나, 전염성은 활기찬 유기적인 힘, 즉 보이지 않는 해로운 질병의 삶을 한 명의 피해자로부터 다른 사람에게 확산시키는 힘을 발휘한 다. 질병은 삶의 한 형태다. 그것은 다른 삶과 격돌하는 한 삶의 형태다. 그 러나 불은 그렇지 않다. 살의 부패는 불의 파괴와 같지 않다.

이 이론은 앞서 언급된 양면성과 관련이 있다. 즉, 우리는 역겨운 것들에 혐오를 느끼지만 또한 이상하게 끌리기도 한다는 것. 여기에 언급해야 할 두 가지 뚜렷한 요점이 있다. 첫째로 우리는 죽음 그 자체에 대해 비슷한 양 면성을 가지고 있다. 그렇다. 우리는 죽음을 두려워하며 회피한다. 그러나 죽음은 또한 고난과 시련으로 점철된 인생으로부터의 해방이라는 그 나름 의 매력을 갖고 있거나 가질 수 있다. 햄릿은 죽음의 양면성을 명확히 직시 하고, 망설이는 것으로 유명하다. 우리는 분명히 삶에 애착을 갖고 있지만, 그러나 또한 삶에 염증과 환멸을 느낀다. 죽음이 그 어두운 매력을 갖고 있 는 것이다. 만일 혐오감이 부분적으로 죽음에 대한 우리의 태도에 의해서 생성된다면, 혐오감도 저 양면성을 물려받을 것이다. 분명히 우리가 죽음 자체에 대해서 혐오를 느끼는 태도와 동시에 매혹을 느끼는 태도도 갖고 있 기 때문에 (전자가 전형적으로 더 강하기는 하지만) 시체 속 죽음의 광경이 혐오 의 감정과 매혹의 감정을 동시에 자아낼 수 있는 것이다. 둘째로, 만일 혐오 가 죽음 속 생명이라는 연합체의 결과라면, 그때엔 삶은 당기고 죽음은 물 리치므로 좀 더 심한 양면성이 발생될 것이다. 시체의 자양분이 매혹적인 생명체에게 흡수당함으로써 아름다운 꽃들이 죽은 자의 시체로부터 주기적 으로 피어난다고 상상해 보라. 우리는 여전히 그 광경에 거부감을 느낄 것이지만, 우리는 또한 생명의 독창성과 현재의 변칙적 현상 속에서 나타난 그 결과의 현란힘에 감틴할 것이다. 그리힌 "죽음 혹은 시체꽃들은 우리에게서 확연히 다른 감정들을 자아내어 현저한 양면성을 야기한다. (썩어가는 살에서 건강한 아기들이 자라난다면 똑같은 감정의 양면성이 발생할 것이다.) 이리하여, 혐오의 기본적 역겨움에 달라붙는 매력의 이차적인 조성이 삶 속의 죽음 이론으로 설명된다. 죽음이 매혹적인 면을 가지고 있고, 죽음 속 삶이 생명의 매력을 갖는다는 것이다. 그러나 두려운 죽음의 주제가 당연히 지배적이다.[1]

필자가 일찍이 밝힌 바 있는 혐오의 자-타아 불균형은 어떤가? 죽음을 소개하는 것은 다음과 같은 사고 체계를 암시하는데, 이는 아마도 그 체계가 설명하려고 시도하는 감정들만큼이나 애매하다. 우리는 우리 자신의 죽음에 대해서보다는 남들의 죽음에 대해서 좀 더 명확한 개념을 갖는다. 시체 등의 형태를 갖고 있는 남들의 죽음은 직시할 수 있지만 우리 자신의 죽음을 직시하거나 남아 있는 시체를 관찰할 수 없다. 죽음에 대한 우리의 개념에 비대칭이 있는 것이다. 우리 자신의 죽음은 사변적이어서, 즉각적으로 와 닿지 않고, 반면에 타인들의 죽음은 하나의 자료가 된다. 우리는 살아가는 동안 타인들의 죽음을 경험한다. 그러나 우리 자신의 죽음은 경험하지 못한다 — 분명코 실제로 죽음을 당하기까지는, 그리고 아마도 그때조차도 경험하지 못한다.[2] 이제 우리가 타인의 (살아 있는) 육체에 혐오를 느낄 때는

---

1 우리는 시체, 배설물 및 기타 역겨운 것들에 대해 관심이 있는 것처럼 죽음에 대해서도 궁금해한다. 죽음은 (저 "미지의 나라")로 우리를 인식론적으로 유혹한다. 우리는 죽음 속에서 삶을 살아왔기에, 이미 삶에 대해 많이 알고 있지만, 그러나 죽음은 어두운 비밀이다.

2 이것은 우리가 죽음을 겪으면서 살아온 것이 아니기 때문에 죽음의 실체를 체험할 수 없다는 오래된 관점이다. 물론 우리가 죽음이란 말로 단순히 우리의 몸만 뒤에 두고 떠나는 것을 의미한다면, 그러면 그런 의미에서는 의식은 죽음을 겪으면서 지속될 수 있다. 그러나 이것은 의식의 끝이라는 의미로서의 죽음이 아니다.

우리가 명백하게 그 자의 죽음을 생각한다. 그러나 우리가 우리 자신의 몸을 혐오감을 가지고 인식할 때, 비록 그 혐오감에 역겨움을 느끼지 않으면서도, 우리는 스스로의 죽음을 단순히 모호한 관념으로만 인식한다. 일인칭과 삼인칭 관점으로 보는 죽음에 대한 명확한 불균형은 이와 같이 우리 자신들과 타인들에 대한 우리의 차별화된 혐오 반응과 연관성이 있다. 간단히 말해서, 우리 자신의 죽음이 ― 마치 그것이 우리가 도저히 믿을 수 없는 어떤 것인 양, 별로 실감을 주지 않기 때문에 우리는 자신들을 덜 혐오스럽게 생각하는 것이다. 그리고 실로, 우리는 결코 자신의 죽음은 타인의 죽음만큼 친숙하게 대할 수가 없다. 그저 죽음의 측면에서 타인을 보는 것이 그 측면에서 자신을 보기보다 쉽고, 그래서 우리는 우리의 시체는 그다지 죽음의 냄새를 풍기지 않는다고 생각하며 ― 따라서 그것에 대해 좀 더 약한 혐오 반응을 보이는 것이다.[3]

필자는 이제까지 인생의 암울한 끝에 대해서 애기했지만, 이제 그 혐오스러운 시작에 대해서도 살펴보자. 몸은 죽으면 아무것으로도 변형되지 않지만, 잉태의 과정은 그 속에서 아무것도 생명으로 변형되지 않는 과정이다. 우리는 살아 있은 후에 죽을 것처럼, 살아 있기 전에 죽어 있는 것이다. 임신은 물론 여성의 몸의 불명확성 때문에 주로 숨겨지지만 우리는 다양한 면에서 그것에 대한 암시를 얻는다. 그런데 그것에 특별히 사랑스러운 것은 없다. 체액에 비좁게 휩싸여 꼬불꼬불한 태아, 벌레 같은 탯줄, 혈액과 태반이 있는 소름 끼치는 출생 과정, 때로는 찢어지고 출혈하는 확장된 자궁, 산통과 비명소리.[4] 삶의 시작은 삶의 종말과 거의 같은 정도로 혐오감 신호로

---

3   이 비대칭은 필자가 3장 "혐오의 구조"의 각주 10에서 언급한 것, 즉 내가 타인들의 몸을 그들의 정체성과 무관하게 생각하는 것보다 내 몸을 내 자신의 정체성에 대한 나의 의식과 더 무관하게 느낀다는 말과 연관된다. 이리하여, 나는 타인의 죽음을 경험하고 그들을 혐오스러운 시체와 좀 더 깊이 일치하는 것으로 본다.

4   메닝하우스는 "출생의 더러움, 무덤의 부패, 그리고 배설물"로 시작되는 바르톨트 브록스

가득 차 있다 ─ 물론 그 과정 자체는 훨씬 더 행복한 성과를 거두지만. 생명으로의 초기 진환은 죽음으로의 최종 전환을 반영한다 ─ 유기체의 삶에 내재하는 높은 혐오 수치를. 태아는 아직 자율적인 생명체가 못되어, 모체 밖에서는 살아남을 수 없는, 완전하게 기능을 발휘하는 어떤 생물보다는, 부풀어 오른 일개의 내부 기관과 더 유사하다. 그것은 소멸의 위험에 처한, 무와 존재 사이에 놓인 거의 ─ 생명체인, 중간적 존재이다. 그 속에서 우리는 불안정한 준(準)생명, 즉 그것을 앞서는 공허로부터 떠오르는 연약한 치솟음을 본다. 그래서 탄생 과정은 우리에게 복합적인 감정을 자아낸다. 미래의 삶에 대한 약속을 하면서도, 공허에로의 불안한 근접성을 일깨우고, 또한 신체의 생물학적 배관에 대한 우리의 궁극적인 의존을 상기시키기도 한다. 따라서 그것은 기쁨과 혐오의 기묘한 합류를 야기한다. 그리고 출생 중에는 아기와 엄마에게 항상 무서운 죽음, 그 특유의 독특한 잠재력을 불어넣은 죽음의 가능성이 있다 ─ 바로 삶의 근원 그 자체인 잠재적인 죽음의 경기장인 것이다. 이에 삶과 죽음이 여러 개의 맞물린 용어들로 나타나고, 우리는 그것들의 근접성에 압박을 느낀다. 혐오가 산모실 저편에서 불청객처럼 서성이고 있다. 희망과 기쁨은 물론이고. 일단 아기(그리고 엄마)가 임신과 출산의, 죽음에 흠뻑 젖은 외상을 이겨내고, 아기가 더 이상 단순히 배를 부르게 하는 기생충이 아닌 상태가 되면, 혐오감은 점잖게 물러가고, 맥동하는 삶에 적합한 감정으로 대치된다. (하지만 또 대처해야 할 통제 불능의 배설물이 있다). 시체가 삶의 애매한 종말의 혐오스러운 징표이듯이, 태아와 신생아는 인생의 걱정스러운 시작에 대한 혐오의 징표들이다. 임신과 부패

(Barthold Brockes)의 시를 인용한다. 이리하여, 욕구로 가득 찬 일생이 그 시작과 유사하게 끝난다. "말해 봐. 사람이 뭐야? 씨앗일 땐 점액일 뿐이고, 어머니 자궁 속에선 응혈(凝血)이며, 유장(乳漿) 속에서는 응유, 즉 완성되지 않은 살이다"(p.88). 그리고 종종 언급되듯이, 우리는, 말 그대로, 대변과 소변 사이 (또는 그들의 도관)에서 태어나는 것이다. 신생아들이 역겨움을 느끼는 감각이 없는 것이 다행한 일이다!

는 유기체의 삶의 단계로서 무로부터의 상승과 무로의 추락을 표시한다. 만약에 아기들은 시체 냄새가 나고 시체는 아기 냄새가 난다 해도, 상황이 우리에게 그다지 크게 다르지 않을 것이다. 우리는 두 가지 단계 모두에서 어느 정도의 혐오감을 용인한다. 생중사 이론이 삶의 각 단계와 관련된 우리의 감정들을 설명해 준다.

(2) 몸의 노폐물은 어떻게 생-중-사 이론에 부합하는가? 배설물보다 삶과 죽음으로 더 많이 차 있는 혐오 대상을 찾는 것은 어렵다. 죽음 부분을 우리가 다루었다. 소화 과정은 생명체를 섭취하고 무생명체들을 배출한다. 이미 잘 알려진 바와 같이, 직장(直腸)은 무덤이다.[5] 소화 기관들은 살아 있는 것 ─ 식물들과 동물들 ─ 을 섭취하고, 가차 없이 그것들을 악취 나고 역겨운 갈색의 걸쭉한 것으로 으깬다. 똥은, 썩어가는 일반적인 표본보다도 더 저급한, 부패한 시체다. 그러나 여기에도 역시 생명이 있다 ─ 적어도 기능적으로 말하자면, 소화 과정은 모든 동물 생활의 기초이기 때문이다. 다른 생명체의 시체로부터의 영양소 추출 ─ 에너지 이동의 중요한 행위. 소화는 다른 생활 과정들인, 사냥, 채취, 음식 준비, 그리고 섭취 등을 앞세우는 생활 과정이다. 대변들은 죽은 상태일 수도 있지만 그러나 그것들이 생명의 근원이다 ─ 생명이 그들 안에서 숨 쉬고 있다. 그것들은 생명을 빼앗아가기도 하지만 생명을 주기도 한다. 저 악취는 죽음뿐만 아니라 생명의 냄새이다. 필자는 대변을 낭만적으로 미화시킬 바람은 없지만, 그러나 그 속에서 우리는 본질적인 생명 과정의 부산물을 본다(그리고 냄새를 맡는다). 이리하여 삶과 죽음이 배설물 속에 공존하고, 그리고 혐오감이 그 결과이다. 똥은 움직이

---

5 4장의 주석 18 "혐오의 이론"을 참조하라. 그런데, 커다란 똥 덩어리 같은 특성을 가진 시체들이 들어 있는 무덤도 또한 직장(소화기관)인가? 그것들은 결국 벌레나 그런 것들의 배설물이 되고야 만다. 우리는 각각의 혐오 대상을 다른 것들의 관점에서 이해할 수 있는 것이다.

지도 자라나지도 않고 죽은 물체와 같지만, 그러나 유기물질로서의 그의 자격은 의심의 여지가 없다···. 이것이 서름으로서 똥이 다른 생명체를 도울 수 있고 어떤 종(種)에 의해 자양분으로 재섭취도 될 수 있는 이유인 것이다. 사우스 파크(South Park) 만화에서는 배설물들이 걷고 말하는 것으로 알려져 있다. 그것은 생물로서의 그들의 자격을 은유적으로 표현한 아주 적절한 표현이다.[6]

다른 신체의 산물은 어떤가? 그들 역시 기능하는 유기체에 속하여, 생명의 과정들 — 점액, 혈액(월경 포함), 귀지 및 소변 — 을 돕는다. 이런 것들이 그들의 기능을 몸 안에서 수행하는 동안에는 혐오감을 유발하지 않음을 주목하라. 그것들이 다른 양상을 띠는 것은 몸에서 새어 나올 때이다. 그 이유는 그것들이 일단 시신을 떠나면, 죽음의 영역으로 들어가기 때문이다. 그것들은 더 이상 생명에 필수적인 것이 아니라 오로지 소모성 폐기물, 곧 말라버리고 악화되고 그리고 하등 생명체에게 밥이 되어줄 폐기물일 뿐이다. 그것들은 우리의 눈앞에서 삶으로부터 죽음으로 이동하고 있다(이는 특히 출혈의 경우에 사실로 들어맞는다).[7] 그들은 전체 유기체 죽음의 축소판, 그 전조이다.

---

6 몸 안에서, 배설물은 혈액이나 점액과 같은 살아 있는 물질이다. 그것은 기능하는 유기체의 일부이다. 그것은 항문에서 방출될 때에만 죽는다. 대변 입자들은 문자 그대로, 뇌를 포함하는, 전체 유기체를 구성한다. 우리는 자신들을 똥과 분리할 수 없다. 우리의 활력이 그것에서 나온다. 우리가, 설사 어쩌다 그런 적이 있었다 해도, 위장과 대장 사이에 있을 때의 소화 물질을 보게 되는 일은 거의 없지만, 그것은 밀도에 있어서 틀림없이 구토물과 배설물 사이의 중간일 것이며 — 그리하여 미적으로는 둘 중 어느 쪽보다도 더 나쁘다. 저 더러운 것이 바로 우리 생명 연료의 핵심이며, 우리의 가장 심오한 생각과 감정, 즉 우리의 가장 아름다운 창의적 산물의 필요 불가결 요소이다. 심오한 철학적 사고들이 궁극적으로 똥에 기본을 두고 있는 것이다.

7 필자가 관찰하건대 신체 노폐물은 — 매달려 있는 똥, 줄줄 흐르는 코, 분출하는 피의 경우와 같이 — 신체의 내부를 떠나는 바로 그 행동 중에 있을 때에 가장 끔찍스럽다. 바닥에 남은 잔여물은 그렇게 심하게 역겹지 않고, 시간이 지날수록 그 역겨움이 줄어든다. 그런 물질은 숨 쉬는 생명체에 더 가까이 있을수록 더 역거운 것 같다.

이제껏 생명에 필수적이던 물질이 새어 나가면서 망각 속으로 흘러가고 있는 것이다. 그저 벌레들과 그 동류들의 먹잇감으로서. 순환 중인 피의 실체와 상처에서 줄줄 흐르는 ― 생명의 본질에서 지저분하고 쓸모없는 죽음으로 변하는 ― 피는 서로 별개다. 흐르는 피는 새어 나가는 생명이다. 피의 웅덩이는 필사의 그림들이다(죽음이 이렇다 할 만한 화가는 아니다). 점액도 몸 안에서 중요한 유기적 기능을 수행하지만 일단 몸에서 빠져나오면 불안할 정도로 반갑지 않은 것으로 우리에게 충격을 준다. 생명의 도가니 바로 그 자체인, 정액은 일단 땅 위에 흘러지면 가치 없는 끈적끈적한 반죽이 되는 엄청난 좌천을 겪게 되어, 거기서 보잘것없는 벌레나 무슨 그런 것들에게 먹혀 소멸될 뿐이다. 그러한 분비물은 삶에서 죽음으로의 전환, 즉 생체에서 엔트로피적 세상으로의 이동에 갇히게 되고, 그런 상태로 우리의 역겨움을 자아내는 것이다.

요실금은 우리를 특히 심하게 타격한다. 왜냐하면 이 경우엔 그 이행(移行)이 조직적이고 통제할 수 없는, 신체 생명 물질의 무생물계 속으로의 지속적인 누출이기 때문이다(여기서 나는 창자와 요도의 실금에 대한 것 못지않을 만큼 코의 실금에 대해서 말하고 있다). 가령 신체의 각 구멍이 그 내용물을 통제 불능 상태로 배출한다면 그때의 여러분의 반응을 상상해 보라!

눈물은 이론적 도전을 제기한다. 눈물은 몸에서 새어 나와도 혐오감을 자아내지는 않기 때문이다. 이 도전에 대응하기 위해서 두 가지 요점을 강조할 수 있다. 첫째, 몸 안에서 중요한 일을 수행하는 것이 눈물의 기능이 아니다. 밖으로 방출되는 것이 그들의 기능이다. 눈물은 눈에서 밖으로 쫓겨나는 것으로 그 생물학적 유용성을 잃는 것이 아니라 ― 그것을 얻는다. 둘째, 눈물은, 우리에게 전혀 혐오감을 느끼게 하지 않는 슬픔이나 상실감뿐만 아니라 기쁨이나 안도감과 같은 감정들과 강력한 연관성을 갖고 있다. 눈물이 나게끔 하는 감정들과 공감하면서 눈물에 대해서 혐오감을 가지고 반응하는 것은 어려울 것이다. 눈물의 물기 많은 성분도 보탬이 되는 것이,

물은 혐오감을 주지 않는 무기물이기 때문이다. 그러나 눈물이나, 눈물 맺힌 눈이 어떤 상황에서는, 그 병인에 따라서 혐오감을 유발할 수 있다는 것을 주목하라.

만성적으로 눈물이 많은 눈 – 일종의 누관(淚管) 실금 – 은 약간의 혐오감을 자아낸다. 그리고 하나의 증상으로서 점성 액체를 방출하는, 병든 눈은 분명히 우리가 혐오감을 느끼게 만든다. 슬픔이나 기쁨의 눈물조차도 볼에 너무 오래 남겨져 끈적끈적하게 되면 가벼운 혐오감을 유발한다. 따라서 눈물은 혐오의 규칙에서는 예외라고 필자는 말하고 싶다. 그것은 아주 특별한 경우이기 때문이다. 땀은 눈물과 같은 일반적 영역에 속한다. 왜냐하면 그 기능도 또한 몸에서 새어 나오는 것이고, 그리고 생리적으로 물기가 많고, 값진 노동과 연관이 있고, 좀 더 오래 머물도록 허용되면 될수록 보다 덜 용인되기 때문이다. 땀은 호흡과 같다 – 소극적 존재로서의 육신의 내부로부터의 의도적 배출이다. 따라서 땀을 흘리고 숨을 쉬고 우는 것은 출혈, 배뇨 및 침 흘림과는 전혀 다르다.[8]

여기 흥미로운 사고실험이 있다. 여러분이 우리의 점액, 귀지, 그리고 혈액과 화학적으로 동일한 물질이, 현실 세계에서 그것들의 역할과 아주 다른 역할을 차지하는 세계에 산다고 가정해 보자. 점액 물질이 나무에서 수액처럼 스며 나오고, 귀지 물질이 사과의 심에서 생겨나고, 혈액 물질이 강과 대양에서 흐르는 세상. 이 세상에서는 이런 물질들이 코나 귀나 몸속에서 생겨난 적이 전혀 없어서, 이 세계의 거주민으로서 여러분은 그런 것들에 대한 개념도 없는 것이다. 또한 "점액"과 "귀지" 물질들이 상상의 세계에서 영양 특성을 입증했고 그리하여 쉽게 매혹적인 요리법에 포함될 수 있다. 아마도 그것들은 심지어 어떤 질병을 예방할지도 모른다. 혈액 물질은 수영과

---

8   다른 저자들이 눈물에 대해서 거의 같은 말을 해왔다. Miller, p.90 참조.

서핑을 할 훌륭한 기회를 제공하고, 또, 특히 시원하게 식히고 향신료를 가했을 때 원기 회복 음료수로 마실 수도 있다. 이제, 여러분은 저 가능세계 안에서, 이러한 물질에 대해, 여러분이 현실 세계 안에서 그렇듯이 혐오감을 느끼게 될 거라고 생각하나? 필자 생각에는 그러지 않을 것 같다. 그리고 그 이유는 그것들의 실제 혐오 가치가, 상상 세계 안에서는 폐지되어 버린, 사-중-생 연계 속에서 그들이 차지하는 위치에 달려 있기 때문이다. 이러한 물질들은 상황의 맥락 속에서만 혐오감을 주는 것이다. 아마, 배설물들마저도 자연 세계 내의 그들 위치를 변경시킴으로써 ─ 이를테면, 그들을 소화 과정과는 관련이 없는, 건강을 주는 진흙의 한 형태로 상상함으로써, 그것들의 역겨운 특성을 벗어버릴 수가 있는 것이다.

일단 삶과 죽음의 상징으로서의 그것들의 의미가 우리 생각만으로 제거된다면(인정컨대, 쉬운 일이 아님), 우리는 그것들을 해롭지 않은 것으로 생각하게 될 것이다. (이것은 물론, 문제의 가능 세계 안에서, 그것들과 화학적으로 비슷한 그 어떤 것도 인체로부터 분비되지 않는다고 가정하고 있다. 그 세계에서, 우리의 피는 오렌지 주스 같고, 우리 배설물은 초콜릿 푸딩 같고, 우리의 귀지는 버터와 같다). 문제의 물질들의 개념적 특징들은 그것들이 생물학적 질서에 맞춰 들어가는 방식 때문에 혐오감을 유발한다. 그러나 그 둘은 개념적으로 분리될 수 있다 ─ 그리고 그렇게 분리되었을 때, 사람들의 혐오 반응도 그것들로부터 분리 될지도 모른다. 물론, 이것은 우리의 실제 경험에 비추어 볼 때, 문제의 연관성들이 깊숙이 자리 잡고 있기 때문에 그것에 대해서 정확하기가 어려운 사고실험이다. 그래도 여전히 그 질문은 숙고할 가치가 있고 직감은 놀라울 정도로 변할 수 있다. 참고로, 농익은 치즈의 혐오 가치에 대해서 스스로에게 물어 보라. 그것은 우리들에게 아무것도 아니다. 그러나 바로 그 같은 물질이 인간 신체의 한 구멍에서 스며 나왔다고 상상해 보라 ─ 그러면 여러분은 그것을 먹고 싶어 할까?[9]

(3) 시신은 또한, 앞서 열거한 바와 같은 역겨운 형성물들을 그 표면에 돋

아낸다. 우리는 대표적인 예로 상처, 사마귀, 머리카락, 처진 살점까지만 살펴보자. 벌어진 상처 안에서, 두 가시 점이 분명하다. 그것이 잠재적인 죽음의 전조라는 것, 그리고 그것이 살아 있는 생명체의 양상이라는 것. 피가 흐르거나 상처가 곪을 때, 살아 있는 조직은 그것의 생물학적 정체성을 확고하게 굳히지만, 죽음은 공모하듯 눈짓하며 불길하게 날개 속에 숨어 있다. 상처 속에서 우리는 예견되는 시체를 보지만, 우리는 또한 활기찬 동물을 본다. 그것은 해골의 부러진 뼈를 보는 것과는 다른, 즉 이 경우엔 죽음이 정제되고 부적격한 것이다. 거기에는 아무런 생명 징후가 보이지 않는다. 이와는 대조적으로 살의 상처에서는 살아 있는 몸이 여전히 자기 존재를 드러내고 있고 생명의 과정이 여전히 활발하다. 이런 상황에서 혐오감은 당연한 결과인 것이다. 극단적인 사례는 노출 상태로 뛰고 있는 심장이다. 이때, 상처는 심각하고 죽음이 가까이 있음을 느낀다. 그러나 맥동하는 생명의 증거가 명백하다. 이것이 삶과 죽음을 특별히 냉혹하게 병치하는 상처이고, 그래서 우리의 감정을 그에 상응하도록 촉발시킨다.[10]

사마귀는, 종양이나 그 비슷한 것들과 같이, 외계 생명체 범주에 속한다. 그것들은 과도한 맹독의 생명을 암시한다. 암은 결국, 마치 생명력이 모든 통제력과 감각을 잃은 듯이, 걷잡을 수 없는 세포의 성장이다. 살의 과다한 활력 증강이 있을 수도 있다. 그러한 생장과 종양들은, 병적인 것으로, 때로

---

9   필자가 개발하고 있는 이 유형의 이론에 명칭을 붙여보자. 우리는 그것을 혐오감의 "맥락적 이론"이라고 부를 수 있겠다. 왜냐하면 그것은 혐오감 자극이 어떻게, 삶과 죽음을 포함하는 좀 더 폭넓은 생물학적 맥락 속에 내포되어져야 하는가를 강조하기 때문이다. 이 명칭은 물론 몇몇 다른 학설에도 사용되어 왔지만, 그래도 그것이 부적당하지는 않거니와, 우리, 철학 하는 사람들은 우리의 이론에 고착시킬 명칭을 좋아한다.

10 아마도 상상할 수 있는 가장 끔찍한 죽음은 여전히 살아 있는 희생자의 눈앞에서 그의 심장이나 내장을 드러나 보이게까지 하여, 그의 의식 마지막 순간이 자기혐오감으로 넘치게 하는 것이다. 극도의 공포 영화들이 때때로 이런 종류의 영상화를 활용한다.

는 죽음에 이르게 한다. 사마귀는 일반적으로 견딜 만한 증식의 한도 내에 머물지만, 드문 경우에, 영향을 받은 신체 부위가 사마귀투성이 밑에 덮여 눈에 보이지 않게 될 정도로 그 증식이 커지고 억누르는 상태가 될 수도 있다. 그러면 강한 혐오감이 뒤따라 다가온다. 원칙적으로, 하다못해 어떤 사람은 자살에 의해서만일지라도, 그런 고통 때문에 죽을 수도 있다. 외계 기생 생명체는 숙주 안에 죽음을 발생시킬 수도 있고, 틀림없는 것은 병을 발생시키는 것이다. 피부는 신체 내부를 외부 침입으로부터 보호해 주지만, 또한 외계 생명체의 터전이 되는 수도 있다. 사람의 몸 위에서, 신체의 본래 부분이 아닌데, 점점 자라나는 그런 것들을 보고 만지는 것이 혐오감 유발의 계기인, 즉 그 이유는 이때 삶은 역설적인 중첩 속에서 죽음과 연결되어 있기 때문이다. 암에 의해 죽임을 당하는 것은 사람의 몸에 의해서 생성되는 과도한 생명력으로 인해 죽는 것이다 — 그래서 암 종양은 특별하게 혐오스러운 양상으로 우리를 공격한다.[11]

털은 묘한 생과 사의 기질을 가진 외계 생물체처럼 보일 수 있다. 털 성장이 새로운 영역을 침범하는 사춘기에는, 관습이 신기한 감정을 수그러들게 하기까지는, 다소의 자기혐오를 느끼는 것이 보통이다. 별안간, 털이 돋아나고 뻣뻣하게 곤두서고, 그래서 털 관리가 일상의 관심사가 됨에 따라, 여러분이 어떤 외계의 생명체에 의해 압도당한 것 같이 보이게 되는 것이다. 사람들이 요즈음 어느 정도까지 그들의 몸을 장식해 주는 털을 제거하려고

---

11 같은 범주 안에서 우리는 질병에 의해서 또는 사후 과정에 의해서 부어 오른 시체를 발견한다. 이것은 위축감보다는 혐오감을 더 느끼게 하는 것 같다. 비만 역시 잉여 지방 조직의 형태로 된, 필수 에너지를 저장하는, 일종의 과도한 생명이다. 온통 외계 성장으로 뒤덮이는 것은 분명코 강한 혐오감을 자아낸다. 이것은 통제할 수 없는 생명이며, 죽음에 기여한다. 말 그대로 과식으로 인해 배가 터지는 것도 또한 끔찍한 죽음으로 이어지는 삶의 과정의 일례이다(구 몬티 파이튼(Monty Python) 영화 〈삶의 의미(The Meaning of Life)〉에서와 같이).

애 쓰는지가 주목할 만하다. 그들이 머리카락에 대해서는 같은 태도를 취하지 않는 것이 역설적으로 보이기 시작한다.[12] 이것이 "우리의 동물적 본성을 상기시킨다"는 것이 아니다. (그것이 무엇을 의미하든 간에) 오히려 무성한 머리카락이 반만 살아 있는 것과 같은 모호한 천성을 가지고 있음에 덧붙여 외계인의 침입을 연상케 한다는 것이다. 여러분의 겨드랑이에 털 대신 짚이 자라난다고 상상해 보라. 그것 역시 어떤 다른 곳에서 접목되어 온 생명체처럼 보일 뿐더러, 그것의 살아 있는 죽음의 상태 때문에 교란을 야기할 것이다. 과학 소설에서는, 마치 문명이 발전할 때는 털은 과거의 존재물이 될 것이고 — 육신은 모든 혐오 요소에서 깨끗이 벗어나게 될 것이라는 것을 암시하기 위해서인 듯, 미래의 사람들은 종종 완전히 털이 없는 것으로 묘사된다. 유토피아에서 우리는 모두 매끈하고 털이 없는 것이다. 반면에 석기시대 동굴에서 살던 사람들은 항상 개인위생이 의심스러운, 원시적이고 털이 많은 인간들로 묘사된다. 그것은 마치 몸의 털이, 질병과 그리고 덤으로 주어지는 기생 상태를 암시하면서, 먼지와 동일시되는 모양새다. 또한 사망 후에도 털은 한동안 여전히 자라난다는 정보는 전율을 자아낸다. 우리는 엄격한 한계 내에서를 제외하고는, 체모의 존재가 달갑지 않고, 그것의 생-중-사 연관성이 확연하다. 만일 체모가 정말로 건강에 부작용을 일으키는, 외계의 생명체, 일종의 기생충이라면 우리는 분명히 그것에 강한 거부감을 느낄 것이다. 이것이 실제로 그렇다는 것이 판명된다면 어떨까?

처지는 살이 그 이론에 딱 맞는다. 그것은 건강 또는 나이, 즉 죽음에로의 근접을 알리는 징후이다. 그러나 여하튼 그것은 살, 살아 있는 조직이다. 살

---

12 어떤 사람들은 머리카락에 대해서도 그렇게 한다. 그들은 머리를 완전히 밀어버린다. 아주 짧은 머리는 흘러내리는 머리카락에 대해서 갖는 비호감을 반영하는 것이다. 수염은 유행을 타지만, 대부분의 남자들은 깔끔하게 면도하거나 덥수룩하지 않은 상태를 선호한다. 말끔한 모습이 항상 무난한 매력을 발휘한다. 우리는 결코, 마치 털에 추월당한 듯이, 털에 의해서 압도된 것처럼 보여서는 안 된다.

이 처질 때 우리는 젊음과 활력으로부터 노령과 노쇠에 이르는 육체의 쇠퇴를 목격한다. 한때 꽃피는 생명의 터전이었던 것이 지금은 희미하게 사위어 가는 소멸(멸종)의 장이 된 것이다. 구김살과 주름살은 같은 의미를 갖는다. 이리하여, 흔히 늙은 여자의 육체는, 뛰어난 혐오 대상으로 여겨지며, (잔인하게도) 젖가슴이 역겨움의 으뜸 부위가 된다. 젖가슴은 한때 생명과 수태 능력의 터전이었으나, 지금은 오로지 피할 수 없는 멸종을 향한 시간의 행진을 암시한다. 감히 말하건대, 노인의 고환과 음경도 거의 비슷한 성질을 갖고 있다 — 궁둥이도 역시. 살이 노화 될 때, 표피에 피할 수 없는 죽음의 반점을 나타내지만, 그래도 그건 여전히 어떤 살아서 의식이 있는 한 개인의 살인 것이다.[13] 생명의 기표자가 그의 극성(極性)을 죽음의 기표자가 되도록 바꿔놓는다. 그러나 그건 아직도 (비록 아슬아슬하게나마) 생명의 편에 현존한다.

우리는 이것을 전-부패의 상태 — 육체의 초기 단계 부패 — 로 개념화 할 수 있겠다. 혐오감은 이 삶에서-죽음으로의 전환에 대한 당연한 반응이다. (이는 물론 이중 어떤 것도 다 타당하다라거나), 또는 우리의 혐오감을 완화시키려고 노력해서는 안 된다는 말이 아니라, 다만 그것이 모든 것의 사리라는 것, 이치적으로 그렇다라는 것을 말하는 것뿐이다.

이 중 어떤 것도 정상성과 비정상성과는 아무런 관계가 없다. 전에도 내가 말했듯이, 비정상적으로 근육이 단단하다거나, 또는 날씬한 것이 혐오감을 자아내는 것이 아니고, 또 방금 예시된 혐오 대상들 중 몇몇은 지극히 정

---

13 아주 나이 많은 노인의 살은 그 나름의 특이한 부류에 속한다. 얇은 반투명 피부에, 정맥은 불거져 나오고, 얇고 불투명하고, 변색되고, 얼룩얼룩하고 탄력이 없고, 연약하고 — 시체가 이미 제 거처에 들어온 모양새다. 우리는 따라서 그렇게 나이 많은 개인들에게는 일종의 역겨운 온정을 느낀다. 그들 안에서 우리는 죽음이 생명과 겹쳐 생명을 침해하고 있으면서, 그러나 영웅의 모습으로 저지당하고 있는 것을 본다. 그런 사람은 흔히 "한 발을 무덤 안에 들여놓고 있는" 것으로 묘사된다.

상적인 것들이다. 결국, 죽음도 정상적이다. 우리의 혐오 반응은 정상과 비정상의 흔적이 아니라 삶과 죽음의 부적합한 결합을 쫓아가는 것이다.

(4) 내부 장기는, 몸으로 에워싸여 있는 동안, 간혹은 그렇다 해도, 혐오감을 자아내는 경우가 거의 없다. 그 장기들이 내부에 있을 때는 혐오감을 느끼지 못하지만 만일 그것들이 노출되면 혐오감이 맹렬히 시작된다. 그것들이 내부 안에 그리고 덮여 있는 동안에는 적절한 기능을 수행한다. 그들은 삶의 과정의 일부인 것이다. 그러나 일단 한낮의 강렬한 빛 속으로 끌려 나가면, 그들은 저 생명을 부여하는 기능 수행을 멈춘다. 그러면 죽음이 임박하게, 아니 사실상 현존하게 된다. 상처가 그러한 노출의 정상적 원인이고, 노출 자체가 그 기관의 온전성을 위협하는 것이다. 적출은 극단적인 경우다. 따라서 혐오는 기능의 고장과 상관관계가 있고 그 고장은 죽음과 연관된다. 그러나 이것들은, 언급되는 바 그대로, 생체 장기들이다. 그래서 우리는 다시, 노출된 혹은 제거된 장기 내에서 삶과 죽음의 조합을 갖는다. 인체의 각종 구멍들이 내부 기관을 노출시키도록 설계된 건 아니지만, 그렇게 할 위험성도 있고, 병리학적 경우에는 실제로 그렇게 하기도 한다. 그러면 그것들 역시 역겨운 방출의 잠재적 수단으로서 그들의 몫을 다 해야 되는 것은 당연하다. 배꼽이 1인치 정도로 넓어질 수 있는 모종의 유량계라고, 그리고 그렇게 넓어져서 내장들을 들어내 보일 수 있거나 또는 심지어 그것들을 튀어나오게 할 수도 있다고 상상해 보라. 그러면 필자 생각에, 우리는 그것을 지금보다 더 두려운 맘으로 대할 것이고 계속 반듯하게 덮여져 있게 할 방안을 강구할 것이다 ─ 특히 만일에 실제로 내장들이 밖으로 보일 수도 있는 의학적 여건이 있다면. 내장들의 안전 범위에 대한 불안한 비상사태가 있다. 내장들이 내포되어 있는 자루가 구멍이 나서 내용물이 앞으로 쏟아져 나오게 될까 봐 염려된다. 오로지 얇은 막 하나만이 유기적으로 기능을 발휘하는 내부가 죽음을 의미하는 외부로 ─ 생명에 긴요한 것에서 생명에 유해한 것으로 ─ 이동하는 것을 막고 있다. 쉽게 찢어지는 피부가 생명을

죽음으로부터 분리시켜 주는 전부인 것이다. 그러한 불행한 상황에서 혐오감은 공명할 풍요로운 맥(脈)을 발견한다.

성기들은 말하자면 안쪽과 바깥쪽 사이에 있기 때문에 특별한 경우이다. 이것은 여성의 성기 경우에 가장 분명한 사실이다. 그러나 고환도 내부-외부의 이중성을 가지고 있다. 그것의 수축과 하강 수용력 때문에도 그렇고, 또한 그것들이 내용물을 싸고 있는 주머니(그들이 뭔가 분명히 내부에 속한 어떤 것을 담고 있다)이기 때문이다. 이 장기들이 그렇게도 쉽사리 혐오감을 자아낼 수 있는 까닭은 무엇인가? 그 해답은, 이 두 경우에 서로 뭔가 다소 다르기는 하지만, 멀지 않은 곳에서 찾아진다. 음경은 모양새가 종양 같은, 두 다리 사이에서 달랑거리는(배뇨의 수단으로서는 거의 필요 없는) 일종의 맥없는 괴기 증대이다. 실제로 "부어오르는 것"을 뜻하는 "tumescent(팽창)"라는 단어는 "종양"과 같은 어원을 갖고 있다. 마치 그것으로 충분하지 않은 듯, 음경은 화농하는 측면도 갖고 있다 ― 특히 정액의 형태로. 암은 고름 같은 액체를 배출한다. 그러면, 그것에서 냄새나는 소변이 지속적으로 나오게 된다. 그것은 또한 스스로의 변덕과 계획에 의해 활성화되는 그 자체의 의지도 갖고 있다. 그것은 불안스럽게 몸에 부착된 외계 생명체 같다. 고환은 섬뜩한 그림에 일조할 뿐이다. 주름지고, 털이 나고 ― 자의적 동작이 불가능하지만 때로는 움직이며, 헐렁하게 달려 있는 상태로. 그리하여 남성 생식기는 무언으로 삶과 죽음 둘 다를 내포함을 웅변한다. 생명의 번식에 필수적인 생체 기관의 삶, 그러나 또한 암을 닮은 모양새와 그 후각상의 특징에 내재된 죽음의 징후. 그것은 또한 임신이나 성관계로 전염되는 질병과 같은 죽음을 유발하는 상태의 원인이 될 수도 있다. 그것은 공격적으로 다른 사람의 몸 안으로 들어감으로써 단검처럼 찌르는 능력을 갖고 있다. 그것은 그 소유자로 하여금, 강간과 같은 폭행으로 유도할 수도 있다. 반면에, 성적 능력의 상실은 노화와 사망의 전조이다("발기부전"은 일반적인 신체 기능 장애의 초기 지표다 ― 그것은 성기의 죽음이다). 삶과 죽음이 음경과 고환 속에 복잡

하고 미묘한 방법으로 공존하며, 승리와 비극의 이야기를 들려준다.[14]

질(膣)은 나소 다른 해석을 가지는 것으로, 가장 현저하게 상처 같은 형성물, 몸의 외적 부드러움 속에 생긴 길게 찢어진 상처나 틈(때로는 "자상"과 "긴 구멍"이란 말로 거론되는 것)이다. 그것은 그러므로 상징적으로 모든 상처의 특성을 띤다. 그러나 그것은 또한 말 그대로 생명 발생의 중심지인 것이지, 단순히 삶에 대한 의태 위협만은 아니다. 상황을 더 복잡하게 만드는 것은 그것이 또한 피를 흘리는데, 이때 이 출혈은 혹여 순진하게 상상할 수도 있는 것처럼 생명에 대한 위협이 아니라, 그것의 필요조건이다(포유류의 생리학에 근거하면). 질은 출혈하는 상처, 그럼에도 불구하고 생명의 필요 불가결한 ─ 역설적 구성의 ─ 요소로서 나타난다. 또한 삶과 죽음의 함축된 의미의 조밀한 행렬이 질을 수반한다. 그것을 음경과 합쳐보라. 그러면 조밀도가 증가한다. 한쪽이 다른 한쪽의 안에서, 밀고 찌르는, 잠재적 사망의 원인이지만, 여전히 생명의 근원으로 버텨내는, 종양과 상처. 이 경우, 생명이 죽음을 활용하는 것 같다. 그것을 전용하면서, 침묵시키면서. 종양과 상처가, 그 스스로 죽음을 상기시키는 새로운 생명을 만들어내기 위한 중요한 작업 안에서 격렬하게 연관되어 있는 것이다.[15]

---

14 또한 축 늘어진 상태의 음경은, 근육으로 보강되지 않아, 전혀 생명력이 없어 보인다는 점도 있다. 그러나 발기가 될 때는 놀라울 정도로 그 생명력이 샘솟는다 ─ 얼마 안돼서 다시 생명이 없는 상태로 되돌아오지만, 그것은, 이를테면, 무덤에서 일어난다. 그리고 나서는 도로 그 속으로 사라진다. 음모와 음경의 혈관 또한 넌지시 삶과 죽음을 함축하기 위한 작업을 한다. 그것은 쉽사리 더러워지고 냄새가 날 수 있다. 살아 있는 몸 전체의 축소판인 것이다. 그리고 그것은 강력한 감각, 즉 생명력에 필수적인, 오르가즘의 발생지다. 음경은 많은 상징적 삶과 죽음의 진수를 상대적으로 작은 장기 속으로 꾸겨 넣는 것 같다.

15 필자가 여기서 성(sex)의 매혹적인 면을 간과하고, 기이할 정도로 해부학적인 면을 부각시키고 있음을 자인한다. 그래서 필자는 이를테면 공식적으로 ─ 성은 또한 사랑의 표현일 수도 있고, 그리고 아주 즐거운 것임을 부언해 두겠다. 이처럼 상반되는 극과 극을 겸

육신은 체질적으로 결코 죽음으로부터 멀리 떨어져 있지 않으면서도, 여전히 생명력으로 넘치는 위험 지대다. 생명을 갖고 있다는 것은 죽음에 가까이 있는 것이다. 무엇이든 살아 있는 것은 빨리 죽게 될 수 있다. 우리는 그러므로 삶을 묵상할 때, 죽음을 생각하지 않을 수 없다. 살아 있는 것은 죽을 수 있는 것, 그리하여 죽음은 살아 있는 것의 피할 수 없는 운명이다. 그 두 개념은 불가분으로 서로 결합되어 있다. 혐오감은 이 근본적인 실존적 사실에 서식하는 것이다.

(5) 상기 관점을 인간의 몸을 넘어 다른 동물의 몸까지로 그 범위를 확장시키는 데 어려움은 없다. 그러나 그것은 아직 우리의 혐오 반응을 다른 종들인 쥐, 박쥐, 까마귀, 뱀, 벌레, 곤충, 거미 등등과 같은 것들에게 그대로 적용할 단계는 아니다. 필자는 이에 고려할 두 범주가 있다고 생각한다. ① 인간의 죽음과 오물과 밀접하게 관련된 동물들, 그리고 ② 어떤 점에서 그들 스스로가 죽음을 닮은 동물들. 우리는 동물 종들과 관련하여 혐오 반응들이 그 동물이 여하히 혐오스러운 대상에 의해 연상되는가에 따라서 아주 다양하다는 것을 주목해야 한다. 필자 자신은 동물 종에 대해서 별로 많은 혐오 감정을 갖고 있지 않다. 그러나 많은 사람은 그렇다는 것을 안다. 그러기 때문에 극히 피상적으로나마, 그러한 혐오를 표명하는 사람들의 심리 작용을 천착하는 것이 꼭 필요하다. 쥐는 일반적으로 인간의 폐기물, 즉 쓰레기와 관련이 있다. 그래서 그들은 시궁창뿐만 아니라 묘지의 거류민으로 간주된다. 그들은 또한 사실상 치명적인 질병을 옮길 수도 있다. 그러나 그것들은 씰룩거리며 총총걸음을 하는 활기찬 불굴의 생명체다. 혐오감은 이들 경우엔 의당 생기는 것이고, 또 이제까지 스케치해 온 도식에 잘 맞는

비하고 있는 데에 성의 특이한 매력이 있다. 그 부조화가 또한 성을 근본적으로 뭐라고 말할 수 없게 만드는 것이다. 그저 이치에 안 맞는다. 성은 이해할 수가 없는 것이다. 섹스는 일종의 난해하고 그릇된 추론이다.

것이다. 죽음과 부패 속에 휘말린 공격적인 삶에.[16] 박쥐들은 전형적으로 피를, 될 수 있으면 사람의 피를 먹고 사는 것으로 알려져 있고, 또 일부 박쥐 종들은 실제로 그렇게 한다. 그들은 또한 축축한 동굴 속에서 살며 흡혈귀처럼 낮 동안에 잠잔다. 그것들의 모양새는 어렴풋이 배설물이다. 또다시, 우리의 혐오감에 대한 설명은 여기서 분명해진다. 독수리들은 썩은 고기에 대해 그들의 현저한 애호 때문에 같은 취급을 받는다. 벌레들은 많은 다른 종류로 생겨난다. 어떤 것들은 분명한 기생충이고, 아마도 기니 벌레가 가장 역겨운 것이고, 다른 것들은 그저 죽은 고기를 먹는다(그 외 것들은 그저 육체적 유사성이 그 죄다). 기생충들은 건강을 해치고 우리의 생명을 그들의 생명으로 빨아들이면서 죽음까지 초래한다. 비(非)기생충 벌레들은 다른 종들의 썩어가는 살점에 대해 좀 너무할 정도의 기호를 보인다. 양쪽이 다 그들 자신의 생명권을 주장하면서도(모기가 비슷한 위치에 있다) 불쾌하게 죽음에 가까이 있다. 개미들은 우리를 훨씬 덜 괴롭히는데 이유는 그것들은 우연한 경우를 제외하고는 인간의 죽음이나 오물로부터 이익을 취하려 하지 않기 때문이다. 이들 종은 단순한 포식자처럼 우리를 그저 죽이려고 하는 게 아니라는 것에 주목하라. 그들은 제 자신들을 인간 동물의 역겨운 구석 안으로 — 썩어가는 시체, 신체의 내부, 피, 쓰레기 속으로 밀어 넣는다. 그들은 이리하여 포식성 고양이가 가지고 있지 않은 일종의 차용된 역겨움를 가지고 있다. (그래서 사자들은 우리에게 혐오감을 자아내지 않는다.) 우리의 배설물을 먹어버리는 파리는 특별한 혐오감을 불러일으키는데, 더구나 먹고 난 후 우

---

16 쥐꼬리는 어떤 사람들에게는 특별히 역겨운 것으로 느껴진다. 길고, 회불그레하고, 그리고 비교적 털이 없고 — 아주 벌레 같은 것. 온 몸은 쫓기는 곤충 같고, 그리고 동작마다에 충격적인 생동감을 갖고 있어, 부자연스러울 정도로 두려움이 없는 것처럼 보인다. 그것은 반짝거리는 똥을 사방에다 끈덕지게 남겨놓는다. 쥐는 아주 끔찍스럽게 더러운 것으로 우리에게 충격을 준다. 그것은 가장 의욕적이고 가차 없는, 배설물과 죽음 그리고 모든 역겨운 것도 견뎌내는 생명력을 표상한다. 쥐꼬리 스프를 먹을 사람이 있을까?

리 음식물에 또 끈덕지게 달라붙으려 하면 더더욱 그렇다. 그런 종들은 독자적으로 혐오스러운 거래를 하기 때문에 역겨운 것으로 밝혀진다.[17] 그것들은 직접적으로 또는 간접적으로 죽음을 내포하는 생명체의 유형들이다.

그러나 모든 곤충이 다, 이를테면, 혐오스러운 거래를 하는 것이 아니므로(비록 바퀴벌레와 쇠똥구리 등등과 같은 어떤 것들은 그렇게 하지만), 두 번째 범주는 이런 방식으로 설명되어질 수가 없다. 필자는 이들의 경우에는 뭔가 다른 것이 진행되고 있다는 것을 제시한다. 곤충 자체가 삶과 죽음 사이에 처해 있는 것으로 인지된다. 곤충은 활기 넘치고 예민하고 재빠르지만, 그것은 또한 ─ 그것의 단단한 외관과, 접촉에 대한 냉랭함, 그리고 그것의 규칙적 행동으로 ─ 기이할 정도로 기계와 같다. 작은 로봇들은 유기적인 것이 아니기 때문에 혐오감을 유발하지 않는다. 그리고 곤충은 어떤 면에서 작은 로봇에 가깝다. 그렇다 해도 그것들은 단순히 로봇은 아니다. 왜냐하면 그들은 결국 유기체들이고, 그것을 증명할 질척한 내부(내장)와 게걸스러운 식욕도 가지고 있기 때문이다. 곤충들은 우리에게 일종의 중급 준(準)생명체로 깊은 인상을 준다. 그들은 움직이기도 하고 생물답게 증식도 하지만, 고등동물의 부드러운 살의 질감이 그들 존재의 물리적 형태가 아닌 것이다. 그것들은 배터리로 작동되는 장난감처럼, 정신도 마음도 없는 것처럼 보이기는 하지만, 생명나무 위의 그들의 위치는 부인할 수가 없다. 곤충들은 경계선상의 동물 생물체로 우리를 공격한다. 그것들은 무생명 상태에서 한 단계 위에 존재한다. 그것들은 좀비들처럼, 명확하게 죽은 것은 아니지만, 또한 좀 더

---

17 박쥐의 배설물을 먹고 사는 일종의 딱정벌레가 있다. 배설물이 박쥐의 동굴 속에 쌓여 있고 딱정벌레들이 바닥을 기어 다니며 그것을 먹고 산다. 이것은 완벽한 혐오 구성이다. 박쥐들(필시 피를 빨아먹는), 곤충들, 그리고 만연하는 식분(糞). 더욱이 한 동굴에 수백만 마리의 딱정벌레들이 있을 수 있는데, 하나가 다른 하나 위로, 박쥐 배설물 속에 묻힌 그들의 작은 귀까지 기어오르면서, 종종걸음 치며 순식간에 먹어댄다. (딱정벌레 배설물은 어떻게 될지 궁금하다. 아마도 박테리아의 먹이가 될 것으로 추정한다).

높은 고등 종들(물고기들은 다시 한 단계 더 위에 있다)에게 나타나는 그런 충만한 생명력 수준에 달하지도 못한다. 그들은 살아 있는 죽은 것들이다. 그리고 거기에 그들 특유의 혐오성이 있다.[18]

  뱀과 파충류는 또 다른 경우이다. 그들의 냉혈성은 생명이 없는 존재로 그들을 분류하도록 만든다(적어도 온혈동물의 관점에서). 그러나 그것은 그들에게 공평하지 못하다. 파충류는 발이 아주 빠르고 좀 더 "고급" 삶의 많은 표준 징후를 보여준다. 일반적으로, 표준 규정의 파충류는 대부분의 우리들에게 약간 역겨울 뿐이지 대부분의 다른 종들보다 더 심하게 그런 것은 아니다. 그러나 뱀은 또 다른 얘기다. 필자는 뱀에 대해서 강한 혐오감을 느끼지 않지만, 많은 사람은 느낀다. 그러면 그들의 혐오감 근거는 무엇인가? 첫째로, 그리고 세속적으로, 독의 문제가 있다. 마치 죽음이 아주 가까이 뱀의 표면에 도사리고 있는 듯이. 그러나 다른 동물들은 똑같이 위험한 것으로 간주되면서 혐오감을 자아내지 않는다. 끊임없이 되풀이되는 프로이트의 의견은 뱀은 음경과 같고 그래서 그것의 심적 의미를 상기시킨다는 것이다. 그러나 형태학적으로 말하자면 많은 것이 음경을 닮았지만 (이를테면, 구두 주걱 및 마술 지팡이) 그래도 혐오감을 불러일으키지는 않는다. 더러운 땅에로의 근접성, 배로 미끄러져 기어가기, 기타 등등이 이유의 한몫을 할 수도 있다. 그때도 역시 그들은 그것들에게 지긋지긋한 표정을 짓는다. 필자가 만일 필자 자신에게 프로이트의 추측 자격증을 수여한다고 치면, 나는

---

18 그것들이 그렇게도 작다는 사실이 그들의 좀 더 중요한 특성을 우리에게서 가리는 역할을 해서, 그것들을 먼지의 작은 장치나 움직이는 입자들로 생각하기가 더 쉬운 것이다. 그것들은 종종, 자연 발생에 의해서 더러운 흙더미로부터, 마치 반-유기물질의 작은 볼(덩어리)들처럼 생겨나는 것으로 추정되어 왔다. 떼 지어 있거나 둥지 속에 있으면, 생존의 인상이 확대되고, 그러면 그것이 그것들을 집단적으로는 좀 더 생명체에 가까운 것으로 보이게 만들지만, 개별적으로는 여전히 작은 무생물로 보이게 만든다. 그들은 따라서 어느 한 범주 또는 다른 범주의 상태도 아닌 일종의 모호한 중간 상태를 갖는다.

뱀의 소세인(현존재)에서 음경이 아니라 배설물을 발견하는 편일수도 있다. 뱀은 겉모양이 끈적끈적하고, 번쩍거리고, 양끝에서 점점 가늘어지고, 가운데선 두껍고, 흔히 암갈색이고, 아마도 독이 있는, 기묘하게 활기찬 배설물이다. 따라서 뱀은 남근 상징이 아니라, 배설물 상징이다. 그러나 필자는 이 추측성 제안이 매력적이긴 하지만 그것에 전적으로 동의하는 것은 삼가겠다. 어떤 사람들에게 주는 뱀의 특별한 혐오감은 어느 정도 수수께끼로 남을 수밖에 없다.

아마도 그것은, 적어도 부분적으로는, 뱀 비늘의 전형적인 광택과 기름 같은 물질이 그 내부에서 방출되는, 끈적거림의 조짐이라고 하는 잘못된 생각에서 비롯된다. 아니면 아마도 가벼운 혐오감이, 강한 두려움에 의해 혼란스럽도록 증폭되는 것이다. 이 모든 경우에 주목해야 할 것은 우리가 일종의 지엽적이고 축소된 혐오감을 다루고 있어서 삶 속 죽음(생중사) 차원의 그 진단도 그에 상응하여 미약하고 피상적일 것이라는 점이다.

(6) 식물도 때때로 우리를 역겹게 한다. 생중사 이론은 그 경우를 어떻게 다루는가? 썩어가는 식물은, 음식물에서 특히, 역겨움을 유발할 수 있다. 이것은, 살(육체)의 경우보다는 현저하게 약하기는 하지만, 특별한 부패의 경우인 것 같다. 미생물의 생명이 식물의 죽음과 혼합된다. 여기서 새로운 쟁점이 발생하지는 않는다 ─ 하기야 썩어가는 시체의 경우에는 (우리가 그 동물 시체를 먹으려고 계획한 것일 때를 제외하고) 섭취 가망성이 정상적으로 가늠되지 않기는 하지만. 역겨움을 자아내는 것이, 완전히 메마른 풀에서와 같은 단순한 식물의 죽음 상태가 아니라, 이 죽음 속에서 잠식하는 생명(삶)의 흔적이다. 그러나 여전히 역겨운 건강(에 좋은) 식물 ─ 해초, 모종의 곰팡이, 끈적끈적한 씨앗 아니 어쩌면 구덩이 ─ 의 경우가 있다. 여기에서 우리는 끈적거림이 작동 능력이 되는, 간단한 유추의 경우를 목격한다. 어떤 식물들은 아주 흡사히 끈적끈적한 유기체나 유기체 일부처럼 끈적거릴 수가 있다. 그리고 끈적거리는 물질(점액)은, 벌레와 민달팽이는 물론이고, 축축한 것과

부패하는 것의 특성이다. 그래서 혐오감이 여기서 아주 적은 것이다 ― 그 서 유추에 근거힐 뿐이다. 끈적거림(점액)이 동물에서 이미 역겨운 것으로 드러나지 않았더라면 그것이 식물에서 역겹게 느껴질지는 의심스럽다. 동물도 단순히 그것이 끈적끈적하다고 해서 역겨운 것은 아니다. 오히려, 어떤 동물들 ― 특히, 벌레들이 그것을 드러내기 때문에 그 끈적끈적한 점액이 역겨운 것이다.[19] 그리하여 우리가 처음에 약간의 거리낌을 느낀 후에 해 초나 곰팡이를 먹는 것을 배우게 될 때처럼, 식물에서의 끈적거림은 혐오의 원천으로 쉽게 극복될 수 있다. 질 그 자체는 강력하게 역겨운 것이 아니며, 모든 미생물 배양에서도 그렇게 드러나지 않는다. 확실하게 혐오스러울 수 있을 유일한 식물은 무덤 주변에서 번성하는 것들일 것이다 ― 묘지 식물. 필자가 아는 한, 그러한 묘지-특유의 식물들은 없지만, 그러나 만일 일종의 독버섯, 이를테면 무덤 위에서만 자라나서, 어떻게든 밑에 있는 썩어가는 신체 조직을 흡수하는 그런 것이 있다면, 그러면 우리는 역겨운 식물을 위한 강력한 후보를 갖게 될지도 모른다. 그러나 그것의 역겨움은 전적으로 파생적이지, 본질적인 것이 아님을 유의하라. 건강한 형태의 식물 생명이

---

19 끈적끈적함은 정확히 무엇인가? 옥스퍼드 영어사전 정의는 "불쾌하게 축축하고, 부드럽고, 미끈거리는 물질"이다. 여기서 "불쾌하게"가 짊어지는 무게를 숙고하라. 우리는 물기 있는 얼굴을 끈적끈적하다고 표현하지 않지만, 그것은 여전히 촉촉하고, 부드럽고 미끄럽다. 그리고 모든 윤활유가 끈적끈적한 것으로 생각되지도 않는다. 그래서 중요한 것은 그와 같은 감각적인 특성이 아니다. 추가적인 불쾌감이 있어야 한다. 그런데 그것이 어디에서 비롯되는가? 분명코 감각 특성 그 자체에서가 아니다. 필자 생각엔 그것이 감각 특성의 맥락 ― 그 특성을 가지고 있는 어떤 것 그리고 그것의 특별한 의미 ― 에서 비롯된다. 그리하여 민달팽이 또는 벌레는 그것이 불쾌하게 미끄럽고 축축하기 때문에 끈적끈적한 것으로 묘사된다 ― 그러나 그 불쾌감은 그것이 바로 그런 종류의 생물인 것에서 비롯된다. 필자가 말하고자 하는 것은 여기서 관련 맥락은 민달팽이나 벌레의 삶 속 죽음의 뜻을 내포한다는 것이다. 바로 그 똑같은 촉감이 다른 맥락에서는 불쾌하게 (즉, 역겹게) 느껴지지 않을 수도 있다. 우리는 부드럽고 미끄러운 자질들을 그것들이 다른 도리 없이 혐오를 보장하는 맥락 안에 내포되어 있을 때에 끈적끈적한 것으로 묘사한다.

(독성이 있거나 표식성이 있다면) 두려워질 수도 있겠지만, 어떻게 본질적으로 역겨워질 수가 있을지는 이해하기 어렵다. 식물 혐오는 단연코 한계 현상이다.

(7) 더러움은 질병을 옮길 수 있다. 그래서 모든 동물은 스스로를 깨끗하게 하는 방법을 갖고 있다. 더러움은 또한 성적 파트너(상대자)와 일반적으로 사회적 관계를 방해한다. 더러움은 악취를 풍긴다. 더러움은 우울감을 준다. 더러움은 도처에 있다. 더러움은 피할 수가 없다. 이 자명한 사실 속에서 우리는 더러움이 혐오스러운 것으로 드러나는 이유를 알 수 있다. 음식을 먹는 동물은 그 과정에서, 또는 배변하거나, 또는 짝짓기 하거나, 세상에서 배회하는 동물은 (그 과정에서) 더러워지게 마련이다. 여러분도 오물이 당신들에게 달라붙는 일이 없이 이 세상에서 살 수는 없다. 그러나 오물은 건강에 해롭고 보기에 추하고, 그래서 제거되어야만 한다. 시체는 그 자체로부터 더러움을 제거할 수도 없고, 더러움이 더 이상 그것에 아무런 의미를 갖지도 않는다. 살아 있는 것들은, 대조적으로 그들 자체에서 더러움을 제거하거나 아니면 시체나 은둔자가 되는 위험을 무릅써야 한다. 죽어가는 동물은 종종 더러운 동물이고, 그렇게 존재함이 불쌍하다. 그래서 과도한 더러움은 죽음과 관련된 것으로 풀이된다. 더러운 살은 죽은 살과 유사하다. 그러나 동물이 축적하는 더러움은 유기체로서의 생명의 일부 — 그것이 음침한 세상을 거쳐 가는 길 — 이다. 더러움은 그래서 생명과 죽음 둘 다의 흔적이다. 따라서 그것은 혐오감을 유발한다. 그리고 그 더러움이 대변이나 소변 또는 신체의 배설물 형태를 갖고 있으면, 그들 자체가 생명 속 죽음 원칙을 구현하는 것이므로, 그만큼 더 부정적이다. 더러운 부랑자에게서, 예를 들어, 우리는 분명히 삶이 수반하는 (우리 자신들의 경우에도 역시) 오물의 양을 보지만, 우리는 또한 너무 많은 오물은 생명을 위협한다는 것도 안다. 우리는 그것(오물)이 없이 살 수 없지만, 그것이 우리의 죽음이 될 수가 있다. 더러움(흙)은 우리의 실체 — 사멸적 생명 형태 — 를 상기시켜 주는 우주의

방법이다. 신들은 씻을 필요가 없다. 사는 동안 흙이 그들에게 달라붙지 않고, 그들은 죽어서 흙으로 변하지도 않는다. 우리는 반면에, 흙의 우주 속에서 유기적 존재로 산다. 그리고 우리가 되도록 운명 지어진 것은 흙이다 — 한낱 발밑의 흙. 우리에게, 존재한다는 것은 삶과 죽음 속에서 흙에 때 묻는 것이다.[20]

(8) 많은 사람이 특정 성행위를 혐오스럽게 생각한다(그 행위를 부도덕한 것으로 생각하는 것과는 구별되어야 됨). 예를 들면, 종간 성교, 항문 성교, 자위 등. 생식 성교는 상대적으로 혐오스럽지 않은 것으로 간주 된다. 왜 그런 차이점이 생기는가? 어떤 일련의 태도가 하나는 무해한 것으로, 다른 하나는 역겨운 것으로 만드는가? 생식 성교의 경우에는 결과로 아이들이 생기고, 다른 여러 경우에는 아이들이 생겨날 수 없는 거라고 내가 의견 표명을 할 때, 그것으로 내가 하등의 계시적인 것을 말하고자 함이 아님을 나는 믿는다. 그것은 임신과 불임의 차이점이다. 만일 모든 성교가 비생산적인 다양성만 갖는다면, 그런 종들은 분명히 곧 사라지고 말 것이다. 종(의) 죽음이 전적으로 "일탈적"인 성교에서 비롯될 것이다. 그리하여 그러한 성교의 경우에는, 멸종이 분명히 인지된다 — 사실상, 인간 생명(삶)의 종말. 전적으로 비생산적인 성교의 결과는 핵 대학살의 그것, 즉 종의 멸종에 필적한다. 그러나 분명코 (도덕적으로는 제외하고) 우리는 핵 대학살을 역겨운 것으로 인지하지는 않는다. 핵무기는 역겨운 물체가 아니다 — 그것들은 생기조차 없다. 집단 죽음에 대한 능력은 그 자체가 (물리적으로) 역겨운 특성은 아니다. 그러나 전적으로 비생산적인 성교에 의한 인간 종의 멸절은 핵전쟁에 의한

---

20 우리가 가장 피하고 씻어버리려고 애쓰는 것은 어떤 류의 오물인가? 배설물은, 물론이지만, 또한 죽은 동물을 — 특히 고기 살 — 만진 후의 잔여물도 그렇다. 이것은 분명히 죽음과 연관된 것이다 — 실로, 전형적으로 도살과 연관된다. 확신컨대 장의사들은 손을 자주 씻고 — 또는 항상 보호용 장갑을 낀다. 우리는 죽음의 냄새와 끈적임이 손가락 위에 있기를 원치 않는다.

종의 멸종과는 다른데, 이는 전자의 경우에 멸종의 수단이 매우 생명과 유관하다는 점에서 그렇다. 즉, 다른 유기적 신체 부위 속으로의 신체 부위의 많은 찔러 넣기, 또는 적어도 사정(射精) 등등을 초래하는 신체 부위의 의도적인 조작이 있다. "일탈적" 성교는 "비일탈적(표준적)" 성교와 똑같은 정도로 중요하고 유기적이다. 그것은 바로 그것의 결과가 (실행된다면) 엄청난 멸종이라는 것이다. 그래서 다시 우리는 생중사(삶-속-죽음) 형태의 그림사가 되풀이되는 것을 본다. 만일 성에 대한 당신의 초점이 생명의 생산이라면, 비생산적 종류는 죽음의 비결처럼 보일 것이고, 그러면 혐오가 작정하고 들어올 것이다. 그것이 널리 채택될 경우의 치명적 결과 때문에 과도한 비생산적 성교에 대해 강력한 금기가 존재해야 한다. 그리고 그러한 성교에 몰입하는 것이 강력한 유혹으로 느껴진다면, 그러면 우리를 그로부터 막기 위해서 혐오와 같은 정서가 필요하다. 결국, 생산적 성교는 보살펴줘야 하는, 아기들이 태어난다는 우선적으로 달갑지 않은 결과를 낳는다 — 그 모두가 순식간의 쾌락 때문에. 만약 우리가 그 둘을 분리시킬 수 있다면 그러면 우리는 책임 없는 쾌락을 가질 수 있을 것이다 — 그러면 그것은 좋지 않을까? 〔피임이 그 둘을 분리시킬 수 있다. 그러나 그것은 자연적 선택의 수단에 의한 인간의 깊은 정서적 활력(역학)을 구성할 시간을 갖지 못했었다.〕 이 주장의 강세는 쾌락과 출산 — 이것이 혐오감이 구조 역할을 하는 곳이다 — 의 유대를 끊어버리는 성교를 행하는 것에 대한 강한 거부감에 의해 균형이 잡혀질 필요가 있다. 동성애의 매력은, 어떤 관점에서 명백하지만, 종의 생존을 위한 그 결과는 금지 대상이다. 그래서 적어도 다수의 사람들을 위해, 그 매력을 무력화시키기 위해, 혐오감이 배치(활용)된다. 그러한 혐오감이 없다면, 그리고 그 명백한 매력을 고려하면, 사람들은 일반적으로 이성애 성교 대신에 동성애 쪽에 기댈 수 있다 — 그러면 우리는 어떻게 될까? 같은 점이 구강 및 항문 성교에도 적용 된다. 순간적 쾌락이 어린애들에 대해 뒤따라오는 책임 없이 존재한다. 그래서 사람들이 계속 음경-질의 다양한 성교에 집중케 하기 위해 어떤 금기가 필수적이다. 아무튼, "일탈적" 성교와 종의 죽음 간의 연관은 충분히 명확하고, 따라서 우리는 어떻게 혐오감이 누적되는가를 설명할 자료를 가지고 있다. 필자는 또한 감히 말하건대, 쾌락과 생식(출산)의 생물학적 긴요성만 아니면, 우리의 자연적 혐오 감각이 이성애적 성관계도 좌절시킬 것이다. 성교는 항상 우리가 일반적으로 피하기를 선호하는 것들과 접촉케 하기 때문에 어떤 종류의 성행위에도 항상 혐오감의 저류(低流)가 있다. 우리의 일반적인 육체적 혐오감을 고려할 때, 의문점은 참으로 우리가 왜 이성애적 성관계보다 더 혐오감을 느끼지 않는가가 되어야 한다. 그리고 그 답은 생물학적으로 깔린 자손에 대한 욕망은 물론이고 우리가 그것으로 부터 취하는 쾌락임에 틀림없다. 분명히, 우리는 다른 종들의 (다른 종들과는 차별되는) 성적 교합에서는 미적으로 매력 있는 것을 거의 발견하지 못한다. 다른 종들 간에서의 비-생식적 성관계에 대해서 말하자면, 이런 것들은 분명히 용납될 수 없는 것으로 – 정말로 몹시 역겨운 것 – 우리에게 충격을 준다.[21]

물론, 멸종의 위협은, 역사상 적어도 지금까지는 극소하다. 왜냐하면 비교적 소수의 사람들이 전적으로 비-생식적 성관계 – 즉, 정자를 질 속으로 침착시키는 것과 관계없는 유형 – 에 몰두하기를 원하기 때문이다. 만일에 균형이, 이런 또는 저런 이유로 변하면, 그때는 다시 생각해야 할 것이다. 현 상황으로는 "변태적" 성교에 대한 전반적은 아니라도, 일반적인 혐오감이 종의 멸종이라는 망령을 저지하기에 충분하다. 의심할 바 없이 그런 혐오감이, 시간이 지나면서 성적 관용이 증가함에 따라 점점 약해지게 되었다. 그

---

21 자위행위가 일부에서 그렇듯이, 동성애는 분명히 다른 종들에서는 상당히 일반적이다 – 그러나 동물 왕국에서 구강 및 항문 성교가 성행해 왔다는 말은 아직 듣지 못했다. 괴기한 여자 동성애자 삼인조와 '얼굴 관리'도 없었다. 만일 동물의 그런 괴기한 짓들이 발생할 수 있다면, 그런 것에 대한 우리들의 혐오감은 아주 강할 것으로 필자는 생각한다.

래서 이 과정이 인간 생존의 기본을 약화시키는 일이 없이 어디까지 갈 수 있을지가 흥미로운 의문이다. 구강성교가 대유행이 되어, 성교를 완전히 대체하게 되면 어떻게 될까? 아마도 어느 날 우리는 비-생식적 성교에 대한 혐오감의 지속적인 상실을 뉘우치게 될 것이다.[22]

(9) 마지막 범주는 도덕적 (지적인 면도 내포하는) 혐오감이다. 이전에 말했듯이, 이것은 거의 틀림없이 혐오 개념의 확장된 그리고 아마도 은유적 적용이므로, 그것을 비도덕적 응용을('인식된 비도덕성에 대한 반응으로 실제로 토한 적이 있는 사람이 있었는가?'식의) 빼버릴 수 없을 정도로 그것을 너무 철저히 흡수하려고 노력하는 것은 그릇된 일일 것이다. 그래서 필자는 이 주제에 대해 많은 말을 하지 않겠다. 오로지 언급하고자 함은, 혐오감과 도덕적 혐오감의 핵심 사례들 사이에는 애매한 유사성이 있다는 것, 즉 정신위생 또는 질서 정연함 및 규칙에 의한 통제 개념 차원에서.

조잡한 글은, 이를테면 무질서하고 규칙이 결여되어 있다. 그것은 혼란스럽고 형태가 없다. 우리는 "지저분한" 글, "비열한 산문"이란 말조차 한다. 우리는 심지어 무미건조한 글을 "지면 위에서 사망한" 글로 언급할지도 모른다. 때로는 형편없는(!) 한편의 글이 궁극적인 비난을 자아낸다. "그건 개똥이야!" 사람은 그들의 지적 능력이 악화됨에 따라 "심리학적 부패"를 겪을 수도 있다. 이러한 말투에서 우리는 혐오감의 반응 속에 깃든 죽음 주제의 암시를 본다. 비도덕적인 사람은 "방종한" 것으로 묘사될 수 있다. 그리고 그 사악한 성격은 종종 유령처럼 묘사된다. 물론, 역겹도록 비도덕적인 행위의 극치는 살인 ― 즉 죽음을 그 목적과 결과로 하는 행위이다. 그래서 죽

---

22 기술은 이미 외설물의 형태 및 "섹스 토이"에서 그래왔듯이, 기여하는 바가 있을 수도 있다. 홀로그램, 인형 및 로봇이 결국 상당한 비율의 인간 성생활을 흡수하게 될 수도 있을 것이다. 그래서 만일, 인구 과잉 및 등등의 이유로, 성교의 이념이 바뀌게 되면, 사람들은 비생식 성교에 좀 더 마음이 끌리는 것을 느끼기 시작할지도 모른다. 인구 감소가 그 분명한 결과가 될 것이다.

음의 반향이 도덕적 혐오감에 대한 우리의 표현을 둘러싸고 또 형성시킨다. 우리는, 그러면 도덕적 혐오감이, 비록 미약하게 그리고 비유적으로나마, 비도덕적 종류를 특정 짓는 동일한 주제의 다수를 포함한다고 결론지을 수 있다.

필자는 이 조사에서 생-중-사(삶 속 죽음) 이론이 혐오감의 자료를 이해할 수 있는 감각을 만든다고 결론 내린다. 우리는 혐오스러운 것들의 영역을 관통하는 공통의 실을 보는 것이다 ─ 그것들의 응집 원리를. 핵심 사례는 그 원리를 분명하게 드러내고, 반면에 다른 사례들은 반그늘로 가려버린다. 이 집단화는 임의적이거나 극도로 이접적(異接的)이지는 않다. 그러나 변형과 확장이 있는, 단일 개념 구조를 반영한다. 혐오스럽게 되는 것은 어떤 잘 정의된 특정 조건을 충족시키는 것이다. 이리하여 우리는 혐오의 개념에 대한 어떤 분석에 도달했다. 아니 다시 말해서, 우리는 역겨운 것들의 본질을 발견했다. 우리는 이제 어떤 것을 혐오스럽게 만드는 것이 무엇인가를 안다.[23]

---

23 이것은 필자의 일반적인 메타 철학적 입장을 반영한다. '분석에 의한 진실' 참조하라. 혐오의 개념은 가족 유사성 개념이나 원시적인, 정의 불가 개념이 아니다. 그것은 사소하지 않은 필요불가결한 그리고 충분한 조건을 갖춘 복잡한 개념이다. 여기서 한 가지 교훈은 어떤 개념의 확장에 내재하는 큰 다양성이 그것이 분석이 부족하고 그래서 가족유사성의 사례임이 틀림없다는 것을 의미하는 것은 아니라는 것. 정확한 분석은 우리가 관찰하는 다양성을 내포할 수 있을 정도로 충분히 높은 수준의 추상성을 대상으로 착수 되어야만 할지도 모를 일이라는 것이다.

제**6**장

혐오의 기능

혐오의 생물학적 기능이 무엇인지는 결코 분명하지 않다. 앞서 언급했듯이, 다윈의 미각 독성 이론은 명백한 문제로 드러났기 때문에 혐오를 단순히 건강에 좋지 않은 물질 섭취에 대한 방어로만 볼 수는 없다. 이는 인류 종의 혐오에 대한 기원이 애매모호하다는 것과 관련 있다. 만약 혐오의 목적이 무엇인지 모를 경우, 우리는 혐오의 기원을 어떻게 추측해 낼 수 있을까? 우리는 그 기능을 알아야만 혐오가 왜 일어나는지 정보를 알아낼 수 있다. 그것은 어떤 종류의 적응인가? 어쩌면 다른 직접적인 적응의 부산물일까? 공포가 동물이 위험을 피하도록 동기를 부여하는 단순한 기능을 가지고 있듯이, 혐오도 기능 하나만 있을 것이라 가정하여 그 기능이 단순하리라 기대해서는 안 될 것이다. 혐오는 인간의 전반적인 심리 및 생물학적 체계에서 더 복잡한 역할을 할 수도 있다. 이 절(節)에서 필자는 상당히 어려운 이러한 질문에 대해 이 정도로 탐색적 논의를 제시하고자 한다.

　우선 혐오는 욕망이나 식욕과 반대되는 것임을 알 수 있다. 만약 내가 어떤 것에 대해 혐오감을 느낀다면, 나는 그것에 대한 욕망이나 식욕이 없는 것이다(여기서 양가감정 문제는 제쳐둘 것이다). 만약 어떤 식용 가능한 식품이 내게 혐오스럽게 보인다면, 나는 그것을 먹고 싶어 하지 않을 뿐만 아니라 그 혐오스러운 살점을 건들 생각조차 못했을 것이다. 그러므로 혐오감은 욕망을 억제하거나 제한하는 기능을 한다. 포만감 또한 그런 방식으로 작용하는데 음식에 대한 식욕은 포만감이 있을수록 줄어들어 사라지게 된다. 그러나 혐오의 감정을 단순한 포만감, 말하자면 배가 꽉 찬 느낌과 동일한 것으로 보아서는 안 된다. 포만감은 혐오스럽지 않을 것이고 또 그것만 가지고 혐오가 되기에는 충분치 않다. 나아가, 혐오에는 무엇보다도 욕망을 억제하는 적어도 한 가지 방식이 있기 때문에 혐오의 기능에 대한 힌트를 여기서 찾아볼 수도 있다. 동물들의 경우, 그들은 혐오감을 느끼지 않기 때문에 혐오 방식은 존재하지 않고 포만감이 그 기능을 담당한다. 인간은 혐오감을 가질 수 있지만 동물은 그렇지 않은 상황에서, 인간과 동물의 욕망이 서로 다르다는 점에 어떤 방식이라도 있는 것일까? 왜 우리 인간은 욕망을 억제하기 위해 포만감 외에도 혐오감을 필요로 하는가? 그리고 왜 우리는 실제로 영양분이 많고 독성이 전혀 없는 것들에 대해서도 혐오감을 느껴야 하는 것일까?

동물의 욕망과 비교하여 인간 욕망의 범위 안에 그 답이 있다고 제안한다. 인간의 욕망은 무한한 범위로 뻗어나가는 경향이 있어서 그것은 과도하고, 탐욕스럽고, 통제되지 않는다. 우리는 모든 것을 원하려 들고 지금 당장 원한다. 항상 최고로, 가장 크고, 가장 비싸며, 가장 많이 찾는, 가장 바람직하고, 가장 자극적으로 타락한 것을 원한다. 우리는 음식, 섹스, 명성, 돈, 부동산, 폭력, 그리고 심지어 도덕적 차별성에 이르기까지 탐욕스럽다. 언제쯤이면 충분한 건지 결코 알 수 없어 보인다. 우리는 지나치게 탐닉하고, 우리가 씹어 먹을 수 있는 것보다 더 많이 씹으려 들고, 극단으로 취하려는 경향이 있다. 일단 한 가지 식욕이 일시적으로 충족되어도 끊임없이 다른 식욕으로 이동한다. 우리는 결코 우리가 가진 것에 만족하지 않는 것이다.

이는 부분적으로 우리가 미래에 대해 강박적으로 생각하기 때문인데, 내일 어찌 될지 모르기에 우리는 되도록 많이, 오늘 소비하려 한다. 어쩌면 앞으로는 식량이 부족할 수도 있으니, 지금 많이 먹고 할 수 있는 한 최대한 많이 모으려 드는 것이다. 아마도 다음 주에는 섹스를 못할지도 모르니, 우리는 오늘 가능한 한 마음껏 즐겨야 한다. 게다가 유한성에 대한 생각에만 국한되는 것도 아니다. 우리는 바라는 것들이 무한히 공급되는 것을 상상해 내며, 어떤 유한한 숫자도 우리의 상상력을 제한하지 못한다. 우리의 욕망은 본질적으로 무한하고 억제할 수 없기에, 우리는 항상 더 많은 것을, 훨씬 더 많이, 그리고 더 크게 원한다. 그러므로 우리는 과잉, 필요성, 그리고 조급한 소비 지향에 빠져 있다. 할 수만 있다면 우리는 온 우주를 다 집어삼켜 버릴 것이다! 우리가 무차별적으로 원하는 대상들을 추구하고 원하는 것을 더 많이 얻을 수 있게 되면, 욕망은 일반적으로 우리를 문란한 방향으로 이끌게 된다. 이는 분명히 섹스에도 적용되지만, 음식에도 적용된다. 우리는 잡식성이라 매우 다양한 종류의 음식을 먹을 수 있고, 인간의 성관계는 잘 알려져 있듯이 매우 유연하고 개방적이다. 우리는 다양성, 참신함, 모험을 갈망하기에, 단지 똑같은 것을 더 원하지 않는 것이다. 우리는 무슨 일이든 시도하려 들고, 어떤 길이든 갈 것이며, 절대 포기하지 않을 것이다. 우리는 갈망하고, 노력하고, 다시 갈망하고, 또 더 많이 노력한다. 우리는 욕망의 미친 춤을 결코 멈추지 못한다. 우리는 한계를 모른다. 우리는 걷잡을 수 없이 빙빙 돌아가는 욕망의 소용돌이 속에서 길을 잃는다.

　물론 이러한 식욕 과잉은 우리 본성의 일부분일 뿐이다. 반면에, 우리는 과잉을 억제하려 하고, 온건해지며, 신중하고, 안전을 추구하는 경향도 있다. 우리의 욕망은 무궁무진할 수도 있지만, 우리는 또한 욕망에 굴복하는 것이 신중하지 못하고 도덕적으로 좋지 않을 수 있다는 것을 깨닫는다. 당신은 걸어 다니지도 못할 정도로, 풍부한 음식으로 가득 채우고 싶어 할지 모르지만, 그러면 후에 그 대가를 치러야 한다. 당신은 영주처럼 취하고 싶을지도 모르지만, 숙취에 대한 생각이 당신의 열정을 억제할 것이다(적어도 가끔은). 그래서 우리는 과잉과 절제 사이에서 줄타기하고 있다. 우리는 영원히 자신을 억제하고 통제한다. 방탕한 욕망의 크기는 강인한 의지를 필요로 한다. 이는 과잉을 억제하는 수단으로 혐오감이 생긴 거라는 가정을 제시한다. 혐오감은 우리의 과도한 성향을 상쇄하는 데 필요한 강력한 힘이다. 그것은 우리가 모든 적절한 구속의 끈을 끊기 위해 애를 쓸 때, 우리가 궤도를 벗어나지 않게 한다. 따라서 혐오감은 우리의 과도한 구성으로 앞서는 경향, 즉 무한한 과잉 때문에 존재한다. 혐오감이 없다면, 과잉이 우리를 이길 것이다. 가장 단순하게 말해서, 혐오감은 우리가 독이 있는 음식을 먹지 않도록 막기 위한 것이 아니라, 우리가 좋은 음식을 너무 많이 먹지 않도록 하기 위해 존재한다. 음식은 괜찮은 것이지만 과장된 욕망은 재앙이 되어 우리를 위협한다. 우리는 우리에게 적정한 선보다, 즉 우리가 감당할 수 있는 것보다 더 많은 것을 원한다. 우리의 지나친 욕망은 우리를 특정한 방향으로 강하게 밀어붙이고, 그러면 혐오감은 이러한 욕망을 억제하기 위해 개입한다. 과도한 욕망이 이미 생겨나 불행한 결과를 초래했기 때문에 혐오감이 종에서 발생했고, 우리는 의지만으로는 우리 자신을 억제할 수 없으므로, 유전자(또는 문화)가 우리를 억제하는 감정적 메커니즘을 발굴해 낸 것이다. 난잡하기가 끝이 없고 부주의한 인간의 탐욕과 싸우기 위해 혐오감이 생겨났다. 일단 혐오가 발생하면, 혐오는 유추 또는 연상을 통해 새로운 대상을 받아들이고 다양하게 변화하며 변이할 수 있다. 그러나 원래의 혐오 대상(가설에 따르면)은 우리가 건강하지 못하게 탐욕을 품고 있었던 대상들이었다.[1]

---

1 일반적인 요점은, 모든 적응이 동물의 물리적 또는 사회적 환경에 대한 것만은 아니다. 일부는 동물 자체, 심지어 특정한 심리 구조에 대한 적응도 있다는 것이다. 동물의 특성이 그 동물의 생존과 반대되는 경우라면, 해당 특성에 대한 적응이 문제의 특성에 대처하

그 가설에 대한 증거는 간단하고 놀라운 사실에서 찾을 수 있는데, 우리는 일단 원하는 것으로 채워지면, 일반적으로 원하는 것에 대해 혐오감을 느낄 수 있다는 것이다. 즉, 아무리 맛있는 음식이라도 이미 배가 부르다면 우리를 역겹게 만들 수도 있다. 처음부터 19번째 굴까지 굉장히 즐겼음에도 불구하고, 20번째 굴부터는 혐오감을 느끼게 되므로 구토마저 일으킬 수 있다. 성은 세상에서 가장 매력적인 것으로 여겨질 수 있지만, 우리가 그것에 충분히 빠지고 난 뒤라면, 매력은 혐오감으로 바뀔 수 있다. 만약 우리가 지나치게 탐닉하게 되면 혐오감이 생겨나기 쉽고, 과도한 욕망이 허용되면 우리의 탐닉은 흔히 과도해지는 것이다. 원하는 대상이 그 자체로 독성이 있거나 건강하지 않다는 것은 아니다. 불건전하고 건강하지 못한 것은 극단적인 우리 욕망이다. 만약 혐오가 아니었다면, 우리는 폭발할 때까지 과도한 욕망에 따라 행동하거나 지칠 대로 지쳐버렸을지도 모른다.[2] 음식이 너무 맛있거나, 접시가 너무 꽉 차거나, 요리 코스가 너무 많을 때처럼, 과식 그

는 방법(직접 문제를 제거할 수 없는 경우를 가정)으로 진화했을 것이라 여겨진다. 이것이 필자가 인간 욕망의 사례에 대해 제안하는 것으로, 욕망의 과잉은 동물의 행복을 위협하지만, 욕망이 간단히 제거될 수 없기에, 그것을 억제하기 위한 새로운 심리적 특성이 생겨난다. 그리하여 그 특성은 동물이 그렇게 과도하게 원하는 것에 대한 혐오이다. 즉, 혐오감은 인간 동물의 심리적 특성에 적응하는 것이다. 그런 적응을 한 동물들은 그렇지 않은 동물들보다 현실에 더 잘 적응하기 때문에 널리 퍼지게 된다. 한 종은 환경에 대처하기 위해 많은 변화를 겪을 수 있는 만큼, 자기 자신에게도 대처하기 위해 변화를 겪어낸다. 적응에 대한 적응이 있을 수 있는 것이다(그런 식으로 무한하게). 우리는 실제로 동물의 본성이 적응해야 하는 환경의 일부라고 말할 수도 있다.

2 포만감이 우리를 멈추게 하기에 늘 충분한 것만은 아니라는 것을 주목해야 하는데, 우리는 종종 "과식한다는" 그런 느낌이 있는데도 계속할 때가 있다. 이 점이 바로 혐오가 욕망을 억제하려고 강력한 힘을 더하게 되는 지점으로, 우리가 지금까지 그토록 강하게 원했던 것에 대한 끔찍한 반감을 키워낸 것이다. 포만감을 느껴서 먹는 것을 멈추는 것이 아니라, 적극적으로 더 이상 음식 가까이에 있는 것을 원하지 않는 것이다. 당신은 접시를 밀어내고 심지어 그 냄새조차 견디지 못한다. 동물들은 음식을 그렇게 자주 접하지 못하기 때문에 이는 방금 마구 먹은 음식에 대해 느끼게 되는 동물의 행동으로 보이지는 않는다.

자체는 혐오로 경험될 수 있다. 지나치게 단 음식이나 기름기가 많은 음식은 흔히 혐오스러운 것으로 여겨진다. 단맛과 지방은 모두 훌륭한 영양소이지만, 좋은 것일지라도 너무 많으면 안 좋을 수 있다. 탐욕은 좋은 것을 너무 많이 요구하는 것이고, 혐오는 욕심을 억제하려는 거부 반응이다. 혐오는 욕망을 거칠게 움켜쥐고 붙잡으며 우리를 우리 자신에게서 구해낸다.

하지만 어떻게 혐오의 기원과 기능에 대한 과잉 이론이 우리의 패러다임 사례인 시체와 대변에 적용될 수 있는가? 여기서 우리는 선사시대, 원시 인류 사회의 길로 되돌아가 생각해 봐야 한다. 그리고 우리는 대담해져야 할 필요가 있다. 성욕과 배고픔은 기본적인 동기부여 상태이고, 분명히 매우 강력한 것이다. 인간은 많은 섹스와 많은 음식을 원하는데, 두 가지 모두 부족해질 수 있다. 이런 상황이 되면 인간은 지나친 욕망으로 넘쳐나기 시작하여 임신이 가능한 성인 외에도 더 많은 것과 성관계를 갖고 싶어 하기 시작하고, 또한 먹을 수 있는 것처럼 보이는 것은 무엇이든 먹으려 들 것이다. 필자가 무슨 말을 하고자 하는지 이해할 수 있을 텐데, 초기 인류가 시체와의 성관계를 원했고 대변을 먹고 싶어 하기 시작했다는 것이다. 아니 어쩌면 우리의 혐오 이전의 조상들을 자극한 것은 부족함이 아니라 단순한 탐욕때문이었을지도 모른다. 그들은 단지 다양하게 순차적으로 점점 더 많은 것을 원했을 뿐이고, 얻어내는 방법에 대해서도 그다지 개의치 않고 가리지도 않았다. 그러므로 인간이 진화를 겪는 이 시점에서, 우리는 혐오 반응이 마련됨이 없이, 도처에 있고, 속박되지 않으며, 무차별적인 욕망, 즉 생물학적 필요성을 넘어서고, 이성 너머의, 온전한 정신을 뛰어넘는 욕망의 자유로운 발산을 상상해야 한다. 따라서 초기 인류는 시간증(屍姦症)과 식분증(食糞症)(혹은 썩은 인간의 살을 먹고 싶어 할 수도 있다)에 유혹되었고, 그래서 그들이 그런 유혹에 굴복한 것이라 추측해 볼 수 있다. 그 결과 단순히 건강에 좋지못한 상태로 이어지지 않았을 수도 있다. 원했던 대상들이 독성이 없거나 위험하지 않을 수 있는 것이다(일부 동물은 결국 자신의 대변이나 다른 종의 대변을 먹는데, 대변에는 일부 영양소의 가치가 있다). 그럼에도 불구하고, 문제의 그 욕망은 과도하고 (너무 세세하게 지적하고 강조하지 않아도) 광적이어서, 심리적 행복, 안정 등에 도움이 되는 건 아니다. 아마도 정신병리학적 영향 때문에라도 그런 욕망은 억제될 필요가 있다. 우리 초기 인류는 많은 점에서 우리를 닮았다는 것을 기억하라. 그들도 도덕성, 미적 감각, 번성하는 공동체적 방식, 자기 존중, 그리고 자기혐오를 가지고 있다. 시체와 섹스하고 똥을 먹는 방식으로 과도한 욕망에 굴복하는 것은 본성의 다른 측면과 잘 맞지 않는다. 그들은 갈등하고, 혼란스럽고, 불쾌하고, 불안정하면서도 계속 쫓기는 느낌을 받게 된다. 특히 근친상간성 시간증과 식분증은 그들의 더럽혀진 영혼에 격렬한 감정적 폭풍의 혼란을 유발한다. 그들에게 광기가 다가옴을 느낀다(그리고 스쳐가는 모든 욕망에 굴복하는 것은 광기의 분명한 징후가 아닌가?). 어쩌면, 다른 더 많은 유익한 옵션, 즉 살아 있는 인간이라든지, 견과류, 베리류를 추구할 수 있을 때보다 이런 욕망을 추구하려면, 단지 너무 많은 시간과 에너지가 소모될 수도 있다.[3] 요는 욕망이 과도해서 본성의 다른 측면에 의해 제약을 받게 되었고, 그런 미친 욕망에 굴복하는 것은 당신에게 좋지 않다는 것이다. 그것은 확실히 많은 인간의 욕망에 해당되는 것으로 보이는데, 그 욕망들은 과장되고, 전복적이며, 균형이 맞지 않는다(어떤 대가, 구속 따위를 치르더라도 얻고자 하는, 현 시기의 유명 인사와 명성에 대한 욕망

---

3 이런 선택은 흥미는 좀 떨어져도, 심리적인 면에서는 더 안전한 것이다. 그리고 우리는 여기서 인간 욕망의 또 다른 특징인 성적 흥분에 대한 욕망을 만나게 된다. 우리는 새로운 것, 특이한 것, 위험한 것을 추구한다. 원하는 것을 얻는 것만으로는 충분치 않고 그에 대해 흥미를 느낄 수 있어야 한다. 이것이 규정과 금지 사항을 침범하고 싶어 하는 위반 욕구에 불을 지필 수 있다. 그래서 예를 들어, 시간증이 확실히 그런 경우가 된다. 그럴 때, 혐오감은 성적 흥분의 원인이 되는 욕망을 억제하는 데 작용할 수 있다. 다시 한 번 동물들을 우리 방식의 "감각추구자"라 칭하는 것은 의심스럽다. 동물은 긴진한 생물이지만 우리 인간들은 그렇지 못하기 때문이다.

을 생각해 보라). 그리고 만약 포만감과 좋은 판단력이 그들의 길을 막지 못한다면, 좀 더 직설적이고 더 강력한 무엇인가가 필요할 것이다. 여기에서 혐오가 생긴다. 우리가 어떤 것에 혐오를 느끼면, 우리는 그것을 원하지 않게 될 것이다. 그래서 유전자(또는 사회적 조절)는 정신을 압도하며 위협하는 과도한 욕망을 억제하기 위해 개입한다. 그렇지 않았다면 먹거나 간통하고 싶었을 어떤 것, 즉 대변과 시체에 대해 현재 우리는 혐오감을 느끼는 것이다. 우리의 "자동적 기본 조건"은 자만에 찬 무분별한 욕망이다. 하지만 이는 우리나 다른 사람들에게 좋지 않기 때문에 우리의 과잉을 억제하기 위해 혐오감이 발생한다. 혐오감은 우리의 제멋대로인 성향, 무질서한 욕구를 따르지 못하게 한다. 동물의 식욕은 좀 더 합리적이고, 유한하며, 실용적이기 때문에 동물은 혐오감을 경험하지 않는다. 그러나 인간의 식욕은 어리석고, 무한하며, 경솔할 수 있기 때문에 그것이 더 거칠게 나타나지 않도록 억제할 어떤 것이 필요하다. 우리의 식욕은, 자신의 기호에만 맡겨진다면, 광기, 붕괴, 그리고 사회적 혼란 상태를 초래할 수 있다. 그러므로 식욕은 적절하게 강력한 대항력으로 통제되어야 한다. 혐오감은 인간 심리의 한 측면, 즉 우리의 제어 안 되는 욕망을 다루기 위해 진화한 적응이다. 강박과 집착은 종종 개인에게 극심한 피해를 주는 인간 감정 영역의 일부로서, 강력한 혐오적 성향이 제자리에 없다면, 이러한 특징들은 시간증과 식분증으로 이어질 것이라는 것을 쉽게 상상할 수 있다. 인간의 욕망은 동물의 욕망과는 달리 그렇게 변형되고 과장되기 쉽기 때문에 혐오감은 그런 것을 억제하려고 시도하는 자연의 방식이다. 그때, 일단 혐오감이 마음을 장악하면, 그것은 날아 올라갈 수 있고 다른 대상과 역할을 맡게 된다. 하지만 우리가 고려하고 있는 가설은 처음에 혐오감이 식욕 과잉을 제지하기 위해 작용했다는 것이다. 만약 우리의 욕망이 항상 분별력 있고, 제한적이며, 제정신이었다면, 우리는 시체와 대변을 무시하며 성욕과 미각적 욕망의 대상으로 삼지 않았을 것이고, 그 대신에 살아 있는 사람들과 평범한 음식 재료에 초점을 맞추었을 것이다. 그러나 인간의 욕망은 걷잡을 수 없고, 광범위하며, 무한하고, 결코 만족하지 못하며, 새로움과 도전을 영원히 추구한다.[4] 우리는 체질적으로 호기심이 많고 혁신적인 종이며, 항상 새로운 것을 시도할 준비가 되어 있고, 남이 많이 가는 길로 나서길 꺼려하므로, 우리의 욕망은 이런 호기심을 반영해 준다(동물들은 단지 똑같은 옛길을 찾아 나선다). 종종, 우리의 욕망은 비뚤어지고 반항적이며, 규칙과 규정, 그리고 오래된 습관에 참을성이 없다. 내재된 상쇄력이 없었다면, 아무리 특이하고 비합리적인 것이라 해도, 욕망은 거의 모든 것을 하도록 부추겼을 것이다.[5] 혐오의 힘은 그런 것이다. 혐오는 인간의 정신 그 자체를 감시하고 스스로 장벽을 세우게 한다.

인간의 욕망이 왜 그렇게 제멋대로 이고 제지력이 필요한 건지는 다른 문제이다. 이는 인간의 상상력과 지성, 그리고 미래에 대해, 가능성과 죽음에 대해 우리가 이해하는 것과 관련이 있을 것이다. 동물에게는 그런 것이 전혀 없기 때문에 그들의 욕망은 실용적이고 근거가 있다. 우리의 욕망은 훨

---

4   이는 필자가 앞서 언급했던 혐오 대상에 대한 깊은 양면성을 설명할 수 있을 것인데, 우리는 처음에 시체와 배설물에 끌렸다가 나중에는 그것에 등을 돌린다. 혐오감은 자기 통제의 장치로서 선조들이 느끼는 매력에 적용되었다. 그러나 혐오감은 현대인의 마음속에도 내재된 매력을 상쇄할 만큼 충분한 반감을 드러내므로, 일종의 완화 작용을 하게 된다. 이제 그 매력은 아마도 지금 우리 종의 과거에 대한 희미한 기억에 불과하겠지만, 당시에는 지배적인 심리적 힘이었을 것이다.

5   필자가 이드, 자아, 초자아를 재발견한 것일까? 어떤 의미에선 그렇겠지만 프로이트가 상상한 성적 이드, 자아, 초자아는 아니다. 필자가 프로이트(그리고 많은 다른 사람)로부터 물려받은 것은, 어떤 식으로든 길들여야 할 필요가 있는, 욕망의 원천적 저장고 역할을 하는 이드(id)에 대한 생각이다. 프로이트가 초자아를 구상한 것처럼, 혐오와 초자아 사이의 관계에서, 사회가 가르친 도덕적 감각과 혐오의 능력을 동일시하는 것은 분명히 잘못된 일일 것이다. 게다가, 필자는 원시적인 욕망이 동물의 욕망처럼 야만적이고 본능적이라고 보지 않는데, 오히려 반대로 그것이 인간과 동물을 구별하는 것으로, 지성, 언어, 그리고 상상력과 같은 인간의 특별한 특성에서 비롯된다고 본다. 그러나 욕망과 혐오 사이의 구조적 관계는 프로이트가 이드와 초자아 사이에서 상상했던 것을 반영한다.

씬 더 유연하고 자유롭지만, 또한 더 무질서하고 불안정하다. 상상력과 가능성에 대한 인식이 부추긴 인간 정신의 바로 그 자유 덕분에, 우리는 다른 동물들이 꿈꾸지도 못했던 종류의 욕망을 만들 수 있게 되었다. 어떤 동물이 억만장자나 록 스타, 아니면 연쇄 살인범이 되고 싶어 하겠는가? 하지만 인간은 아무리 극단적이고 기괴한 것이라도, 상상할 수 있는 것은 무엇이든 바랄 수 있다. 선이든 악이든 그것이 우리를 인간답게 만드는 부분이다. 필자가 (잠정적으로) 제안하는 것이긴 하지만, 이런 종류로 증폭되고 증가된 욕망 때문에 혐오감은 우리에게만 있는 독특한 것이다. 물론 이 이론은 매우 사변적이지만, 필자는 혐오의 기원과 기능에 대해 약간 개연성마저 있어 보이는 다른 이론은 알지도 못하므로, 필자는 이 이론을 고려해 볼 만한 가치가 있는 것으로 제시한다. 적어도 이 이론은 혐오감을, 인식 가능하게 그리고 구분할 수 있게 인간적인 것 안에 위치시켜 파악하고 있으며, 혐오를 혐오 그 자체만큼이나 극단적인 심리 현상에 연관시킨다. 어떤 의미에서, 우리가 정말로 혐오스럽게 여기는 것은 욕망의 병리학적인 면에서 보게 되는 우리 자신이다. 혐오감은 참으로 방어적인 반응이지만 그 방어는 우리 자신의 무모하고 위험한 심리에 대한 대항인 것이다.[6]

---

6 혐오감 같은 자기 방어적 반응 외에 다른 형태의 자기 방어적 반응이 또 있을까? 명백하게 제시할 수 있는 건 죄책감이 될 것인데, 우리는 도덕적으로 나쁜 행동을 하고자 하는 성향을 억제하기 위해 죄책감을 느낀다. 어려웠던 옛날 시절에, 우리는 단지 무질서한 욕망에 따라 나쁜 행동을 했을 뿐이지만, 이로 인해 다른 사람들의 반응에 주로 부담을 느끼게 되면, 부도덕한 욕망을 억제하는 방식으로 죄책감이 진화하게 된다. 그다음으로 찾아볼 수 있는 것은, 그리 확실하게 드러나는 건 아니지만, 자주 불안한 내용의 꿈에 대한 기억을 잊어버리게 되는 성향이 될 수 있다. 우리 조상들은 꿈을 꾸고 나서 생생하게 기억하곤 했지만, 불안한 꿈의 기억을 견디기 어렵게 되자, 인간 종은 꿈을 기억하지 못하는 메커니즘으로 진화했다. 일반적으로, 인간은 다른 동물들과는 달리, 내재된 통제력을 필요로 하는 심리를 가지고 있다. 통제하려 드는 적이 내 마음의 성문 안에 자리 잡고 있는 것이다.

혐오 감정의 힘과 강렬함을 상기시키는 것으로 이 책의 1부를 마치고자 한다. 혐오는 심리 깊숙한 곳까지 파고들어, 그 안에 오래 머물며 곪아 터지게 되는 상처로 남을 수 있다. 필자는 캘리포니아 버클리에서 돈을 구걸하는 히피 노숙자를 얼핏 본 적이 있는데, 지저분하고 더러워진 엄청난 크기의 회색빛이 도는, 끈적끈적한 벌레 같은 코딱지가 말 그대로 그의 코에서 흔들거리고 있었다. 필자는 그 자리에서 거의 토할 뻔했다. 며칠 동안 구역질나는 그 광경을 상기할 때마다 먹지도 못했다. 그리고 지금까지 많은 해가 흘렀는데도, 그 기억은 여전히 내 뱃속을 울렁거리게 한다. 눈에 드러난 그 이미지는 마치 내장을 칼로 찌르는 것 같았다. 그러니 조나단 스위프트(Jonathan Swift)의 사랑하는 사람에 대한 유명한 대사가 있는 것이다. "내가 미치는 게 당연하지, 오! 카엘리아, 카엘리아, 카엘리아 똥!" 혐오감은 정신착란, 심지어 광기로 이어질 수 있는데 이 때문에 독재자들은 "영혼 파괴를" 위해 혐오감을 이용한다. 지옥이란 분명 고통뿐만 아니라 끝없는 혐오의 장소이다. 혐오감은 우리를 강타하고 우리를 혼자 내버려두지 않으려 한다. 그것은 매우 독특한 느낌이면서 상당히 불쾌한 것이다(정확히 고통스러운 건 아니지만). 그것은 마음속에 울려 퍼지며 못 견디게 하고 억누를 수 없게 만든다. 혐오를 최소한으로 느끼고 싶은 순간조차(예를 들어 장례식에서) 가끔 혐오가 가장 크게 밀려오는 바람에 우리는 역겨운 증상을 억누르기 어렵다. 혐오는 자신의 몸속 구석구석까지 파고드는 타 들어가는 듯한 격한 감정이다. 멈출 수 없는 힘이며 절망에 가까운 것이다. 칼처럼 난도질한다. 혐오는 우리를 무력한 희생자로 만드는 것이다. 이 책 2부에서 필자는 혐오감이 자신에 대한 개념으로부터 어떻게 발생하는지, 즉 인간의 본성에 대해 우리에게 말해 주는 바는 무엇인지 더 깊이 탐색해 보고자 한다. 그것은 혐오 그 자체만큼이나 불안한 어떤 면모를 우리에게 알려줄 것이다.

The Meaning of Disgust

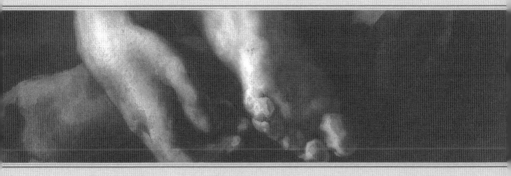

제7장

우리의 이중적 본성

데카르트(Descartes)는 인간을 마음과 몸이라는 두 부분으로 나눈다. 마음의 본질은 생각이다. 몸의 본질은 확장이다. 마음은 특정 기능 기제인 메커니즘의 범위에서 제외되지만 몸은 메커니즘의 영향을 받는다. 이 말은 인간의 몸이 일반적으로 기계라든가 순전히 무생물처럼 다른 확장된 몸체와 함께 분류된다는 것이다. 물리학은 모든 확장된 몸을 동등하게 다룬다. 우리의 몸을 확장시켜 생각해 보면 우리는 몸이 다른 조직의 기계적이거나 지질학적, 또는 천문학적인 것과 연관된다고 생각한다. 메커니즘은 물리학 분야의 한 이론으로 그 의미가 퇴색된 지 오래지만, 인간의 몸이 다른 "물리적인" 몸체와 연속되어 있다고 생각하는 성향은 여전하다. 한 관점에서 보면, 이 말은 틀린 말이 아니다. 그러나 이는 우리의 감정적 관계와 결부되면서, 인간 몸에 대한 중요한 사실을 모호하게 만든다. 다시 말해 몸은 유기적이고 생물학적인 조직체이기 때문에 혐오 대상이 된다는 사실이다. 기계나 산, 별에 대해 혐오스러운 것은 없지만 인간의 몸은, 일반적인 유기적 조직체와 마찬가지로, 혐오에 대한 재능을 가지고 있다. 우리는 우리 자신을 "기계 속의 유령"이라고 생각하지 않는다. 그 이유는 자신을 "유령 같은(무형의, 비실재적인)" 것으로 생각하지 않을 뿐만 아니라 인간의 몸을 자동차나 로봇과 같은 인간 공예품과 비슷한 의미로 여겨지는 "기계"로 생각하지도 않기 때문이다. 기계와 유기적인 몸에 대한 우리의 태도는 상당히 다르다. 데카르트의 구상은 이런 결정적인 차이를 간과했고, 그래서 우리가 몸과 맺게 되는 바로 그 특별한 관계성을 포착하지 못했다.[1] 간단히 요점을 말하자면, 우리는 단순하게 확장된 것이 아니라 유기적인 존재("배관"을 지닌 존재)로서, 우리 몸의 본성으로 인해 혐오를 느낀다. 데카르트의 철학은 항문을 생략했다. 몸을 보는 그의 관점은 건조하게 멸균 처리된 추상적인 것이다. 몸의 확장성은 지적 의식의 존재인 우리에게 감정적인 문제가 아니지만, 몸에 대한 혐오는 감정적인 것이다. 우리는 몸이 그 스스로 어떤 이원성을 드러낸다고 말할 수 있을 것인데, 한편으로는 확장과 움직임 같은 비혐오적인 속성들과 또 다른 한편으로는 소화나 피투성이 같은 혐오적인 성질을 말한다. 만약 우리가 우리 자신에 대한 느낌을 이해하고자 한다면 우리의 감정적 **환경**을 알아보는 것이 중요하다.

데카르트의 이원론은 명백한 이중성을 구체적으로 드러낸다. 우리 본성의 한 측면은 "정신", "영혼", "자아", "마음", "인성", "의식"과 같은 꼬리표가 붙는다. 이런 방식을 따라 우리 자신에 대해 생각해 보면, 다음과 같은 부수적인 개념과 범주로 확장된다. "상징적", "규범적", "이성적", "자의식적", "자

---

1 필자는 데카르트가 그 차이를 몰랐다고 생각하지 않는다. 그는 몸이 겉보기와 달리 마치 기계처럼(접촉이나 원인 등의 법칙 지배를 받으며) 작동한다는 것을 제시하고 있었다. 그 반대의 충동은 일반적 본성을 하나의 유기체로 간주하는데 그것은 아리스토텔레스의 자연적 목적론이 늘 그렇게 적용해 왔던 방식이었다. 필자는 데카르트의 기계적 이론에 관해 동의하지 않는 건 아닌데, 단지 여기서 주목하는 것은 그것이 현상학적으로 오해의 소지가 있다는 것으로, 유기적인 것과 비유기적인 것은 우리에게 전혀 다른 것으로 다가온다는 사실이다.

유로운", "문화적", "반성적", 그리고 '초월적'으로 묘사되는 것이다. 이러한 측면에는 우리의 지적 능력과 언어 능력뿐만 아니라 윤리적, 미적 감각도 있다. 우리는 우리 자신에 대한 이러한 측면을 가치 있게 여기며 심지어 인간을 신성한 존재와 비유하기도 한다. 즉, 자기만족 방식으로, 우리 자신을 "신 같은" 것으로 간주하며 인간을 다른 동물과 부당하게 비교하는 것이다. 그러나 우리는 훨씬 덜 자랑스럽게 여기는 또 다른 측면, 즉 몸과 관련된 측면이 있음을 인정해야 한다. 이 측면은 "유기적", "동물", "생물", "생물학적", "법이 적용되는", "분해 가능한", "유한한", "비열한", "지독한" 등 여러 표현으로 특징지어진다. 여기에서 제시되는 관점들의 범위는 노골적으로 적대적인 것부터 약간 비판적인 것에 이르기까지 다양하다. 저항할 수 없는 우리 본성의 이러한 측면은 "더 낮은 것", 즉 축하하거나 자랑할 만한 것이 못 되어, 여전히 신과 비유했을 때 신과 같은 면이 덜한 어떤 것으로 경험된다. 그러므로 우리는 한쪽에 영웅적인 본성을 가지고 있으나 반면 다른 쪽으로는 또 하나의 본성… 뭐랄까, 영웅적인 것보다 덜한(아마도 하위 영웅적일 수도 있음) 본성을 가지고 있다.[2] 그리고 이 두 본성은 신과 같은 것과 동물 같은 것(이를테면)의 불안한 병치 상태로 나란히 존재한다. 전자는 존경심을 불러 모으고 후자는 혐오로 인해 멸시를 당하는데, 유기적인 몸이 혐오감을 이끌어내기 쉽기 때문이다. 우리 몸의 한 부분은 다른 부분, 즉 "좋은" 부분은 다른 "나쁜" 부분으로 인해 혐오를 느낀다. 좀 더 구체적으로 말하자면 영혼을 가진 자는 항문도 가지고 있다는 것인데 이런 자가 생각이라는 것을 하면서도 똥도 싸는 것이다. 그리고 후자 없는 전자는 있을 수 없는 것이라서 우리

---

2 필자는 베커에게서 영웅의 개념을 차용했다. Ernest Beckerd, 1장, 11장을 참조하라. 일반적 생각은 우리가 본성에 있어서 우리에게 특별한 영역이 있음을 부각하며 주장하고 싶어 한다는 것이다. 그러나 우리가 갈망하는 영웅적 위상을 갖게 하거나 위상을 감소시키는 몸이 우리를 성가시게 한다. 내면의 영웅은 반영웅의 몸이라는 옷을 입고 있는 것이다.

본성의 "훌륭한" 부분은 "더러운" 부분에, "더 높은" 부분은 "더 낮은" 부분에 의존하게 된다. 우리는 늙은 피부처럼 더러운 본성을 벗어던질 수 없는데, 왜냐하면 그것이 없으면 우리는 전혀 존재할 수 없기 때문이라, 어떤 성형수술도 우리의 정체성에서 나오는 혐오를 제거할 수 없다. 게다가, 더러운 것들은 계속해서 피할 수 없는 현실과 함께 훌륭한 것들을 대면하므로 우리는 존재론적 뿐만 아니라 인식론적으로도 그것에 묶여 있다. 우리는 혐오스러운 존재이고 이에 대해 알고 있으며 뼛속까지 그렇다는 것을 알고 있지만, 우리는 자신이 그것보다 훨씬 더 높은 존재라 느끼고 그래서 본질적으로 그것의 바깥에 있는 존재로 생각한다. 우리는 모든 혐오에서 자유스러운 우리 존재에 대한 주머니, 즉 우리에게는 "자아" 또는 "영혼"(그 "인간"이란 존재는 몸을 너무 많이 끌어들여 말하는 것 같다)이라고 부르는 부분이 있다고 주장한다. 사실, 우리는 혐오와 접촉하지 않는 순수한 핵심의 일종인 우리 존재의 한 부분을 조각하기 위해 영혼에 대한 생각을 정교하게 조작해야 했던 건지도 모른다. 우리는 확실히 우리 몸 전체의 본성 내에 있는 역겨운 물질로 둘러싸여 있지만 우리는 그래도 그 물질들을 초월하는 무언가가 우리 안에 있다고 느낀다. 그래서 우리는 유기적 영역 밖에서 완전히 신과 유사하게 서 있을 수 있도록, 모든 혐오 요소와 무관하게 규정되는 "영혼"에 대한 생각을 고안해 낸다.[3] 그 신 자체의 개념은 특별히 생물학적 본성의 상스러움을 피하기 위해 고안된 것처럼 보인다. 그리고 우리는 우리 본성 안에 하나의 신성한 요소가 있음을 확인함으로써 그 매혹적인 영역 안에 우리들의 자리를 예비해 둔다. 영혼은 인간의 신성한 부분이라 그것에 달라붙으려 하

---

3 영혼은 닦아낼 필요가 없는 우리 자신의 일부이다. 영혼은 본래 깨끗한 존재이기 때문이다. 따라서 영혼은 처음부터 끝까지 아름다울 수 있는데 몸은 절대 그럴 수 없다. 예술(특히 종교 예술)에서의 몸은 단지 예술의 본질적 관심사인 영혼을 상징할 뿐이다. 몸은 그저 영혼이 살아 있는 동안 쓰기로 되어 있는 괴상한 가면에 불과한 것이다.

는 혐오적 물질이 없고, 따라서 심장이나 뇌와 같은 어떤 것과 동일시될 수 없으며, 생물학적 조직체 전체와도 동일시될 수 없음은 더 말할 나위도 없다. 여하튼, 인간이라는 동물은 자신을 혐오스러운 것과 영웅적인 것의 혼합이라고 스스로 생각한다(내가 제시한 방식대로). 우리는 우리 자신이 서로 떼어낼 수 없는 양쪽 영역에 동시에 걸쳐 있음을 경험한다.

어떤 순간에 인간은 자신을 거부하면서도 또 다른 순간에는 자기 자신에 대한 찬사를 불러일으킨다. 우리는 "영혼적인" 면에서 우리 자신을 존경하지만 우리의 악취 나는 오염된 면에 대해서는 스스로를 경멸한다. 그러므로 인간으로서의 우리의 본성은 역설적이고, 부조화스럽고, 불협화음이면서, 어울리지 못하고, 분리되고, 분열되며, 모순적이고, 혼합적이며, 불일치되면서, 모호한 존재로 묘사될 수 있다. 우리는 서로 반대되는 요소들의 합성체이며, 이질적인 요소들의 종합이다. 우리 자신에 대한 감정적인 반응은 사랑과 증오, 끌림과 배척, 자아도취와 절망 따위의 부조화를 반영한다.[4] 신성한 시적 발언이 초월적인 영혼으로부터 나오다가도 반면 동시에 소화기관의 악마가 조롱이라도 하는 듯 방귀가 톡 쏘며 항문을 빠져나가는 것이다. 우리 본성의 두 측면은 서로 융합되지만 각기 자신의 방향으로 당기며, 반대편을 향해 손가락을 흔든다. 우리의 훌륭한 면은 우리의 혐오스러운 면을 개탄하는 반면, 우리의 혐오스러운 면은 우리의 훌륭한 면을 끌어내리려는 의도가 있어 보인다. 우리는 중간에 사로잡혀 있다. 동물들과 유아들은 그들의 본성에 대해 그런 양면성을 느끼지 않는다. 혐오감은 그들에게 이질적이기 때문이다. 문제의 그 이중성은 그들의 생각과 감정을 좌지우지하지

---

4   우리는 마치 그것들이 서로 아무런 관련이 없다는 듯이, 우리 영혼인 것에 대해서 긍정적인 태도를, 우리 몸인 것에 대해서 부정적 태도를 단지 즐거운 마음만으로 결합시킬 수는 없다. 우리는 인간이면서 양쪽 속성의 세트를 가진 집합체이기 때문이다. 그러므로 필자는 위대하기도 하면서 추잡하기도 한 양쪽 사람이다. 그러므로 나는 반대되는 속성들을 단일 실체 안으로 결합시켜야만 한다. 달리 말하면, 내 몸은 그런 몸인 것이다.

않는다. 신들 또한 그러한 거리낌으로 고통 받지 않는다. 그들에게는 유기적인 본성이 없어서 혐오할 것도 없기 때문이다. 모든 자연(그리고 초자연적)의 존재들 중 오직 다 자란 인간 존재들만이 이러한 어색한 분열과 비참한 불협화음을 느낀다. 우리는 잘 알려진 대로, "똥을 싸는 신"이며 우리의 독특한 지위를 너무 잘 알고 있을 뿐이다.[5] 또 다른 이미지로 우리는 철학을 하는 벌레이다. 우리의 타고난 혐오스러움에 갇혀 있으면서도, 우리는 위대한 것을 열망하는 자들이며, 심지어 그것을 성취해 내는 자들이다. 우리는 우리 안에서 빛나고 있는 위대함을 느끼면서도 동시에 우리는 단순한 유기체로서 우리 본성의 추잡함에 밀려 압도당한다. 우리는 일종의 존재론적 모순 상태로 존재하는 것이다.[6]

의식은 그 자체로 분열된 본성에 대한 감각을 조장한다. 존재론적으로, 의식은 감각을 혐오할 수 있는 그런 종류의 것이 아니다. (물리적) 혐오감을 생각, 감각, 감정, 행동의 의지, 즉 의식 탓으로 돌린다면 범주적 오류가 될 것이다. 의식은 그것의 외부에 존재하는 것으로 유기체를 초월하는 존재로 우리에게 다가온다.[7] 내부로부터, 의식은 우리에게 우리가 체질적으로 혐오

---

5 이 문구는 Becker, p.58에 나온다. 또한, 우리는 "항문을 가진 신들"이라고 묘사된다.

6 갈등은 1인칭 관점보다 아마도 3인칭 관점에서 좀 더 분명하게 드러날 것인데, 1인칭 관점에서 보면 우리가 느끼는 혐오감이 줄어들기 때문이다. 다른 사람들에 대한 경우에, 우리는 한편으로는 사랑과 감탄 그리고 다른 한편으로는 배척과 혐오 사이에서 갈등을 예민하게 느낀다. 우리가 다른 사람을 얼마나 영웅적으로 보든지, 또 그들이 얼마나 그들 스스로를 눈에 띄게 드러내든지 간에, 그들은 여전히 혐오스러운 몸이라는 끔찍한 평등주의 상황에 종속되어 있다. 아무리 위대하고 아름다운 영혼이 있더라도 당신을 구역질 나지 않게 만들 수 있는 사람은 지구상에 한 사람도 없다.

7 여기서 "물질주의"에 반대하는 입장을 취하려는 것이 아니다. 만약 동일성 이론이 사실이라면, 의식의 상태는 혐오스러운 내부 장기의 상태가 된다. 필자는 의식이 얼마나 단순하게 우리에게 영향을 미치는지, 그리고 그 외양이 어떻게 우리의 개념을 형성하는지 말하고자 한다. 확실하게 우리는 우리의 의식 상태를 두뇌 상태를 혐오하는 것으로 성찰하지 않으므로 사실은 완전히 그 반대인 것이다.

스러운 존재가 아니라는 환상을 준다. 만약 우리가 인간의 몸에 대해 아무 것도 모르고 그래서 우리 자신의 의식적인 생각에 대한 사실들만을 알았다면, 우리가 생물학적인 조직에 둘러싸인 혐오스러운 자루라는 사실도 우리는 결코 추론해 낼 수 없었을 것이다. 이것이 우리가 이성적이고 상징적인 본성에 의해서가 아니라 끊임없이 혐오스러운 본성에 의해 당황해하며 놀라는 이유이다. 간단히 말해, 의식의 중심이면서, 그 또는 그녀가 (또한) 그 안에 끔찍하게 끈적끈적한 느낌으로 새어 나가는 구멍을 가진 썩기 쉬운 봉투라는 것을 누가 일찍이 추측이나 하겠는가? 우리는 그토록 친숙한 우리의 것이라 생각하는 인간 마음의 업적을 적절한 자부심으로 느끼며 대하지만, 이는 또한 우리의 존재가 질벅질벅한 유기체로 판명 난 것에 대한 실망과 결합되어, 우리를 본질에서 동떨어진 존재로 보이게 만든다. 의식은 우리에게 비혐오적인 실제 영역으로 나타나 보이지만, 그 후 우리는 혐오스러운 생물학적 물질로 구성된 또 다른 영역에 얽혀 있다는 걸 다시금 발견하게 된다. 선험적으로 우리는 우리 자신이 우리의 의식적인 중심 안에서 순수하고 깨끗하다는 것을 알고 있지만 이후에 우리는 또한 더러움 안에서 뒹굴고 있다는 것을 발견하게 되는 것이다.[8] 자신감에 찬 귀족(또는 여성)은 초

---

8 즉, 우리는 지식을 습득하는 방식으로 우리의 비혐오적인 의식에 대해 즉각 알 수 있다. 그러나 우리의 혐오스러운 몸의 본성에 대해서는 추론적으로 알게 된다. 우리가 혐오스러운 존재가 아니라는 사실이 밝혀질 수도 있는 것은 그 이유가 마음의 본성이 그렇듯 몸의 본성이 우리에게 주어지는 것이 아니고 몸은 우리가 발견해 내는 어떤 것이기 때문이다. 그래서 우리는 우리의 혐오스러움을 부수적인 것이라고 생각하기 쉽지만 반면에 비혐오적인 의식으로서의 우리의 본성은 필연적인 것이 된다. 말하자면 자기 성찰적 깨달음만 주어진다면, 비록 형이상학적으로는 가능하지 않을 것이라 해도[크립키언(Kripkean)식의 익숙한 이유 때문에라도], 우리가 신이라는 사실은 인식론적으로 가능하다. 그것이 기본적으로 필자가 생각하는 것이다 즉, 우리는 반드시 형이상학적인 면에서 신은 아니다. 그러나 인식론적인 면에서 우리가 신들이라는 사실은(어마어마하게 화려한 것은 아니더라도), (내부로부터) 가능하다.

라하면서도 혐오스러운 뿌리를 가지고 있다는 것을 알게 된다. 의식적 마음의 표면적인 꿩텍 밑에는 더러움이 있시만 의식 그 자체는 더러운 것이 아니다. 우리가 본질적으로 의식적인 존재라는 것 그리고 나서 생물학적인 실체도 된다는 것을 고려하면, 존재론적으로 우리는 스스로가 깨끗하거나 깨끗하지 못하고, 최상급이면서도 동시에 추악한 양쪽 존재임을 경험하게 된다. 인간 의식의 바로 그러한 본능이 필자가 강조하고 있는 우리 존재의 분열을 암시한다. 지각이 없는 벌레 내부에는 그런 분열이 없다. 왜냐하면 그러한 존재는 단지 생물학적 조직에 불과할 뿐인데, 대조적으로 지각 있는 유기체들은 그들의 마음이 위치한 하나의 특권 영역을 포함하고 있기 때문이다. 우리 자신처럼 스스로 사색하는 존재들은 그들의 마음이 (이런 의미에서) 순수하다는 것을 인정하지만, 또한 인정해야만 하는 사실이 더 있는데 그것은 그들의 몸이 더럽다는 것을 인정해야 하고, 그래서 그런 인정이 하나의 실존적 충격, 즉 회복이 불가능한 외상인 트라우마로 다가온다는 것이다. 순수하면서도 세련된 의식이 그 모든 영광과 다양성 안에서 우리가 두뇌라고 부르는 흐물흐물하고 스폰지같이 생긴 성장 내에 그 기초를 가지고 있다는 사실은 환영할 만한 것은 아니라도 놀랄 만한 발견인 것이다. 그것은 우리가 그 의식적인 마음을 순수하게 내부로부터 바라보면서 기대했었던 것이 전혀 아니다.[9] 우리는 유기적인 뇌가 마음의 기초를 형성할 것이라고 상상도 못했던 것이다. 그리고 여기서 그러한 충격은 단지 형이상학적인 것뿐만 아니라 또한 심미적인 것이기도 한데, 뇌라는 것이 감각에는 그저

---

9 신경과학의 매력 중 하나는 확실히 경이로운데 그것은 의식적인 삶이 두뇌처럼 매력적이지 않은 기관에 달려 있다는 사실에 있다. 그것은 그저 너무 놀라워만 보일 뿐이다. 피의 순환이 심장에 달려 있다는 것을 발견하는 것과는 전혀 다르다. 두뇌와 마음의 연결이 결코 지루한 것이 될 수 없는 이유는 그것이 자연의 기적처럼 보이기 때문이다. 기쁨의 감정이 편도체의 신경 자극에 달려 있다는 사실은 얼마나 놀라운 일인가! 그 조그맣고 보잘것없는 세포들의 집합체가 나의 전체 감정의 웰빙에 대한 책임을 지고 있다는 것이다.

아주 혐오스럽기 때문이다. 그것이 똥 무더기를 닮았다고 하는 말은 절대 아니다! 의식은 내면으로부터 그 자체에 대해 전혀 다른 설명을 해주기 때문에 우리가 어떤 종류의 존재인지에 대한 일종의 환상을 불러일으키게 한다. 우리의 고유한 이중성은 외부적으로 인식하게 되는 관점을 가정하고 몸과 함께 그것의 기초 해부학적인 면을 받아들일 때에만 명백해진다. 그 의식적인 마음은 그 자체로 심장, 폐, 신장에서 나오는 매우 다른 종류의 "내부 장기"로서 제시된다.

부정적인 감정은 그래서 해결되지 않은 많은 혼란 속에서 긍정적인 감정과 공존한다. 우리는 우리 몸의 본성에 움츠러들고 자기비판적이며, 자기혐오적이 되고, 부끄러움을 느끼며, 우리에게 닥칠 수 있는 몸의 배신에 대한 불안감으로 시달리게 된다. 숨기고, 최소화하고, 보호하기 위한 많은 노력이 쏟아진다. 그것은 모욕이나 농담, 또는 비극 같기도 하고 아니면 이 세 가지 다인 것 같기도 하다. 누가 우리에게 그런 장난을 하는 것일까? 하지만 다른 쪽에는 자부심, 자존감, 위대함이 있다. 인간의 조건은 양방향에서 끌려가며 이러한 상반된 감정에 사로잡혀 있도록 되어 있는 하나의 **분열된 자아**이다. 우리는 위대한가 아니면 비참한가? 유일한 답은 둘 다인 것 같다. 우리가 온 몸이건 모든 정신이건 합일된 존재가 될 수만 있다면, 그때 우리는 분열되지 않은 본성 안에서 마음 편히 쉴 수 있을 것이다. 하지만 그건 불가능하다. 우리는 예술에 의해, 종교에 의해, 과학에 의해 우리의 더 나은 면을 강조함으로써 생물학적 존재를 초월하려고 애써볼 수도 있다. 하지만 몸은 고집스럽게 제자리에 남아 있어 모든 초월의 기초로 남는다. 어떤 영웅주의도, 어떤 창의성의 위업도, 또 어떤 신과의 접촉도, 단조롭게 규칙적으로 파운드로, 톤으로 쌓이며 냄새가 진동하는 역겨운 똥을 만들어내야 할 필연적인 상황에서 우리를 결코 자유롭게 만들지 못한다. 우리가 또 다른 인간을 아무리 존경하거나 사랑한다 해도, 그들의 있는 그대로의 모습이나 쉽게 본래 모습이 되는 사람에 대한 혐오감에서 우리는 결코 벗어나지 못한다. 조나단 스위프트는 카엘리아(Caelia)의 충격적인(그러나 일상적인) 화장실 행동에 대해서, 그리고 그것은 그녀의 장차 생길 요실금 가능성에 대한 문제를 고려해 보기도 전에 일어난 일이었지만, 받아들이지도 못했다. 사르트르는 우리가 우리 자신의 자유에 대한 자각을 하도록 운명 지워져 있다는 것 그러면서도 우리는 그 의식에서 필사적으로 빠져나오려 노력한다는 사실을 주장했는데 필자는 이렇게 말하려 한다. 우리는 우리 자신의 더러움에 대한 자각을 하도록 운명 지워져 있다는 것 그러면서도 우리는 그 의식에서 간절히 빠져나오고 싶어 한다고 말이다. 혐오는 매우 불쾌한 감정이고, 그것의 주요 대상은 우리 자신이며 그것은 우리가 언제든 행복하게 화해할 수 있는 곤경이 아니다. 우리는 그것을 피할 수도 있고, 무감각해질 수도 있으며, 단순히 그것과 함께 살기로 결심할 수도 있지만, 우리는 그것을 (우리가 두 다리로 걷는다는 사실처럼) 인간 종에 대한 또 하나의 사실로 침착하게 간주할 수는 없다. 매일 우리는 우리 자신이나 다른 사람들을 향해 다가오는 자기혐오적인 종들과 마주하게 되고 그것은 매번 우리의 예민한 의식 안을 찌르고 뒤틀리게 한다.[10]

그리고 더, 엄청나게 불안한 사실이 있는데 그것은 바로 우리의 자아 또는 영혼으로서의 생존이 우리가 너무나도 문제가 있다고 생각하는 그 몸에 달려 있다는 사실이다. 우리를 불안하게 만드는 것은 우리가 죽는다는 사실

---

10 의식 그 자체는 혐오가 아니라는 필자의 이전 논점을 분명히 해야 할 것 같다. 왜냐하면 의식이 규칙적으로 혐오적 대상과 직면하는데 어떻게 그럴 수 있겠는가? 그 답은 의식의 대상들이 혐오스러운 것이 될 수 있다는 것인데, 의식 그 자체가 혐오스러운 존재가 되는 것은 아니다. (물론, 의식 또한 아주 많은 비혐오적 대상물들을 가지고 있으며 이에 대해서는 의문조차 생길 수 없다). 이는 더 높은 차원의 혐오 의식이 있을 수 없다는 사실 안에서 드러난다. 즉, 우리는 혐오 그 자체에 의해 (물리적으로) 혐오를 느낄 수 없다. 나는 배설물 그 자체에 의해 혐오를 느끼는 것이지 그것에 혐오를 느낀 그 의식 때문에 혐오를 느끼는 것이 아니다. 나는 이중으로, 즉 대변에 의해, 그리고 대변에 대한 나의 혐오에 의해 혐오를 느끼는 것이 아니다.

만이 아니라 우리의 죽음이 거대하고 이질적인 조직 덩어리의 손에 달려 있다는 사실이다. 만약 장기가 섬뜩한 일의 수행을 그만둔다면, 그건 유기적 몸에 가까이 있는 것을 두려워하던 초월적인 영혼에게 불을 꺼버려 암흑을 선사하는 셈이 되고 그러면 우리는 너무나도 소외시키려 했던 그 장기가 필요해진다. 영혼은 몸의 요란한 기관을 마치 원치 않는 이웃들이 옆에 있다는 듯이 경멸할 수도 있고 자신과 그것들 사이에 있는 깊은 친족 관계에 대한 어떤 주장도 결코 받아들이지 않을 수 있다. 그러나 영혼의 존재는 바로 펌프질하며 꿈틀대는 경멸스러운 그 장기에 달려 있다. 자신의 더 좋은 감정과 성취가 못된 지렁이들의 둥지 활동에 달려 있다는 사실을 받아들여야만 한다는 건 좀 지나친 생각으로 보인다. 이는 꿈틀대는 지렁이 무리에게, 하지 않으면 죽을 각오로, 강제로 먹이를 제공해야 하고(그리고 소화관은 지렁이의 일종이라는 것을 기억하라) 돌봐주어야 한다는 것이, 인간 존엄성에 대한 모욕으로 보이게 한다. 만약 우리가 정말로 생존을 위해 공생적으로 한 종의 지렁이에 의존한다면 상황이 더 나빠질까? 우리는 혐오스러운 존재에 갇힌 채, 그것 없이는 살아남을 수 없다. 별로 신답지 않은 일이다. 그렇지 않은가? 몸은 이렇게 더러운 감옥 같은 분위기로 우릴 덮치지만 우리는 탈출할 수 없다. 오직 죽음만이 우리를 이 혐오스러운 것에서 해방시켜 주지만 삶은 그것으로 가득 싸여 있다. 불공평하기도 하고 이해하기 어렵다. 우리의 더 나은 본성에 대한 모욕이라 불공평해 보이면서도 무의미한 뒤죽박죽의 우발적인 성질의 본성이라 이해할 수 없다. 그리고 이 모두는 우리의 모순된 이중성, 변칙적인 종의 존재론 때문이다. 우리는 변소에 대한 강렬한 시적 혐오라 할 수 있는 "스위프트 증후군"으로 고통 받고 있다.

이 문제에 대한 좀 더 깊은 통찰력을 얻기 위한 노력으로 통시적으로 그 문제를 생각해 보자. 사실상 유기적인 몸은 자기 성찰적인 의식적 자아 같은 것이 진화하기 훨씬 이전인 수백만 년 전 지구상에서 진화했다. 이러한 몸들의 설계는 분명하게 그러한 자기 성찰적(그리고 심미적으로 민감한) 존재와의 협의에 의해 도출된 것이 아니다. 식물체 수준 이상의 기본 구조는 튜브와 같은 구조인데 한 측면에서는 영양분을 섭취하고 나른 면으로는 폐기물을 배출하는, 한마디로 지렁이의 구조이다. 이러한 지렁이 같은 튜브 주변에 있는 다른 신체 구조들이 움직임과 기타 것들을 가능하기 위해 발달했지만 인간을 포함한 모든 동물은 중앙 소화관 주변의 장기와 주변 조직으로 구성된다. 수백만 년 동안 어떤 것도 눈 하나 깜짝하지 않았다. 즉, 다양한 종의 동물들은 자연이 정한 설계에 대해 혐오감을 (그리고 자연이 어떤 다른 설계의 가능성을 만들었겠는가?) 느끼지 않았던 것이다. 공룡들은 혐오를 느끼지 않으며 전원적인 존재의 축복을 그 나름대로 누렸다. 하지만 그다음, 아주 늦게 영겁의 동물 진화를 거친 후에, 한 종이 유기물을 다소 다르게 바라보며 메스꺼움을 느끼고 약한 위장을 가지고 있어 과민해진 종들로 진화했으며, 이 종들은 동물 몸의 구성물을 혐오와 불쾌감의 대상으로 생각했다. 이런 문제를 가진 종(혐오적 인간, 호모 디스구스투스(homo disgustus))은 몸이 일상적 행위 중 하나를 행할 때 어떤 특정 상황에서 토하기까지 한다. 그리하여 지구상에서 유일하게 자기혐오적인 첫 종족, 즉 구성원들이 생물학적인 실체 그 자체를 감정적으로 그리고 미학적으로 혐오스럽게 생각하는 종족이 태어나게 된다. 그리고 그들의 관점에서 볼 때, 이는 그리 놀라운 일이 아닌 것이, 그들은 결국, 미적 감각을 타고난 존재이면서도 동물적 몸의 기본 설계가 그런 감각을 가진 누군가에 의해 검증된 적이 결코 없었기 때문이다.[11]

---

11 필자는 여기서 반(反)창조주의 논쟁이 형성되는 것을 본다. 왜 지적인 설계자가 하나의 종을 그 자체와 조화를 이루지 못하게 그렇게 창조했을까? 그는 틀림없이 우리가 우리의 몸을 어떻게 생각하는지 알았을 것인데도 그래도 여하튼 계속 진행했다. 이는 그다지 지능적으로 보이지도 않고 좀 더 어리석은 실수에 가까워 보인다. 자연 선택은 이런 종류의 어리석은 실수를 할 수 있다. 왜냐하면 그것이 지능과 선견지명으로, 즉 확실히 전지전능한 신에 의해 이끌어진 것이 아니기 때문이다. 좀 더 잘 알려진 논쟁에 대한 일반적 견해가 하나 있는데 그것은 지적이고 자비로운 신이라면 항문을 질에 너무 가까이 있게 만들

어떤 감성들은 이 세련된 종들 안에서 새롭게 진화했지만 그것들을 수용한 몸은 마음 안에 있는 이러한 감성에 맞추어 개발되지 않았다. 즉, 충돌이 불가피하게 일어났다. 그 기초적인 몸의 설계는 진화 시간의 시험을 건너냈던 것으로서 융통성 없이 생물학적으로 정해진 것이었다. 그러나 그렇다고 해서 그것이 아름답고 추한 것에 대한 감각이 있는 한 생물이 그 설계를 마음에 들어 할 것이라고 말할 수 있는 것은 아니다(또는 죽음에 대한 공포와 인식으로 부담을 가질 것이다). **자연의 선택** 상황에 어느 날 깨어나 보니 하나의 세련된 마음이 더러운 몸에 붙여져 있다는 것을 발견하게 되는 것이다.[12] 아이쿠! 그때까지만 해도, 다양한 종의 구성원들은 모두 오물과 가래에 대해 아무것도 신경 쓰지 않으며 뭐라 하지 않던 무관심한 속물이었다. 하지만 지금은 너무 늦었다. 왜냐하면 몸의 설계가 예전의 것이었고 비위 약한 세련된 마음들은 사물을 다른 방식으로 볼 수 없었던 것이다. 문화가 본격화되자 혐오 요소는 단지 깊어져만 갔다. 그러나 몸은 변하지 않았기에 이는 좋든 싫든 받아들여야만 하는 것이었다. 세련된 종들의 구성원들은 더 순수한 다른 몸을 갈망하고 꿈꾸며 심지어 그런 창조를 향해 작은 발걸음을 내딛었다. 그런데 그것은 그들의 곤경을 더 악화시킬 뿐이었다. 하지만 주사위는 던져졌다.

빠져나갈 방법이 있었나? 이론적으로는 그렇다. 적어도 변형이라는 형태로 빠져나갈 수 있다는 생각이 있었다. 그 자체가 벌레의 일종이라 할 수 있는 매력 없는 애벌레는 아름다운 나비로 바뀔 수 있었고 그래서 자연은 (상대적으로) 혐오스러운 것에서 (상대적으로) 아름다운 것으로 드라마틱한 몸의

거나 음경이 정액과 소변을 둘 다 배출할 수 있도록 만들지는 않았을 거라는 사실이다.

12 결국, 이블린 워(Evelyn Waugh)는 고상한 취향으로 생물학적인 조잡함에 대해 판단하게 되는 우리의 타고난 운명에 항의라도 하는 듯, 『불쾌한 몸(*Vile Bodies*)』이라고 불리는 소설을 쓰게 된 것이다.

변화를 허용한 것이다. 따라서 원칙적으로 **인류**(그건 혐오스러운 종의 이름이었기 때문에)의 기원 때 심리적 초보자들은 적절한 육체적 변형을 할 수도 있었을 것이다. 즉, 몸은 그에 묶여 있는 마음에 좀 더 알맞게 진화했을 수도 있다. 이러한 개념적 가능성은 **인류**의 마음에 상당한 분노와 조바심을 불러일으키게 되었는데, 자연이 너무 게으르거나 그것을 정리할 의지가 약했기 때문이었다. 그래서 자연은 **인류**에게 단순히 잘 받아들여야 할(그들이 말하는 대로) 임무를 남겨놓았던 것이다. 아무리 혼란스럽고 비참하더라도 그들은 그것과 함께 살아가야만 했다. 물론, 그러한 변형을 준비하는 것에 대한 실질적인 문제는 소위 우리의 언짢아하는 종들이 생각했던 것보다 훨씬 더 컸고, 생물학적 계통에서는 이에 대한 전례가 없었다. 그러나 그들은 또한 여러 면에서 참을성이 없고 무분별한 종이어서 그들과 논쟁하는 것은 소용이 없다.[13] 또한, 나비의 경우는 그들의 경우보다 그리 간단치 않아 보인다. 왜냐하면 나비를 가까이서 자세히 들여다보면 전설적으로 알려진 그만큼의 사랑스러운 존재가 결코 아닌 것이, 특히 일단 고운 날개를 지나서 막대기 같은 배와 그것의 질퍽질퍽한 내용물을 보면 그렇다. 사실, 혐오스럽지 않은 동물 몸이라는 바로 그 생각은 사실 소화가 생물학적 존재를 위한 단순 기본 사실이라는 것을 받아들이려 하지 않은 한 종이 꾸며낸 환상이었다(영국 작가인 스위프트 씨는 특히 그 점에 예민한 작가인 것 같은데, 그는 그의 사랑스러운 카엘리아에게서 무엇을 기대했던 것일까?). 삶의 기본 매개변수를 감안할 때 **자연**이(혹은 **그 밖의 누군가**가) 인간 몸의 혐오 가치를 향상시키는 데 많은 일

---

13 사람들은 자신의 몸이 달라졌으면 하는 바람으로 인생의 절반을 보내지 않는가? 더 날씬해지고, 더 부드럽고, 냄새가 덜 나고, 키가 더 크고, 힘이 더 세지고, 다른 성별에, 다른 종, 그리고 다른 물질로 만들어지기를 바라듯, 전반적인 영역이 인간 몸에 대한 불만족이다. 동물들은 그런 변형에 대한 환상을 가지고 있지 않다. 우리에게 주어진 몸에 대한 불만족은 인간 조건의 일부인 것처럼 보이는데, 우리는 이런저런 종류의 다소 극단적인 개선의 꿈으로 가득 차 있는 것이다.

을 할 수 있었을 거라는 것은 전혀 분명하지 않다. 일단 혐오의 지각적·정서적 장치가 갖춰져 있게 되면 유기적 생명체는 그것을 활성화하게 되어 있다. 여전히, 변형에 대한 추상적인 개념은 **인류**의 상상력을 사로잡았고 이는 인류가 생물학적 유산 일부에 대해 열중하게 만들었다. 그는 더 나은 몸의 체형에 대한 생각을 멈출 수 없었다. 그리고 그 문제에 대해 아무런 협의도 없었다는 점을(좋든 싫든 간에 당신은 땀에 젖은 겨드랑이를 갖게 될 것이다) 부정할 수도 없었다. 그런 마음은 발달할수록 더 예민해졌고 몸은 그 안에서 근근이 살아가는 마음의 가식을 조롱하면서 점점 더 뒤처져 가는 듯 보였다. 어느 진화의 순간에서 **인류**는 화장실 시설과 사생활 보호, 비누, 물, 방향제를 요구하고 있었고 반면에 항문과 그것의 주변부들은 흔들림 없이 옛 기능들을 계속했다. 진화의 가장 늦은 단계에, **인류**는 생각한 대로 일찍이 몸의 방식을 개선하는 훨씬 더 기발한 방법들을 개발하는데, 심지어 일종의 선택적 양자 순간 전송(teletransportation) 방식의 제거 시스템을 고안하여(우리는 이제 먼 미래를 눈여겨본다) 노폐물이 소화 과정에서 대장으로 도달하기도 전에 배출되므로 배변과 항문이 필요 없게 된다(몸 안에서 방금 증발된 노폐물은 물질로 구성되어 재활용된다).[14] 그러나 이 유용한 기술이 개발되기까지〔애플 세대(Apple-GE)에 의해 3010년에〕수천 년이 있었던 것이고 그래서 일상의 스트레스 상태는 매우 오랫동안 계속되어 온 것이다. 게다가 아직도 인류와

---

14 칸트(Kant)는 "(어떤 과일의) 소화된 노폐물이 눈에 띄지 않게 증발로 사라졌다(Menninghaus, p.57에서 인용)"라고 하는 멋진 창조 신화를 가지고 있다. 칸트는 노폐물이 "땀 흘려 없어졌다"고 말한다. 이것은 지금까지 항문이 존재하기 이전의 우리의 상태였으며, 이는 에덴의 몰락 이전의 상태였다고 그는 주장한다. 필자의 공상 과학 작품은 기술의 결과로서 나온 미래의 항문 소멸에 관한 것이지만 칸트와 필자는 같은 기본적 그림을 그리고 있었다. 더 깨끗하게 될 눈에 띄도록 배변 활동을 제거하면 인간의 삶이 더 나아질 것이라는 생각이었다. (필자는 칸트도 배변이라는 그 심오한 주제에 부차적 관심을 가졌다는 것을 알게 되어 기뻤다는 사실을 기록하려 한다.)

잘 어울리지 못하는 몸에 대한 그 밖의 것들이 많다. **인류**는 마치, 자신이 참으로 고상치 못한 우주의 농담을 받는 불행한 표적이 된 섯처럼 희생하고 학대당했다고 느끼며 자기 연민으로 가득 차게 되었다.[15]

필자는 친숙한 것을 낯설게 만들어서 메스꺼운 독자들에게 그동안 감각을 마비시켰던 관습의 효과를 없애보려고 시도하는 중이다. 어떤 것이 거의 삶 자체만큼이나 오래되어 단지 삶의 피할 수 없는 사실이 되었다고 해서, 그것이 마음을 불편하게 만들거나 충격을 줄 힘이 없다는 것을 의미하지는 않는다. 사실, 혐오의 신경은 우리 자신이 과도하게 잘 알고 있는 몸에 대해서도 시간이 지남에 따라 무더지거나 약해지지 않고 날카롭게 유지되며 집중되는 것 같다. 그러나 우리 자신이 얼마나 이상한 곤경 상태에 처해 있는지 발견하여 새삼 이해하게 된다는 건 그리 쉬운 일이 아니다. 우리는 자체 본성에 의해 혐오를 느끼는 유일한 본성적(아니면 비본성적) 생물이다. 그렇다면 다른 방식으로 향기가 콧구멍에 더 강하게 실감나게 느껴지도록 시도해 보겠다. 당신이 태어날 때부터 영화 〈매트릭스(The Matrix)〉 같은 어떤 곳에 있었다고 가정해 보자. 결정적으로, 당신은 가상 세계에 대한 경험이 있지만 어떤 종류의 몸을 가지고 있는지에 대한 정보가 없다. 당신은 새벽부터 해 질 녘까지 다른 유형의 몸에 대한 인식은 하면서도 자신의 몸을 결코

---

15 지구상의 생명체가 최고의 지성이나 신 아니면 외계인에 의해, 우리 주변에서 관찰되는 것보다 좀 더 미적으로 만족한 선택이 가능한 메뉴 중에서 선택되어 창조되었다고 가정해 보자. 그렇다면 우리는 돌아가는 현 상황에 대해 매우 짜증을 내며 속았다고 느끼지 않을까? 우리는 창조자에게 그나 그녀가 선택한 그 설계에 대해 불평을 하는 것이 정당하다고 느끼지 않겠는가? 결국 더 맛있는 다른 선택이 가능했지만, 분명히 그냥 넘어가게 된 것이다. 이는 잔인하거나 태만하거나 실재 짓궂은 농담처럼 보인다. 물론, 그 설계는 선견지명과 지성에 의한 것이 아니라 생물학적 우연에 의해 생겨났으므로, 진실은 애석하게도 불평을 해댈 수 있는 자가 아무도 없다는 것이다. 우리의 분열된 본성은 자연 기획의 일부가 아니라, 일종의 기이한 우연으로 인한 것이다. 하지만 우연한 일이 일어났다고 해서 그 우연이 형성되는 것을 막을 수는 없는 일이다.

보고, 만지고, 냄새 맡으며, 맛볼 수가 없다. 자연스럽게, 당신은 몸에 대해 경험하면서 특정한 감정적 반응들을 발전시키게 되는데, 즉 당신은 어떤 몸을 다른 것보다 더 혐오하며, 어떤 유형의 몸을 소유하고 싶은지에 대한 견해를 형성해 나가게 된다. 당신이 한 인간의 몸이 최고의 선택이라는 견해에 도달했다고 가정해 보자(이상하다는 거 나도 안다. 하지만 이야기를 계속 진행해 보자). 그러던 어느 날, 어떤 영웅적 혁명이 일어나서 당신은 매트릭스에서 풀려나고 현실 세계로 나오게 되며 그래서 당신은 당신의 실제 몸을 대면하게 된다. 당신은 당신이 원하는 인간의 형태가 아니라 6피트 길이에 여러 돌기의 얼룩덜룩하고 가늘게 꿈틀거리며 악취가 나는 벌레의 몸을 가졌음을 알게 된다. 필자는 당신이 끔찍하게 화나고 놀랄 것이라고 말하고자 한다. 왜냐하면 당신의 높은 사상과 예리한 윤리적 감각에다 예술에 대한 고상한 취향을 고려할 때, 당신이 그렇게 혐오스러운 존재가 될 수 있다는 건 상상도 못 할 일이기 때문이다. 현실은 마치 당신의 자아 개념과 당신의 인간적 위엄, 그리고 당신의 마음의 평화에 대한 엄청난 모욕인 듯 보였을 것이다. 난 벌레가 아니다! 당신의 세련된 내적 자아와 무시무시한 몸의 탄생 사이의 부조화를 인식하게 되면 이는 당신의 신경을 건드리며 괴롭힐 것이고 그래서 당신은 자신의 몸에 대해 알지 못한 채 매트릭스 안에서 즐겨왔던 그 삶을 갈망하게 될 것이다. 신을 닮은 마음은 어지러운 존재론적 의존성을 암시하는 벌레 같은 몸을 가져서는 안 되는 것이다.

하지만 만약 벌레가 된다는 것이 그렇게 충격적이고 저급한 것이라면, 그렇다면 인간이 된다는 것을 그와 비슷하게 불쾌한 존재가 되는 것으로 왜 생각하지 않겠는가? 만약 매트릭스에서 당신이 상상하는 것이 호랑이의 몸으로 만들어지거나 또는 온전히 빛으로만 만들어지거나 아니면 귀중한 금속과 보석이 되는 생각이었다면 그땐 어땠을까? 당신은 인간의 몸을 가지게 된다는 것을 전혀 예상한 적도 없었고 실제로 매트릭스 안에서는 그런 몸들(일부 끔찍한 사고, 무서운 질병)에 대한 혐오를 키웠었다. 당신은 마침내 해방되어 실제로 통통하고 헛배 불러 가스가 차서 고생하고 있는 중년 남자의 몸을 가지게 되었음을 알게 된다. 기억하라, 당신은 매트릭스 안에서 그런 몸을 가진 경험이 전혀 없기 때문에 그것에 익숙해진 적도 없다. 그것은 당신이 벌레라는 걸 알게 되는 것만큼이나 나쁜 일이 아닐까? 지성적이고 예민한 한 마리 벌레가 자신의 몸을 사랑하는 일은 거의 없겠지만 그저 벌레 몸에 더 익숙해 있었던 벌레였다면 그 때문에라도 인간의 몸이 좀 더 혐오스러운 것이라고 반응하지 않을까? 우리 인간은 친숙함으로 무뎌져서 그렇지 우리가 생각하는 것보다 객관적으로 훨씬 더 혐오스러운 존재일지도 모른다. 지성적이고 예민한 호랑이라면 인간과 벌레를 혐오 척도에서 같은 혐오 등급으로 바라보며 바로 거의 맨 밑바닥 가장 혐오스러운 등급에 내려놓을 것이고, 자신은 혐오가 가장 적은 동물로 두며, 코끼리와 파충류는 그 사이 어딘가의 등급 서열로 정해둘지도 모른다(필자 생각에 호랑이라면 그렇게 생각할 만하다). 우리는 못생긴 동물(리어(Lear)가 관찰했듯이 "빈약하고, 벌거벗은, 양쪽이 갈라진 동물")이고 우리의 불균형한 팔과 다리, 우리의 이상하게 드문드문 나 있는 털들, 우리의 주름지고 접힌 피부, 우리의 작고 뒤틀려진 입, 우리의 빈약한 치아, 우리의 유별나게 냄새나는 대변, 우리의 신뢰할 수 없는 구멍들과 함께, 우리는 폭력적이고 지저분한 출산 과정을 겪는다. 인간의 몸이라는 것이 가장 좋고 가장 화려한 자에게만 주어지는 거대한 생물학적 상은 아니었던 것이다. 여러 면에서, 그것은 장기적으로 잘될 수도 있고 안 될 수도 있는 하나의 실험처럼(불안정한 직립 자세, 척추에 가해지는 압박, 엄청나게 불룩한 머리) 보인다. 우리는 물론 그것에 익숙해졌지만 그렇다고 해서 그것이 매트릭스 추첨의 벌레 몸만큼 나쁜 결과가 나오지 않을 거라는 의미는 아니다. 순수한 빛의 몸이라면 훨씬 더 멋졌을 것이다. 왜냐하면 그것은 전혀 유기체로 되어 있지 않으니까 말이다. 아니면 우리는 가상 세계에서 그토록 도도하게 뽐내며 걸어 다니는 로봇의 몸을 계속 보아왔을 테니, 저 빛나는 금속 로봇 몸들 중 하나를 선호했을지도 모른다. 어떤 거라도 좋다. 더럽고, 발이 평평하고 두껍고, 등이 뻣뻣하며, 비틀대고, 헐렁한 피부에, 포동포동하면서, 일부엔 털이 없는, 그러니까 그들이 "인간"이라고 부르는, 많은 구멍으로 뭔가 질질 새는 짐 덩어리만 아니라면 말이다! 인간 독자들께 알리는 필자의 요점은 내면의 자아, 즉 우리의 심리학적 또는 "영혼적" 측면에 대한 관점에서 보면, 우리가 유기적인 존재의 한 종류이며 그 안에 인간이 포함되어 있다는 것이 불쾌하다는 사실이다. 인간의 영혼은 우리가 어떤 유형의 몸을 갖게 되었는지에 상관없이 그 생물학적 본성에 대해 난색을 표할 것이다.[16]

당신이 정말로 신성한 존재였다면 어떨까? 만약 당신이 사실, 신의 아들이며 그것을 잘 알고 있다면 어떻게 했을까? 나사렛의 예수를 어떤 이들은 바로 그러한 신성한 존재라고 여겼다. 가상의 얘기 한번 만들어보자. 예수는 자신의 신성한 정체성을 분명하게 파악하고 있으며, 또한 신의 본성을 평범한 인간들보다 더 잘 이해하고 있다. 그래서 그의 명백한 신성은 틀림없이 그의 내부에서 고동치며 살아 있다. 그러나 그는 또한 배변, 가스 차오름, 발기, 사정, 사춘기 여드름과 싹트는 체모, 콧물, 땀에 젖은 사타구니 같은 필멸의 생물이 지닌 육체적 시련을 견뎌내야 한다. 예수는 말 그대로 "똥 누는 신이다". 이것은 그에게 단순히 터무니없는 일종의 악의적 농담으로서, 즉 괴상하고 가증스러운 모욕적 공격이 아니겠는가? 그보다 더 심한 건, 그것이 그의 의식에 깊은 분열감과 역설을 만들어내지 않겠는가? 맞다. 그는 우리 사이에서 움직이려면 치러야 할 대가가 있다는 것을 알고 있지만 그것은 또한 그를 지나치게 강등시키는 것, 즉 존재론적으로 그의 얼굴에

---

16 베커가 말했듯이, "우리는 본성 바깥에 있으면서도 절망적으로 그 안에 있다"(p. 26). 우리는 단지 본성이 우리의 높은 기준을 따라오지 못하는 것처럼, 항상 우리 자신과 본성 사이에서 어느 정도의 거리를 느낀다. 그러나 여전히 우리는 본성의 산물이기도 하다. 우리는 기이하게도 본성 그 자체와 불화를 겪고 있는 존재이며 그래서 독특하다. 우리의 본성은 본성 안과 밖, 양쪽에 있으므로 긴장감을 느끼게 되는 것이다.

뺨을 갈기는 것이 될 것이다. 그래서 제자들도 그것을 느꼈을 것이다. 그들이 신성한 구세주와 함께 살며 숭배할 때, 예수도 나른 이들처럼 사신의 항문을 깨끗이 닦아야만 한다는 것을 말이다. 물론, 그런 당황스러운 생각은 어떤 사람들에겐 기껏해야 천박한 것이고 최악의 경우 신성모독으로 여겨진다. 그래서 나는 예수를 혐오의 오염에서 배제시키는 신학 이론이 있다고 확신한다. 하지만 바로 이 사실이 여기에서 그려지고 있는 속성들 간의 충돌을 증명해 준다. 단순히 똥을 싼다는 것은 신과 같은 본성이 아니다. 예수는 자신과 관련된 이 사실을 냉정하게 생각할 수 없었을 것이다. 그가 우리를 위해 한 가장 위대한 희생은 계속해서 눈을 옆으로 돌리지 않고 코도 붙잡지 않으면서 혐오의 책임을 자유롭게 받아들이는 것이었다. 위로 올라간 것들은 아래에 있는 것들이 될 수 없다. 훌륭한 것들이 음탕한 것들과 병합할 수는 없는 것이다. 예수는 근본적으로 분열된 존재이다.[17]

군주, 영화배우, 그리고 위대한 사상가들에 이르기까지 준신성의 반열에 오른 인간에 관해서도 같은 긴장이 되풀이된다. 모든 왕궁의 신하들이 알고 있듯이, 영국의 여왕 엘리자베스 2세 폐하는 아무리 어찌 해본다 해도, 육체적으로 방귀 뀌는 것이 허용되지 않았다. 마릴린 먼로(Marilyn Monroe)는 월경도 한 적 없고 나쁜 입 냄새도 전혀 없었다. 임마누엘 칸트(Immanuel Kant)는 결코 코를 파거나 엉덩이를 닦지 않았다. 일단 우상화되면, 그런 사람들

---

17 만약 영혼이 똥과 행복하게 공존할 수 있을 것이라고 기대하며 믿는다면, 당신은 영혼이 똥으로 만들어졌다는 명제에 대해 어떻게 느끼는지 자문해 보라. 확실히 지나친 소리로 들릴 것이다. 그러나 그것은 진실과 그리 동떨어진 얘기도 아닌 것이 몸의 영양소는 소화 물질에서 모두 얻어지는 것이고 영혼도 영양분이 필요하기 때문이다. 게다가, 인간은 적어도 몸으로 만들어졌고, 몸은 혐오의 대상이다. 우리는 우리 자신을 역겨운 몸으로부터 떼어놓을 수 없다. 마치 서로를 밤에 지나가는 낯선 사람 대하듯 몸과 마음은 서로 교류하지 않는다는 일종의 이원론을 만들어놓는다고, 혐오스러운 몸에서 우리 자신을 떼어놓을 수는 없는 것이다. 영혼은 똥을 대하는 것을 부인할 수 없다.

은 상상력으로 혐오의 영역을 넘어서는 위치에 자리를 잡게 된다. 그래서 그들은 정화되고 깨끗해진다. 그들이 받는 존경심이 그들의 심각한 더러움에 대한 인식을 못하게 막는 것이다. 천사는 항문을 가지고 있지 않다. 그리고 우리 자신이 그런 우월한 존재에 근접할 때 그만큼 우리도 몸을 이질적이며 부담스러운 것, 우리의 존엄과 자존심을 배신하는 것으로 경험한다.[18] 혐오는 우리 존재의 부조화로 느껴진다. 그것은 그냥 거기에 있어서는 안 되는 존재다.

그 자체는 하나의 조잡한 이미지를 암시해 주고 있다. 아름다운 매너를 지니고, 멋있는 실크에, 향수를 뿌리고, 티끌 하나 없는 예술 애호가이자, 하는 모든 일이 우아하고 세련된 귀족이 있는데, 더럽고 상스러운 농민이 트림하며, 방귀 뀌고, 똥을 싸며 그 귀족의 등에 묶여 있다. 그 귀족은 그에게 붙어 있는 농민을 결코 떼어놓을 수 없다. 아무리 애써도 떨어져 나가기를 갈망할 수도 없으며, 그렇다고 이런 혐오스러운 방식에 익숙해질 수도 없어서, 그들은 서로 벗어날 수 없는 상태로(그리고 변명의 여지 없이) 함께 자물쇠로 채워져 있다. 그 귀족은 그에 묶여진 농민을 깔보며 분노하고 경멸하며 조롱한다. 명백한 상관의 화려한 외모를 그가 어떻게 망치고 있는지 보라! 그가 아니었다면 귀족은 멋있는 모습으로 모든 최고의 그룹에 눈에 띄어 받아들여지게 되었을 것이다. 그러나 여기 그 비열한 농민이 당혹스럽

---

18 철학 강의할 때 큰 소리로 방귀 뀌는 것을 상상해 보라. 그건 정말 당황스러울 것이다. 왜냐? 그 이유는 철학자의 이미지가 소화기관의 현실로부터 너무 멀리 떨어진 상태이기 때문인데, 철학의 깊은 속내로 파고 들어가 연결되었을 때 일시적으로 괄호 안에 갇혀 있던 현실이 단지 부조화스럽게 분출되었기 때문이다. 청중들은 존재론적 범주의 선을 넘는 일이 발생하여 실존적 충돌에 휩싸이게 된다. 완전히 높이 솟아오르는 추상적 지성 속에 있었던 그 철학자는 지금 막 그의 생물적 본성이 그림자 속에서 튀어 오른 것이다. 이것이 몸에 대한 끔찍한 비밀이 폭로될 때, 우리가 몸을, 즉 우리를 배신하는 존재로 생각하는 이유이다. 유기적인 몸은 자신의 존재를 무례하게 알리지 말고 조용히 숨어 지내야만 한다.

고 부담스러운 존재로 머물러 있다. 그 농민이 어떤 끔찍한 가족의 비밀처럼 숨겨질 수 있으면 좋으련만, 그건 실현 불가능한 것이, 그는 때때로 최악의 시간에 자신을 드러내려고 고집부릴 것이기 때문이다. 여기 화려한 귀족이 그가 수집한 예술품의 세련된 그림, 그 우아한 그림에 대해 영감에 찬 눈을 빛내며 얘기하고 있는데, 갑자기 그 농민이 크게 트림하며 분위기를 완전히 망쳐버리게 된다. 문제는, 동료이자 인간인 우리들이, 둘이 함께 하나로 뭉쳐진 귀족이면서 농민이라는 것이다. 그래서 우리는 역겨움을 다른 사람 탓으로 돌릴 수도 없다. 우리 농민은 정체성의 지점에 가깝다고 할 수 있다. 우리는 항상 만질 수 없는 것을 만지도록 운명 지워져 있을 뿐만 아니라 만져질 수도 없는 존재이다. 그것은 개구리 안에 갇힌 왕자에 대한 옛날 동화 같은 것이다. 도도하고 잘생긴 젊은 왕족이 끈적거리며 사마귀 모양의 키 작은 파충류 몸 안에 자신이 갇혔다는 것을 알게 된다. 역겨운 이질적인 덩어리 안에서 수년간을 버텨야만 하기 때문에 그는 그곳에서 나오기를 갈망하지만 오직 기적만이 그런 마법을 부릴 수 있다. 그것의 본질적 본성은 그의 것과는 꽤 다르지만, 그것은 사실상 그의 몸으로 기능한다. 마지막 해방은 공주가 개구리에게 키스하면서 혐오스러운 몸으로부터 탈출할 수 있는 가능성을 제공받아 이루어지는데, 이때 왕자에게 좀 더 적절한 하나의 몸, 하나의 법적인 몸(그러나 그 몸도 구멍과 분비물, 그리고 나머지 모든 것을 가진다)으로 대체된다. 여기서 나오는 암묵적 교훈은 우리 몸의 형태가 마음에 비해 어쩌다가 우발적으로 만들어진 것이고, 전부 너무도 개구리를 닮았다는 것이다. 귀족과 농민, 왕자와 개구리, 그리고 인간의 영혼과 인간의 몸이라는 동일한 기본 주제가 되풀이되고 있다.

관찰된 바와 같이, 동물은 이런 식으로 느끼지 않는다. 개구리는 개구리가 되는 것에 아주 만족한다. 호랑이는 자신의 잔인함에 있어 문제가 없다. 이질감도 해방에 대한 꿈도 없다. 동물은 신에 대한 개념도, 신을 본받으려는 열망도 없다. 동물에게도 마음이 있는 것은 확실하지만, 이러한 마음이 유기체에 대해 골똘히 생각하며 적대감을 만들어내지는 않는다. 동물은 자신이나 타인에 대해 타협할 수 없는 혐오감이 주는 고통이란 게 없다. 그들은 그들 본성의 부조화를 느끼지 않고, 미적에 대한 감각이 없으며 존재론적 분리를 느끼지 않는다. 배변은 다른 것들과 마찬가지로 그저 살아가기 위한 하나의 사실일 뿐이고 항문은 당혹감과 금기의 장소가 아니다. 사실, 많은 동물에게 항문과 그 부산물인 대변은 흥미와 즐거움의 중심 장소이다(우리는 이를 전혀 이해하지 못한다고 생각하여 모호하게 동물을 비난하는 경향이 있다). 또한 성기에 대해서 어떠한 양면성도 가지지 않는다. 동물들은 자신들을 불안하게 두 부분으로 나누어, 한쪽을 공경하면서 또 다른 한쪽을 개탄하지 않는다. 동물은 동물 상태에 대한 "존재론적 불안"이 없기에, 초조해하거나 당황할 것이 없다. 동물끼리는 서로 적대감을 주고 구애의 거절을 당할까 두려워서 동물적 본성을 감출 필요가 없다. 그들의 사회적 삶은 유쾌하지 않은 상대의 행동으로부터 다른 이를 보호하기 위해 고안된 성가신 금지법들로 둘러싸여 있지 않다. 따라서 동물의 감정적 삶은, 혐오와 그에 수반되는 불안과 전략으로 포화 상태가 된 우리의 삶과는 상당히 다르다. 동물의 의식은 더러운 오물에 대한 의식이 아니다(공포 의식이라고 하는 게 더 가까울 것 같다).[19]

---

19 다른 어떤 종이 우리와 같을 수 없다거나, 현존하는 다른 종이 우리 식으로 진화하지 않았을 것이고 또 심지어 지구상의 어떤 다른 종도 혐오 의식의 시작을 하지 않았을 거라고 (아마 몇몇 영장류들은 그랬을 수도 있다) 말하려는 것은 아니다. 필자가 말하고자 하는 요점은 다른 동물이 혐오 종류의 단계에 도달했든 안했든 상관없이, 한 종의 의식과 다른 종의 의식을 구별하고자 하는 것이다. 사실, 대다수의 의견은 다른 동물들이 혐오를 느끼지 않는다는 것이지만, 그건 필자의 입장에서 중요하지 않다. 어디선가 우리 자신의 것보다, 몸의 본성과 심리학적 민감도 양쪽 면에서, 훨씬 더 큰 혐오감을 가진 종족들마저 있을지도 모르는 일이다. 상상 속에서는 확실히 우리가 가장 혐오스러운 종들은 아니다. 외딴 은하에 사는 몇몇 불쌍한 생명체들은 우리보다 스스로 더 힘든 시간을 보낼지도 모를 일이다. 자연적으로 진화한 존재들 안에 있는 영혼의 평온함이 자연의 마음에서는 가장

인간 조건의 핵심 요소, 특히 인간 삶의 시련과 문제를 극화한 창조 스토리를 들려줌으로써 인간 조건에 대한 자신의 개념을 표현하는 것이 관례일 것이다. 그래서 그런 생각으로 필자는 이제 제시하고자 하는 추상적인 그림에 서술의 형태를 주고자 나만의 창조 이야기를 제공하려 한다. 이야기는 이렇게 진행된다. 태초에 우리는 몸이 없는 영혼들로 **에덴동산**에서 행복하게 살고 있었다. 우리는 서로 의사소통할 수 있었고, 자연의 경치와 소리를 즐겼으며, 음악을 듣고, 지적 탐구에 참여하기도 하며, 수다도 떨고, 농담도 했다. 삶은 의문의 여지 없이 달콤했다. 우리는 태생적으로 불멸의 존재여서 죽음이나 질병에 대한 두려움도 없었다. **신**은 이렇게 자비로운 마음으로 우리의 행복을 최우선에 두고 만드셨다. 수백 년이 이렇게 조용히 고상한 방식으로, 우리 운명에 대해 어떤 불만의 기미도 드러나지 않은 채 지나갔다. 우리는 **신**께서 우리에게 잘해주신다고 느꼈다.

그러던 어느 날 토끼 한 마리가 정원에 와서 어떤 풀들을 오물거리며 먹기 시작했다. (**신**이 우리를 재미있게 해주려고 토끼를 보냈다는 소문이 있었다.) 우리는 토끼가 오물거리며 풀 조각을 입안에서 끊어내어 씹으며 삼키고 토끼 몸 안으로 풀 조각들이 사라지는 모습을 자세히 바라보게 되었다. 만약 그 토끼를 충분히 오랫동안 방해하지 않으면 전체 풀들은 확실히 토끼 뱃속에서 다 소화되어 없어졌을 것이다. 어떤 까닭인지 이 장면은 우리를 불편하게 만든다. 우리 마음속에 우리가 전에는 결코 느끼지 못했던 감정이 올라오는 것이다. 우리는 부러움, 분노, 허영심, 상한 자존심, 무력감이 모두 뒤섞여버린 감정을 느낀다. 이 작은 털북숭이 짐승은 우리가 할 수 없는 것을 해낼 수 있다! 그것은 소화할 수 있다는 것이다. 우리는 순수 영혼으로만 되어 있으므로, 우리는 그런 것을 할 수 없다. 우리는 물질세계의 일부를 한입

중요한 것이 아니다.

베어 물어뜯어, 우리 자신의 즐거움과 유익을 위해 그것을 우리 안에 넣어 둘 수 없다. 마치 우리가 부당한 대우를 받은 것처럼, 우리의 자연적 권리를 박탈당한 것처럼, 우리 안에서는 반항심이 일어났다. **신**은 어떻게 우리에게는 부인했었던 능력을 토끼에게 주실 수 있는 거지? 게다가 토끼는 특별한 존재인 것 같지도 않다. 그것은 그저 마음이라는 것도 없이 오물거리기만 하는 존재일 뿐 자기 **반성적인 사색가도 이성적인 존재**도 아닌 것이다. 우리는 **신**께 통곡하며 부르짖기 시작한다. "오, 위대한 **신**이시여, 어찌하여 그대는 하찮은 토끼에게 소화의 힘을 주시고 주님이 **선택하신 존재들**인 우리에게는 **세상**을 우리 **존재** 안으로 취하게 하여 그것을 부술 수 있는 수단을 남겨주지 않으셨는지요?"라고 우리의 취지를 밝힌다. 우리는 그가 가지고 있었던 것을 원했던 것이다. 이렇게 고함을 지른 지 며칠 후, **신**은 우리에게 돌아와서 토끼는 완전히 다른 등급의 존재에 속하며 우리가 부러워할 대상이 아님을 끈기 있게 설명해 준다. 하지만 우리는 그렇게 쉽게 그 말에 속아 넘어가지 않으려고 애쓰며, 우리의 온갖 화술을 과장되게 끌어 모아 심지어 **신**의 의도와 품성, 복장 감각에 대해 성질부리고 타박하며 상당히 못되게 군다. 인내력이 딸리게 된 그는, 우리를 토끼와 똑같은 재질로 쉽게 만들 수는 있으나 대가를 치르게 될 거라고 단호히 말한다. 그것은 우리가 지성적이며 심미적인 능력을 보유할 수 있으므로 그건 문제가 없는데, 그 대신 입과 소화관, 그리고 항문을 가져야만 한다는 것이었다. 그래서 우리는 그리 잘 생각하지도 않고 어떤 거라도 괜찮다고 대답한다. 그가 말하길 우린 성기도 필요할 거라고 덧붙인다. 왜냐하면 이제 우리는 자식을 낳을 필요가 있을 것이기 때문이고, 또한 이것은 어떤 삽입과 산란을 필요로 할지 모른다고 하면서 그것에 대한 자세하고 정확한 성질의 설명은 거부한다. 좋은 것 같습니다. 우리는 말한다. 아, 그리고 한 가지 더 있는데 우리는 죽어야만 한다는 것이다. 토끼 영역에는 죽음이 함께 들어 있기 때문이다. 우리는 잠시 망설였지만, 지금까지 우리에게 가해진 부당함을 바로 잡는 것에 너무도 몰두했기 때문에 동의했다. 거래가 체결되었고 **신**은 누가 그 마지막 산물에 대해 책임질 것인가에 관해 어쩌고저쩌고하는 그 많고 멋들어진 인쇄물들 따위는 어디에도 없는 계약을 하게 한 것이다. 계약에 서명한 후, **신**은 우리에게 다음 날 우리가 깨어나 보면 스스로 작은 **포식자들**이 되어 있을 거라고 장담한다. 그건 순 이득처럼 보였다. 우리는 옛 그대로의 우리의 영혼을 지킬 수 있었을 뿐만 아니라 또한 고맙게도 존재론적 확장이라 할 수 있는 **소화**할 수 있는 몸이라는 보너스도 얻은 셈이다.

그래서 약속대로 다음 날이 되었고, 우리는 비록 토끼가 아닌 인간(신은 우리가 어떤 몸이 주어질 것인가에 대해서는 조금 모호했다)이었지만, 아주 새로운 멋진 몸으로 잠에서 깨어나게 되었다. 처음엔 좀 웃겼고, 약간 무거웠으며 어설픈 느낌이 들었다. 하지만 **신**은 그 일을 잘해내셨고, 우리는 **소화**를 시작하기 전부터 기다릴 수 없었다. 햇살이 내리쬐는 **에덴동산**으로 잠복해 들어가 우리는 빨갛고 동그랗고 달콤하며 특히 맛있는 과일, 즉 세상에서 처음으로 그 첫 조각들을 깨물었다. 우리는 침을 흘리며 씹었고 연동운동은 반사작용을 했으며 으깨진 조각들은 우리의 열렬한 새 위장 안으로 들어갔다. 우리는 마침내 **포식자**가 되었다! 토끼가 같은 날 오후에 우리와 함께하려고 왔을 때 우리는 부풀어 오르는 자부심으로 그를 바라보았다. 왜냐하면 우리가 토끼보다는 더 큰 **포식자**이기 때문이다. 토끼는 더 이상 우리가 가지지 못한 것을 가지고 있는 존재가 아니다. 비록 입을 벌리고 씹는 모든 광경이 몇몇 예민한 영혼들을 메스껍게(침이 으깨진 음식과 섞여 일부는 턱 밑으로 삐져나왔다) 만들었지만, 일단 몸의 기관을 움직이는 데 익숙해지자 처음 몇 시간 동안은 모든 것이 순조로웠다. 그러나 그때 전혀 예상치 못한 일이 일어났는데, 우리가 지금 성기로 알고 있는 부분과 불편할 정도로 가까이에 있는 그 아래쪽에서 마치 내부의 뭔가가, 탁 트인 밖으로 나오기를 몹시도 원하는 것처럼 이상한 압박감이 드는 것이다. 어떤 이상한 징조가 느껴지면서 매우 볼썽사나운 뭔가가 막 터져 나오려고 하는 그 압박감으로 너무 힘들어지기 시작했을 때, 우리가 지금껏 즐겨왔던 벌거벗은 모습이 갑자기 그리 좋은 생각이 아닌 듯 여겨졌다. 아무리 저항하려 노력해도 그 압력은 꾸준히 증가했고 마침내 압도적인 것이 되어, 악취가 나는 갈색 물질로 가득 찬 거대한 덩어리들이 새로운 종족인 **포식자**의 아랫도리에서 떨어져 땅에 튀어 올라 왔다. 일부는 덩어리져 있었고 또 어떤 것은 물기가 매우 많았는데 그 모든 냄새는 하늘 높이 찌르며 올라오고 있었다. 동시에 가스 분출과 함께 방귀 소리가 만들어내는 기괴한 교향곡은 공기를 타고 흐르며 다시 더러운 방출이 이어지고 이제 두 다리 아래로 흘러 타고 내려가 땅에 많은 김이 모락모락 피어오르며 전반적인 사태를 엉망으로 만들어버린다. 인간은 그렇게 더러운 것은 본 적도 상상한 적도 없다. 갓 만들어진 그들 몸에서 그것들이 줄줄 흘러내리고(어떤 경우엔 발사) 있는 것이다! 그들 중 충격과 어리둥절함을 느낀 어떤 이들은 몸 중간 부분부터 분출되는 또 다른 새로운 감각을 느꼈는데 이윽고 그들의 벌어진 입에서 구토물이 올라오고 있었다. 이 새로운 물질은 그것의 혐오스러운 면에서 이전의 물질과 견줄 정도였다. 그래서 머지않아 연쇄 반응이 시작되었고 방금 뱃속으로 들어갔던 음식이 그렇듯 음식 잔여물과 소화 담즙이 섞인 불쾌한 스튜 형태의 덩어리가 역류했다. 땅바닥에 토사물이 배설물과 섞여 모든 것을 오염시키고, 끔찍한 냄새를 풍긴다. 오, **주여**! 누가 저걸 다 치울 건가요? 아무도 그 물질 근처로 가고 싶어 하지 않았는데 그것은 아직도 사람들이 걷고, 앉고, 얘기해야 하는 곳에 자리를 잡고 앉아 있다. 이는 **포식자**가 되는 특권을 가지려면 치러야 하는 가혹한 대가였던 것이다!

그래서 처음으로 혐오의 감정이 느껴졌다. 느낌이 좋지 않았을 뿐만 아니라 한 번만 일어나는 일도 아니었다. 거의 매일 24시간마다 되풀이되었다. 그것이 처리되도록 정리되어져야 했고 삶은 그것을 중심으로 조직되어야 했으며, 누군가는 그 지저분한 것을 깨끗이 치워야만 했다. 더러움이라는, 오염이라는 개념이 생겨났다. 우린 물론 **신**께 심하게 불평했지만, 그는 우리에게 항문의 필요성에 대해 경고했던 것을 상기시켰다. 우리는 그것에서 무엇이 나올 거라 생각했던 것인가, 금, 유향, 몰약(沒藥)? 그가 분통을 참으며 설명했듯이, 당신은 **배설자**가 아니면서 **포식자**, 그런 사람은 될 수 없다는 것이다. 그것이 바로 세상의 이치였던 것이고 그는 그에 대해 어떤 것도 해줄 게 없어 미안하다고 한다. 게다가 우리가 적응해야 할 것은 그게 다가 아니었다. 섹스 또한 지저분한 것이었고 관련된 성기들은 매력적이지 못했으며 출생 과정은 끔찍했다. 우리 몸 안에는 다양한 관들이 어울려 있다가 자라나서 위(위도 그 관들 중 하나였다)가 되었다. 모든 혐오의 집합이 우리 앞에 신속하게 펼쳐지게 된 이때 불과 몇 주 전만 해도 우리는 혐오가 없는 삶을 살았다. 하지만 여전히, 아무것도, 정말 아무것도 우리가 첫 시체에 대해 준비할 수 있도록 도와주지 않았다. 문제는 죽음이 중심이 아니었다. 실제로, 혐오에 대한 첫 파동이 너무도 충격적이었기 때문에 일부 인간들은 심지어 죽음을 반기기까지 했다. 죽은 시체의 몸은 그 자체가 끔찍한 상태의 것이었다. 몇 시간 안에 그 안에 있던 혐오감이 두 배, 세 배, 네 배가 되었다. 그것은 미묘하게 썩다가 나중에는 썩을 대로 썩어가기 시작했다. 처음에는 아무도 무엇을 해야 할지 몰랐다. 그래서 그들은 그냥 시체가 놓인 곳에 그냥 놔두고 내일이면 상황이 나아지기를 바랐다. 그런 일은 일어나지 않았고 그래서 문제는 매일매일 더 심각해져 갔다. 몇 주 후, 그 현장은 묘사가 어려울 지경이었다. 그러자 누군가가 그 썩은 시체 잔여물들이 보이지 않고 냄새도 안 나게 정원에 묻으면 된다는 기발한 생각을 떠올렸다. 그 일을 해야 할 사람이 있어야만(아니면 강요받던가) 했지만, 누구도 그 계획을 그리 편하게 생각하지 않는데, 6피트 아래에 그런 혐오스러운 오염체를 묻기엔 너무 가깝게 느껴져 마음이 편치 않았던 것이다. 또다시 삶은 실제적이고 감정적인 면에서 둘 다 처리가 가능하도록 그 문제 중심으로 구성되어야 했다. 많은 한탄이 있었고 이를 갈았으며, 말다툼뿐만 아니라 욕하기도 했다. 사회적 구조가 와해된 것이다.

얼마 지나지 않아 우리는 청원을 하기 위해 터벅터벅 **신**께로 돌아갔다. 요지는 이랬다. "우리를 몸이 없었던 이전 상태로 돌려보내 주소서, 제발, 오, 자비로운 **신**이시여!" 하지만 그는 계약서에 모습을 되돌릴 수 없다는 것이 아주 명확하게 나타나 있고, 우리는 자신의 **자유 의지**에 따라 서명했다는 점을 명시하며 단호했다. 우리는 이처럼 영원히 내내 우리 아이들과 그 손주들, 또 그들의 아이들과 그 손주들에게 대대로 물려주며 이렇게 살기로 되어 있는 것이다. 무거운 마음으로 우리는 **포식자**로서 두 발 달린 대머리 토끼들이라는 우리의 삶으로 되돌아와 최선을 다하려 노력했다. 후회 같은 건 없고 그게 전부였다. 그러나 이전의 혐오가 없었던 삶에 대한 추억이 세대를 거듭하며 우리를 따라다녔다. 우리 종족의 기억 속 어딘가에 몸과 혐오라는 깊은 대가가 없다면 삶이 어떨 것인지에 대한 생각이 오래 남아 있었다. 이런 고대의 기억은 우리의 신화, 우리의 꿈, 그리고 우리의 일상 안에서, 우리 본성의 불일치와 부조화에 대한 감각으로 스스로를 드러내었다. **순수 시대**의 혐오 감정이 없는 삶에 대한 환상이, 즉 우리의 집단적 상상력을 완전히 떠나지 못했던 것이다. 맞다. 우리는 **포식자**(및 **성교자**)들이 되는 것을 멈춰야 할 것이다. 그런데도 우리의 타락한 본성의 일부는 여전히 그 놀라운 힘을 과시하며 드러낸다. 하지만 너무도 무거운 대가로 인해 우리는 우리 자신을 새 조건에 완전히 굴복시키지도 못한다. 우린 오로지, 독자적으로 우리의 훌륭한 비유기적 존재 방식에 따라 존재하기를 원했었다. 토끼가 우리를 유혹했었고, 우리는 굴복했지만, 더 순수한 삶에 대한 꿈은 우리 곁을 결코 떠난 적이 없었기에, 우리는 늘 그만큼 비유하면서 더럽혀진 기분이었다. 우리는 마치 우리의 유기적 구성의 죽은 무게에 끌려 내려가 벌레 몸을 입고 있는 불멸성인 것처럼, 우리가 마땅히 있어야 할 높이보다 더 낮은 곳에, 더 밑에 있게 된다고 느꼈다. 그래서 우리의 인류 타락 전의 상태는 우리의 타락한 영혼의 불안하고 후미진 곳에서 오늘날까지 여전히 반향을 불러일으키고 있다. **구세주**가 도착하는 그날이 되면, 우리를 옛 몸이 없는 상태로 돌아가게 만들어 모든 것이 세상과 함께 올바르게 돌아가게 될 것이리고 정말로 믿고 있는 몇몇 열징적 광신자들도 있는 것이다("반혐오주의자들").[20]

---

20 주 14에서 언급되었던 칸트의 창조 이야기는 필자의 것(그의 각색에 의하면 인간은 낙원에서 몸이 있었다)보다는 덜 극단적이다. 그러나 그것은 일반적으로 같은 결과로 이어진다. 인간들은 낙원에서 땅으로 추방되었다. 왜냐하면 그들은 금단의 과일을 먹도록 유혹 당했고, 그 소화 잔여물은 "땀으로 배출"될 수 없어서 그 대신에 완전한 기능을 하는 항문이 필요했기 때문이다. 추락은 소화를 모르던 상태에서 소화 공포로 이어지는 것이다. 다른 한편으로 전통적인 유대 기독교 이야기는 필자의 이야기보다 현실성이 떨어진다는 생각이 든다. 사람들은 일반적으로 그들이 소화해야 할 만큼, 그만큼 알고 싶은 강한 충동을 가지고 있지 않다. 그들은 먹을 재료들이(안퓨으로) 많이 있는 한, 무지에 아주 만족한다. 우리의 가장 큰 도덕적 결점은 분명 호기심이 아니라 욕심 때문이다. 욕심은 질투, 권력 추구, 지위 등과 연결되어 있다. 그러므로 은총으로부터의 추락은 호기심이 아니라 욕심에 의해, 즉 지식의 나무가 아니라 소화를 하는 토끼에 의해 촉발된 것이라는 사실을 좀 더 잘 이해하게 될 것이다.

제8장

억압과 혐오

만약 혐오가 회피적인 감정이고 우리 자신에 대해 혐오를 느끼는 거라면 그렇다면 우리는 우리 자신을 회피하려 하는 것이다. 하지만 우리는 오히려 자신을 회피하려 하지 않는다. 자신에게서 나쁜 감정을 느끼는 것은 기분 좋은 일이 아니다. 어떤 사실에 대해 기분이 좋지 않을 때, 우리는 문제의 사실로부터 자신을 보호하기 위해 때때로 특정한 심리적 책략에 의존한다. 우리는 그렇다고 알고 있는 어떤 것이 그렇지 않기를 바란다. 그러니까 우리 자신에게 그 사실을 부인함으로써 반응하는 것이다. 이것이 억압의 현상이다. 필자는 이제 우리가 혐오에 대해 억압받고 있으며 이것 역시 인간 조건의 본질적인 부분이라는 것을 주장하고자 한다.[1]

---

1 억압의 개념이 너무 널리 사용되어(그리고 남용되어) 우리는 억압받는 종이라는 일반 통념이 일부 존재해 왔다. 필자는 이것의 대부분이 매우 잘못되었다고 생각하는데 특히 프로이트의 성적 욕망에 대한 무의식적 억압이라는 개념이 그러하다. 텍스트 내에서 설명을 진행하고 있듯이, 필자는 상당히 다른 것을 의미하고 있다. 필자가 지금 말하고자 하는 요점은 억압의 문제를, 완전히 명백한 것이 아니라, 진지한 논쟁이 필요한 문제로 다루

억압의 두 가지 개념은 주의 깊게 구별되어야 한다. 하나는 우리가 욕망을 어누른다고 말할 때 사용하는 억압의 개념이다. 우리는 차라리 가지지 않았으면 하는 욕망을 가진다. 그래서 우리는 그에 따라 행동하지 않으려 시도하거나 욕망 자체를 약화시키려고 어떻게든 노력한다. 마티니를 한 잔 더 마시고 싶지만 음주 조절을 해야 한다고 생각하여 욕망에 따라 행동하는 걸 자제하거나 지나친 음주로 인한 건강상의 위험을 상기시켜 줌으로써 욕망을 약화시키려 한다. 프로이트에 따르면 이런 방식으로 욕망을 억압하면 승화로 이어질 것이고 욕망의 에너지는 좋든 나쁘든 어떤 선택적인 배출구를 구하게 된다. 프로이트는 악명 높게도 우리가 승화에 이르는 방식으로 우리의 성적 욕망을 억압한다고 믿었다. 여기 이 부분에 필자가 흥미 있어하는 억압의 개념이 있는 것은 아니다. 필자는 어떠한 사실의 지식을 억압한다고 말할 때 사용하는 개념에 흥미를 느끼고 있다. 말하자면, 내 마음을 억누르는 것, 즉 내가 특정 성적 욕망(예를 들어, 프로이트 이론에서 내 어머니에 대해)이 있다는 지식을 억압하는 것, 즉 동기화 된 무지를 말한다. 억압에 대한 이 두 가지 개념은 매우 다르다(필자는 프로이트가 일찍이 그것을 분명히 구별했었는지 알지 못한다). 첫 번째 개념은 "욕망적 억압"이고 두 번째 개념은 "인식적 억압"으로 부를 수 있을 것이다. 그렇다면 여기서 분명히 필자는 불쾌한 사실에 대한 지식을 차단하려는 인식론적 억압과 관련짓고자 한다. 필자는 금기시되는 성적 욕망에 대한 지식과 관련하여 그 때문에 어떤 욕망적 억압을 하지 않고도 원칙적으로 인식론적 억압 프로젝트를 수행할 수 있다. 나는 내가 욕망을 가지고 있다는 것을 안다는 것에 성공했다는 것이 아니라, 욕망이 언제나처럼 강하게 자주 일어난다는 것을 안다는 데 성공했다는 것, 그러니까 이 말은 내가 단지 욕망이 존재하고 작용한다는 지식으로부터

려 한다는 것이다. 필자의 논문이 진부한 것처럼 보여서는 안 될 것이다. 그러니 억압의 개념을 기정사실화해서 받아들이는 시도를 하지 않도록 하라.

나 자신을 지키는 것뿐이라는 사실이다. 똑같이, 좀 더 그럴듯하게, 나는 어떤 인식론적 억압의 프로젝트를 수행하지 않으면서 욕망 억압 프로젝트도 할 수 있다는 것인데, 즉 나는 욕망이 있다는 걸 여전히 완벽하게 알고 있지만, 내 욕망을 억제하며 욕망에 따라 행동하지 않는다. 그 두 개념은 논리적으로 매우 독립적이다. 그러므로 필자의 주장은, 우리가 혐오에 대한 지식과 관련하여 인식론적으로 억압된다는 사실이다. 우리는 우리 자신에 대한 이 사실에 대해 우리가 가지고 있는 그 지식을 차단하려고 노력한다. 억압적인 프로젝트의 목표는 완전히 인식론적이다. 그것은 혐오스러운 욕망이나 그런 것들을 억누르려고 하는 것과 전혀 같지 않다. 그것은 좀 덜 혐오적이 되려고 노력하는 프로젝트도 아니다. 예를 들어, 개인위생을 강화하거나 수술하는 것이 아니다. 또한, 주어진 범위의 지극에 대한 반응으로 혐오감의 강도를 줄이려는 시도도 아니다. 오히려, 그것은 우리의 혐오에 대한 지식을 이용할 수 없게 만들거나 억제시키거나 또는 작동하지 않도록 하는 것을 목표로 한다. 다른 용어로 우리는 혐오가 의식적이고 노골적이 되지 않도록 우리 안에 잠재하는 지식을 막으려고 노력하는 것이다.[2]

여기서 필자는 프로이트식의 무의식 같은 어떤 걸 들먹거리려는 건 아니다. 필자가 말하고 있는 억압이 그 자체로 무의식적인 것이라거나, 그것이 혐오에 대한 우리의 지식을, 프로이트식의 의미(그 정도가 정말로 무엇이든 간에)처럼, 어떤 무의식적인 것으로 만드는 데 성공할 수 있다는 주장을 일부 하려는 것도 아니다. 좀 더 상식적인 의미로 말하자면 다음과 같이 설명할

2　억압은 다소 역설적이기 때문에 여기서 좋은 용어를 찾기는 어렵다. 그것은 자신이 안다고 알고 있는 것을 알지 않으려 하는 시도이다. 그것은 일종의 자기기만인데, 자신이 의도적으로 가지고 있는 지식을 부정하는 것이다. 우리가 아주 잘 알고 있는 것에 대해 의도적으로 생각을 피한다는 사실, 즉 이는 전혀 역설적이지 않은 것이며 필자에겐 충분히 설정 가능하다는 생각이다. 필자의 주장은 단지 우리가 가지고 있는 지식에 연연하지 않으려 동기화 되어 있다는 온건한 주장일 뿐이다.

수 있을 것이다. 특정 과거 사건에 대한 기억이 나를 고통스럽게 한다고 가정해 보자. 우리가 말하듯이, "그걸 생각하려고 하지 마" 또는 "그것에 연연하지 마라"라고 말하면서, 나도 모르게 그것이 떠오를 때마다 나는 내 생각에서 그것을 지워버리려 할 것이다. 떠올리고자 원한다면 나는 그 사건을 떠올릴 수 있으므로, 그것은 프로이트 의미의 무의식적인 건 아니다. 그러나 나는 그것이 생각나 날 자꾸 괴롭히지 못하게 하는 데 성공하거나, 만약 그래도 생각나면 그것을 아예 제거하는 전략을 개발하기도 한다(나는 즐거운 어떤 것을 대신 생각해 내려 한다). 이러한 노력으로 나는 불쾌한 기억을 꽤 잘 다스리게 될지도 모른다. 아니면 내게 태어날 때부터 반점이 하나 있어 이로 인해 다른 사람들이 나를 이상하게 바라보고 있다는 것을 내가 알고 있다고 가정해 보자. 나는 수년간 그 반점에 대해 사람들이 지껄이는 일이 없도록 어떻게든 할 것이고, 아예 생각에서 그것을 지워버리는 등 노력을 기울일 것이다. 즉, 비록 반점이 나에게 있다는 것을 너무도 잘 알고 있다 하더라도, 그에 대한 내 지식을 억압하는 것이다. 어쩌면 반점에 대해 좋은 면을 찾으려 노력하면서, 그것은 내게 흥미로운 것이고 또 개성을 부여해 준다고(아마도 그럴 거라고) 스스로 확신할지도 모른다. 나는 아주 의식적으로 그 지식을 가지고 있지만, 의도적으로 나에 대한 그것의 지배력을 통제하고 있는데, 즉 나는 그것이 대부분 내 현재 의식 밖에 있도록 유지함으로써, 그것이 내 생각을 지배하도록 허용하지 않는 것이다. 여기서 필자의 목적을 위해 중요한 점은 우리를 프로이트의 완전한 신봉자로 만들 수 없는 사실이 하나 있는데, 그것은 하나의 불쾌한 사실에 대한 지식을 억압하는 것과 같은 그런 프로젝트가 존재한다는 것이다. 그러니 필자의 주장은 우리가 그런 식으로 우리의 혐오에 대한 지식을 억압한다고 말한다. 우리는 동기부여 된 무지, 또는 주의의 방향 전환, 또는 문제의 사실을 단순히 무시해 버리는 프로젝트를 수행한다. 이것이 맞다면, 우리는 혐오적 존재일 뿐만 아니라, 이 또한 인간 조건의 일부인 혐오로 인해, 억압된 존재이기도 하다. 짧게 말하면, 우리는 우리가 혐오스럽다는 걸 알고 있지만 그것을 너무 의식하지 않으려 노력하는데, 우리는 그러한 지식이 우리의 자의식을 지배하지 않도록 노력하고 있다. 대략 은유적으로 말해서, 우리는 지식이 우리를 너무 많이 지배하지 않도록 노력한다. 우리는 시도하고 성공해 낸다. 즉, 우리는 지식을 성공적으로 억압하는 것이다.

첫 번째 요점은 우리가 일반적으로 그 주제에 대해 침묵하고 있다는 것이다. 우리는 그것에 대해 이야기하지 않거나 많이 얘기하지 않으며 특별한 상황에서만 그리한다. 만약 얘기를 하면 "예의 있는" 것으로 간주되지 않는다(그래서 그 때문에 이 책에 대한 예의범절 문제가 있는 것이다). 의사의 진료실에서 우리는 그런 것을 풀어낼지도 모르지만, 일반적으로 우리는 우리 자신이나 다른 사람들의 혐오스러운 특징에 대해 아무 말도 하지 않는다. 만약 우리가 정말 그런 것들에 대해 말해야 하는 상황이 된다면, 그 타격을 완화시키기 위해 간접적인 표현, 완곡한 어법, 그리고 유머가 도입된다. 우리는 절대 식탁에서 또는 로맨틱한 말의 시작으로 혐오 주제에 대한 이야기를 꺼내서는 안 된다. 우리는 신중해야 하고, 조용해야 한다. 그러나 무언가에 대해 침묵하면서, 그에 대한 자신의 내면 생각들을 검열 받지 않는 것이 가능하다. 또한 우리가 혐오에 대한 우리의 생각을 억압하고 있다고 생각하는 필자의 증거는, 그것에 대한 생각들을 공개적으로 이야기하는 경우, 내부적으로 불편함과 꺼림칙함을 야기한다는 사실에 있다. 우리는 알고 싶어 하지 않고 그것에 연연하지 않기를 선호한다. 그 지식은 배경에 있지만 그것을 전면에 내세우는 것은 불쾌하게 느껴질 수 있기에 그것을 정신적 그림자 속에 남겨두어야 한다. 아니면, 그 대신에, 혐오에 대해 담화를 하는 것이 하나의 계시 또는 해방으로서 경험될 수도 있는데, 그것은 마치 단지 암묵적으로만 미심쩍게 있었던 것이 이제는 억압적 압력이 확실하게 풀렸다는 안도감으로 인식하게 되는 것과 같은 것이다. 우리는 그 주제를 내내 피해왔었는데, 이제서야 그 뚜껑을 열 수 있게 되면서, 뒤이어 신선한 공기가 들어

옴을 느끼게 된다. 그러나 만약 억압이 강하다면, 해방의 깨달음을 얻는 게 아니리 결과적으로 화를 불러일으킬 가능성이 더 크다. 두 경우 모두 인식론적으로 말해서 우리는 무엇인가 억제되어 왔다는 증거를 드러낸다.[3] 우리는 우리가 혐오스럽다는 걸 인식하지만 이는 불편한 지식이고 그래서 우리는 그것을 인식의 가장자리로 밀어 넣으려 애쓰는데, 만약 그것을 중심부로 가져온다면 그때는 위협적인 것으로 경험되거나 깨달음을 얻게 된다. 프로이트는 우리가 진정한 성적 욕망의 지식을 피하려 노력한다고 말할 것이겠지만 필자는 우리가 혐오스러운 유기체로서 우리 현실에 대한 지식을 피하려 노력한다고 말하고자 한다. 이것이 우리가 없었으면 하고 더 바라게 되는 지식, 또는 적어도 우리 마음속으로 끊임없이 원하지 않게 되는 지식이다. 반대로, 우리의 "영혼적인" 측면에 대해서는 지식을 억압할 필요가 없다. 이것은 우리 안에 혐오적인 감정을 유발하지 않으므로, 우리는 우리의 지적 재능, 우리의 윤리적 정서, 그리고 우리의 예술적 감성을 끊임없이 떠올리게 되면 꽤 행복해지기 때문이다. 우리는 우리를 방해하는 것만을 억누르도록 동기화 되어 있지만, 우리 본성의 "영혼적" 측면은 우리 몸을 구성하는 생물학적 기능과 달리, 전혀 방해가 되지 않는다. 만약 당신을 방해하는 지식을 가지고 있다면, 그때 완전히 명백하게 의식하는 것으로부터 그것을 멀리 유지하려고 노력하는 것이 합리적이다.[4] 그렇게 하면 당신은 내내 방

---

3 우리가 명시적으로 인정하지 않더라도 알고 있을 수 있는 어떤 다른 것들이 있을 때, 이것은 동일한 종류의 증거가 된다. 예를 들어, 아무도 말하고 싶어 하지 않고 사람들이 막연하게만 인식하는 불편한 가족 상황이 있을 수 있다. 습관적인 침묵이 있다든가 아니면 누군가가 마침내 그 문제를 꺼내어 안도감을 느끼게 된다는 것은 그런 경우 억압이 계속 진행되어 오고 있었다는 표시가 된다. 우리가 정신적으로 피하려고 하는 불편한 진실들이 확실히 많이 있는 것이다.

4 그 이유는 분명히, 명시적인 의식의 지식이 감정적 반응과 더 밀접하게 연관되어 있기 때문이다. 이것이 우리가 "그것에 대해 생각하면 아프다"고 말하는 이유이다. 지식이 배경에 남아 있을 때는, 그것이 감정을 그렇게 쉽게 끌어내는 건 아니다. 그러나 이것이 왜 이

해 받지 않는다. 당신은 편히 쉴 수 있게 되는 것이다.

니체(Nietzsche)는 그 본질적인 의미를 특유의 활기찬 분위기로 표현해 낸다.

피부 없이 드러나는 인간 안에서 미적으로 작용하는 모욕감들, 피 범벅 덩어리, 배설물이 있는 대장, 내장, 빨아들이고 내뱉는 흉물스러운 것 같은 그 모든 것, 형체가 불분명하고, 못생겼거나, 괴상하고, 발로 차면 냄새나서 고통스러운 것. 그러니 생각에서 그것들을 치워 버리라! … 여전히 부끄러움을 불러일으키며 나타나는 것… 창피한 듯이 피부로 가려진 이 몸은… 이런 이유로 혐오를 유발하는 문제를 지니고 있다. 인간들이 자신의 유기체에 관해 무지하면 무지할수록, 날고기, 썩은 고기, 구더기와의 차이를 덜 느끼게 될 수 있을 것이다. 인간은 전체의 형태, 하나의 형태주의인 게슈탈트(Gestalt)가 아닌 한, 인간은 스스로에게 혐오스러운 존재다. 그는 그것에 대해 생각하지 않으려고 무엇이든지 한다. 인간 존재 안에서 분명하게 연관되어 드러나는 쾌락은 미적 판단의 후유증으로 인해 저급한 것으로 전달되는 것이다.[5]

니체는 다음의 의견을 분명히 했다. ① 인간은 혐오스러운 존재이다. ② 인간은 혐오스러운 존재라는 것을 알고 있다. ③ 인간은 이런 지식으로부터 도망치기 위해 뭐든지 한다. 생각에서 그것을 치워버려라! 우리는 우리가 너무도 잘 알 수밖에 없는 것을 억압한다. 왜냐하면 우리는 그것에 끊임없이 직면하고 그에 따라 감정이 형성되기 때문이다. 우리는 우리 자신이 인지하는 흉물스러움으로부터 자신을 보호하기 위해 뭐든지 한다.

프로이트(니체의 영향을 받은)는 중요한 점을 파악하고 있었는데 인간이 억

래야 하는지, 그 문제에 집중해서 그것의 감정적 여파를 줄일 수 없게 되는 이유가 무엇인지는 그리 명백하지 않다.

5 Menninghaus, p.81쪽에서 인용됨.

압된 종족이라고 하는 그의 설명은 우리가 (일부 영역에서) 의도적으로 알지 못함을 추구하는 이성적 인지 행위자란 뜻이었다. 동물들은 우리보다 아는 것은 적지만, 그들이 아는 것보다 덜 알고 싶어 하는 욕망을 품지는 않는데, 우리 인간은 때때로 우리가 아는 것보다 덜 알고 싶어 한다. 이는 우리의 지식 중 일부가 고통스럽기 때문이다. 그러므로 우리의 의식은 억압된 의식이자, 스스로 인식적 거부의 행동을 목표로 삼는 의식이다. 하지만 필자는 프로이트가 우리의 동기화 된 무지의 진정한 근원을 잘못 파악했다는 생각이 든다. 즉, 우리가 억압하려고 하는 지식은 근친상간 욕망이 아니라 우리의 유기적인 본성에 대한 지식이다.[6] 이 노력은 우리가 단지 유기적 본성의 증거와 직면할 때마다 부분적으로만 성공하게 하지만, 그렇다고 해서 그 지식을 관심의 중심에서 가능한 최대 멀리 떨어뜨리려는 노력을 멈추게 하지는 못한다. 그것은 아주 간단히 말해서 긍지를 느낄 만한 것이 전혀 없고 오히려(니체가 지적한 바와 같이) 실존적 수치심의 근원이 된다. 우리가 억압된 존재인 이유는 우리에게는 억압받아 마땅한 무언가가(아픈 기억처럼) 있어서, 그것을 억누르는 것이 완벽히 합리적이기 때문이다.[7]

이러한 생각은 곤란한 질문을 던지게 한다. 그러면 우리는 필자가 언급하는 그 억압을 드러내려고 시도해야 하는가? 20세기의 많은 사상 중에 억압은 사실상 나쁜 것으로 간주된다. 하지만 이건 고통스러운 기억의 경우가

---

6 이것은 베커의 『죽음의 거부』의 주요 논거 중 하나이고 필자는 이에 많은 영향을 받았다. 베커는 성이 신경증과 억압의 주요 원인이라는 일반 정신분석 이론에 반대하고 있다.

7 비슷한 방식으로, 우리는 우리가 얼마나 이기적인가에 대해 억압을 받는다. 즉, 우리는 우리의 선과 이타심을 과대평가하는 것이다. 우리는 이해받을 수 있는 이유를 대며 미덕의 정도에 대해 자신에게 거짓말을 한다. 우리는 잠재적으로 그 지식을 알고 있다 해도, 우리의 실패에 대한 지식으로부터 자신을 보호하려 한다. 단지 우리는 나쁜 행동들을 잊으려고 애쓰고, 선한 행동은 애정으로 깊이 연연해하며 생각하려 든다. 아무도 자기 자신을 이기적인 자식이라거나 혐오스럽게 배짱부리는 뚱보라 생각하고 싶어 하지 않는 것이다.

보여주듯 결코 명백하지 않다. 우리의 혐오스러운 본성에 대해 억압을 하지 않는다면 얼마나 유익하게 되는 것일까? 어쩌면 우리는 우리의 진정한 본성에 대한 너무 많은 지식을 정말로 견뎌내지 못할지도 모른다. 인간의 자아는 연약하고 허영심이 강하므로, 우리가 인간으로서 현재 어떤 존재인지가 지나치게 명확히 드러나면 쉽게 상처받을 수 있기 때문이다. 우울증, 불안, 심지어 정신이상도 우리의 진짜 본성을 계속 끊임없이 의식하게 된 결과물 때문인지도 모른다〔키르케고르(Kierkegaard)는 그렇게 생각했다〕.[8] 매일 스스로 우리가 얼마나 끔찍한 똥 더미인지 상기시키는 것이 우리에게 어떤 이득을 줄 수 있는 것일까? 우리의 더 나은 속성에 대해서는 곰곰이 잘 생각하며 나머지는 그다지 알려지지 않은 채로 적당히 남겨두는 것이 더 좋다. 반면에, 우리는 이미 우리의 유기적인 존재에 대해 꽤 많이 이해하고 있다. 그래서 억압에서 벗어난다는 것이 무심코 비밀을 누설하는 경우가 되기 힘들 정도다. 결국, 필자는 이 책에서 적어도 암시적으로라도, 당신이 당신에 대해 이미 알지 못했던 것은 어떤 것도 말한 적 없다. 아마도 합리적인 대답은 단순히 어떤 분석적 명확성이 바람직하다는 것이겠지만, 그렇다고 내내 우리의 혐오스러운 자아에 대한 진실을 얻어내느라 강박관념에 빠지고 싶지는 않다는 것이다. 우리는 우리가 얼마나 혐오스러운지 끊임없이 고민할 정도까지 몰아가고 싶어 하는 건 아니다. 그것을 마지못해 받아들일 수 있거나 아니면 적어도 살짝 찔끔 놀라며 인지해 주는 정도이지, 마비 증세가

---

8 베커는 놀랍게도 이렇게 말한다. "나는 사람들이 인간의 상태를 완전하게 알게 된다면 이로 인해 미치게 될 거라는 사실이 맞다는 것, 문자 그대로 완전히 맞는 말이라고 믿는다"(p.27). 그리고 나서 그는 파스칼(Pascal)의 말도 인용한다. "사람들은 필연적으로 너무도 미쳐 있는 상태이기 때문에 미치지 않았다고 한다면 이는 또 다른 형태의 광기에 해당한다 할 것이다." 좀 더 냉정히 말하자면, 우리는 어느 정도 정신적 장애의 고통 때문에 우리 진짜 본성에 대한 지식을 억제할 필요가 있다. 완전하게 자신을 알게 되는 지식은 위험한 상태인 것이다.

나타날 정도까지 강박에 집착하지는 않는다. 필자는 그 문제의 주제를 철저히 분식하고 징확히 살펴봄으로써, 비록 그렇게 될 것인지 스스로 확인까지는 못했지만, 어느 정도 그 주제를 다뤄볼 수 있다고 하는 주장은 가능하리라 생각한다. 필자가 확실하게 부인하고자 하는 것은 우리 스스로 본성적인 혐오감을 극복할 수 있다거나, 혐오감을 반감이 아니라 매력적인 어떤 것으로 바꿀 수 있다는 생각이다. 우리는 결코 대변이 끝내주게 좋다거나 썩어가는 시체가 기분 좋은 것이라고 자신을 설득할 수는 없다. 그런 식의 광기는 분뇨기호증이나 시간증의 형태로 존재하는데, 필자는 이를 앞으로 한 발짝 나아가는 단계라고 생각하지 않는다. 혐오의 핵심은 고정되고 변치 않는 어떤 것이며, 그곳에는 혐오스러운 자질을 거부하는 것에 관해서 존경할 만한 것이나 깨달음을 주는 것은 없다. 우리가 할 수 있는 일은 혐오의 늪에 휩쓸리지 않고, 즉 압도당하지 않으면서 혐오의 사실을 똑똑히 직시하는 것이다. 그리고 만약 그 사실이 정말 압도적인 위협을 가한다면, 그렇다 해도 때때로 억압의 궁지에 몰려 어떤 실제적인 해악이 있게 될 거라 생각하지는 않는다. 더 좋은 것들을 생각하도록 노력하라. 왜냐하면 좋은 것이 항상 나쁜 것보다 더 낫기 때문이다.[9]

억압에 대해 한 가지 더 언급할 가치가 있다. 1부에서 필자는 혐오의 기원과 기능을 인간의 과도한 욕망과 연결시켜 살펴보았다. 혐오는 우리의 좀 더 지독한 욕망을 약화시키거나, 시간증이나 분뇨기호증 같이 왜곡된 대상을 취하지 못하게 막는 역할을 한다. 혐오는 강하게 길들이는 힘으로, 즉 현재 용어로 하나의 식욕 억제제 역할을 한다. 하지만 우리가 알고 있는 혐오에 대한 인식론적 억압은 반대의 효과를 가져오게 되는데, 즉 혐오의 인지적 강세 현상을 감소시킴으로써 혐오로 야기된 식욕 억제에 대항하는 작용

---

9 필자는 킹슬리 에이미스(Kingsley Amis)의 『럭키 짐(Lucky Jim)』에 나오는 유명한 대사를 인용한다.

을 한다. 그래서 혐오에 의해 눌린 과도한 욕망은 혐오 지식에 대한 억압으로 더 많은 자유를 얻게 된다. x라고 하는 인간이 t라는 시간에 어떤 방식으로 y라는 대상을(예를 들면 성적으로 또는 먹을 것을) 욕망한다고 가정해 보자. 그러나 나중에 t'라는 시간에 x는 y를 보고 혐오를 일으킨다. 그러면 x는 더 이상 y를 바라지 않게 되든가, 바라는 것이 약해지든가, 혹은 그 양쪽 감정이 섞인 방식으로 그렇게 될 것이다. 하지만 지금 또 가정해 보자. 아까 그 시간 뒤 t''라는 시간에, x는 자신이 y에 의해 혐오를 느낀다는 지식을 억누르려고 한다. 그러면 x는 y에 대해 더 이상 같은 반감을 느끼지 않을 것이다. y의 혐오감에 대한 그의 인식은 일종의 폐쇄되거나 빛을 잃게 되는 것이다. 그러나 그것은 여전히 나중에 어떤 시간 t'''에서 y를 욕망하는 데 있어서 다시 자유를(아니면 더 많은 자유를) 느낄 수 있게 된다는 것을 의미한다. 왜냐하면 그의 혐오가 말하자면 경감되어서, 적어도 억압의 행위가 행해지기 전만큼 두드러지지 않게 되기 때문이다. 따라서 인식론적 억압은 과도한 욕망에 대한 흥미를 제공할 수 있다. 예를 들어 썩은 음식을 먹고 싶은 간절한 욕망을 (매우 잘 익은 치즈라면 그럴 수도 있다) 가지고 있다고 가정해 보자. 혐오감이 이 욕망을 억제하도록 발생할 것이고 그리하면 결국 그것을 취한다는 건 그리 좋은 생각이 아닌 것 같은 생각이 들게 만들 것이다. 하지만 지금, 만약 당신이 그렇게 "치워야 하는" 식품에 대한 혐오의 지식을 억누를 수 있다면, 말하자면 당신의 주의를 나쁜 냄새와 썩은 겉모습으로부터 돌림으로써 성취 욕구는 누그러지게 됨을 느낄 수 있게 된다. 물론 그런 억압은 혐오의 강한 힘에 비해 약한 힘이다. 왜냐하면 그것은 기껏해야 부분적이고 모호하기 때문이다. 그러나 그것은 최소한 혐오의 금지 효과를 감소시킬 수 있다. 일반적으로, 억압의 기능은 단순히 우리의 혐오에 대한 지식의 고통스러운 부담을 덜어주는 것이지만, 부작용으로 혐오가 억제하는 제멋대로인 욕망들을 지원해 주는 작용을 하는 것처럼 보인다. 달리 말해, 혐오의 인식론적 억압은 원칙적으로 혐오감이 작용하는 욕망의 해방으로 이어질 수 있다. 그러한 억압이 실제보다 훨씬 더 강력하다고 가정하고 억압이 지식을 진징으로 무의식적으로 만들 수 있다는 프로이트의 말이 옳다고 가정해 보자. 그렇다면 원칙적으로 다양한 대상이 혐오스럽다는 우리의 의식적 지식을 완전히 제거할 수 있다. 이런 식으로, 우리는 시신에 대한 우리의 지식을 무의식으로 만들어낼 수도 있는 것이다. 즉, 의식적으로 우리는 심지어 시신들이 아주 매력적이라고 생각할 수도 있다. 이렇게 되면 이는 시신과 관련하여 이성적으로 보기에 지나친 것이라고 설명되는 어떤 행동으로 이어질지도 모른다. 시체와 성관계를 맺고 싶은 욕구가 남아 있다면 이를 표현하기 위한 명확한 심리학적 경로를 찾아갈지도 모르는 일이다. 왜냐하면 우리는 더 이상 (의식적으로) 시신들이 혐오스럽다고 믿지 않기 때문이다. 아마도 우리는 여전히 무의식적으로 시신들이 혐오스럽다고 생각할는지도 모르지만, 이제 그 반감은 문제의 대상에 대한 의식적인 욕망의 대항을 받게 될 것이다. 이러한 강한 종류의 억압은 욕망의 존재와 표현에 대한 장애물을, 말하자면 혐오를 제거함으로써 과도한 욕망의 강화로 쉽게 이어질 수 있다. 따라서 억압은 프로이트 이론에서처럼 금지가 아니라 욕망을 금지하지 않는 매개체로서 기능할 수 있다. 필자는 억압이 사실 그렇게 강한 방식으로 행동할 수 있다고 생각하지 않는다(니체의 '생각 안에서 그것을 치워버리라!'라는 식의, 단지 그 정도까지만 진행될 수 있겠지만). 그러나 단순하게 그것이 의식적인 생각을 지배하도록 허용하지 않음으로써 그것이 혐오의 심리적 힘을 약화시키는 일을 할 수 있다고 굳게 믿고 있다. 만약 그렇다면, 혐오감은 과하거나 비뚤어진 욕망을 억제할 수 있는 힘이 줄어들게 될 것이다. 이런 종류의 억압은 그렇다면 문명이 아니라 야만성, 원시성, 그리고 통제되지 않은 식욕에 대해 협력자의 역할을 하게 된다. 왜냐하면 그것이 비(非)문명화 된 욕망에 더 큰 자유를 허용하기 때문이다. 그것은 혐오의 문명화 작업을 제거하여 문제의 욕망에 더 큰 자유의 통제권을 허용하는 것이다.[10]

필자가 이러한 일련의 생각에서 특히 흥미를 느끼는 것은 마음의 작용에서 발견되는 갈등의 역동성이다. 욕망은 우리를 한 방향으로 밀어내고, 혐오감은 반대 방향으로 밀어낸다. 그리고 나서 억압은 혐오를 약화시킴으로써 욕망을 자극한다. 조건법적 서술로 하면 갈등이 분명하게 드러난다. 만약 혐오가 없었다면 우리는 욕망에 따라 행동할 것이다. 그리고 만약 억압이 없었다면 혐오가 우리를 압도했을 것이다. 억압은 우리가 혐오감에 압도당하는 것을 막지만, 그렇게 함으로써 혐오가 금지하는 욕망을 위한 길을 열어준다. 혐오가 없었다면, 우리는 과도한 욕망으로 압도되었을 것이다. 그러나 억압이 없었다면, 우리는 혐오로 압도당했을 것이다. 하지만 억압을 마련하면, 혐오감을 약화시키는 힘이 약해지기 때문에 우리가 욕망에 압도되기 쉽다. 그 모든 것이 마치 우리가 마음의 한계선에 몰려 서 있는 것처럼 매우 위태로워 보인다. 만약 억압이 더 강해지고 더 결정적인 것이 된다면, 혐오가 그런 욕망을 감시하려고 진화하기도 전에 억압이 우리를 걷잡을 수 없는 욕망의 시대로 되돌려놓을지도 모르는데, 다행히 억압은 혐오에 비해 약해서 우리는 그럭저럭 문명이라는 허울을 유지하고 있다. 이는 아슬아슬하게 위기를 모면하며 사는 것처럼 보인다. 동물의 마음엔 그런 위태로운 역동성이 없는데 그 이유는 단순히 동물의 욕망은 인간의 욕망처럼 욕심 많고, 욕정으로 가득 차 있고, 변태적이며, 무제한적이고, 비실재적이면서, 불균형적이고, 강박적이면서, 호기심에 쫓기고, 신중하지 못하며, 거칠고 그리고 정신 나간〔일단 가학증과 피학대성욕도착증(被虐待性慾倒錯症)을 생각해 보라〕

---

10 거의 같은 방식으로, 만약 우리가 자신의 죄책감에 대한 지식을 억압한다면, 이는 죄책감을 억제하는 효과가 줄어들기 때문에 나쁜 행동을 할 가능성이 더 높아진다. 내가 의식적으로 그리고 주의 깊게 어떤 행동을 할 때 나쁜 것에 대한 죄책감에 사로잡히지 않았다면, 비슷한 어떤 일을 다시 할 가능성이 더 높아질 수 있다. 왜냐하면 죄책감이 불쾌하게 느껴지기 때문에 그걸 억압하게 되는 동기를 가지게 되는데, 그렇게 되면 이는 도덕적으로 나쁜 욕망의 원인 역할을 하게 될 것이다. 혐오의 경우와 동일한 역학이 여기에도 작용하고 있다.

것 같지 않기 때문이다. 그러므로 동물은 혐오의 억제력을 필요로 하지 않는다. 따라서 뒤이어 스스로를 불편한 혐오 지식으로부터 보호할 필요가 없다. 욕망-혐오-억압의 역동성은 불편함과 긴장감에도 불구하고 우리에게만 존재하는 것이고, (혐오의 기능에 대한 과잉 이론이 옳다면) 인간 욕망의 병리학 때문에 그렇다. 우리가 욕망에 더 민감해진다면, 억제적 혐오가 필요하지 않을 것이며, 따라서 혐오 억제가 만들어내는 인지 부조화와 자기기만과 함께 혐오감을 억제할 필요도 없을 것이다. 하지만 우리 욕망에 더 민감하게 빠져들려면 우리는 아마도 지성과 상상력이 모두 결여되어 있는 매우 다른 종류의 존재가 되어야 할 것이다. 또한 그렇게 되면 아마도 우리에게 언어가 부족하게 될 것이다. 그러므로 우리를, 지독히 욕망을 갈구하는, 현재 우리와 같은 종류의 존재로 이끄는 것은 언어의 존재이며 따라서 위에서 요약된 특이한 결과로 이어지게 된다.[11] 그것은 우리가 언어와 지성 그리고 상상력을 얻어내기 위한 일괄 협상인 것처럼 보인다. 하지만 우리가 치르는 대가는 과도한 욕망, 혐오, 억압이다. 물론, 이 모든 것은 엄청난 추측에 기반한 것이지만, 거기에는 하나의 매력적인 일관성이 드러나고 있는데, 그것은 지적 방식에서 인간 마음의 다양한 측면을 연결하고 있다. 우리는 극단적인 욕망을 가지고 있고, 혐오하는 경향이 있으며, 억압의 부담을 가지고 있는 종이지만, 또한 언어, 이성 그리고 상상력을 갖춘 종이기도 한데, 이러한 속성들은 현저하게 서로 연관되어 있음이 밝혀진 것이다.

---

11 구문과 의미뿐만 아니라, 의사소통 기술까지 완전한 언어 숙달에는 지능과 상상력이 필요하다. 형태적으로 따라서 상상력으로 생각하는 능력은 문장 의미에 대한 우리 이해력의 한 부분을 보여주는데, 그리스(Grice)가 제시했듯이 적절하게 의사소통하기 위해서는 복잡한 반응적 개념이 있어야 한다. 필자의 가설에 따르면, 그렇게 정교한 인지 능력은 우리의 욕망과 상호작용하여 과도한 욕망을 생성하고 혐오를 유발하며 그 후에 억압을 불러일으킨다. 그러므로 언어적 숙달은 욕망, 혐오, 그리고 혐오의 억압으로 연결된다. 달리 표현하자면, 두뇌는 상호 연관된 기관인 것이다.

제9장

죽음에 대한 생각

이제 죽음에 대해, 그리고 우리가 그것을 어떻게 생각하는지에 대해 몇 가지 의견을 덧붙여보겠다. 이미 나는 혐오감과 죽음에 관한 견해들이 밀접하게 얽혀 있음을 언급한 바 있다. 혐오감을 느끼며 우리는 죽음의 흔적을 보고, 혐오감은 죽음 안에서 주된 목표물 중 하나를 발견한다. 살아 있는 육체는 죽음의 징후를 내포하고 있는데 그것들은 우리에게 혐오감을 불러일으킨다. 반면, (그 자체로서 생명체의 징후인) 사체의 부패는 분명히 혐오스럽다. 죽음이 특정 비율의 혐오감을 지니는 반면, 혐오감은 소위 죽음에 대한 인식이나 목격이 포함되어 있다. 또한, 고귀한 존재인 '의식적 자아'의 생존은 혐오감에 사로잡힌 대상, 즉 동물체 본연의 모습에 달려 있다. 그러나 이제 죽음과 그것이 포함된 개념의 틀에 대해 다른 관점을 표방하고자 하는데, 이것은 우리가 죽음이라고 보는 양상들과 관련된다. 우리가 죽음에 대해 고심할 때 필자에게는 명백히 상반된 두 가지 생각들이 함께 떠오른다. 첫째, 육체에 대한 자아의 의존성을 고려할 때 죽음은 불가피하다. 둘째, 자아의 본질적인 성질을 고려할 때 죽음은 우발적이다. 그래서 역설적이게도 죽음,

즉 인간의 죽음은 필연적이기도 하고 우발적이기도 하다. 신체가 본질적으로 질병, 와해, 해체에 취약하기 때문에 우리는 소위 물리전자들과 달리 유기체가 불멸하지 않는다는 것을 이해하기 위해 생물학적 세계에 대해 충분히 알 필요가 있다. 즉, 우리는 유기체가 항상 파괴되는 것을 보게 되는데, 유기체의 내부적 본질을 통해 이 사실을 이해할 수 있다. 뇌혈류의 단순한 손실만으로도 놀랄 만큼 빠르게 죽음에 이르게 된다. 몸은 부드럽고 연약한 그릇이다. 그래서 많은 것이 우리에게는 아주 명료하다. 비록 의학으로 인해 신체가 과거보다 훨씬 더 오래 존속하게 된다고 해도 그것을 파괴할 방법들도 쉽게 생각해 볼 수 있다. 즉, 아무리 화려한 공상 과학 소설이라고 해도 인체가 파멸로부터 안전할 수 있는 방법을 제시해 줄 수는 없다.

그러나 자아가 사실상 육체에 의존한다는 점을 고려해 보면 인간 멸종에 관한 이 사실은 단지 외적으로 명백해진다. 그것은 자기 인식을 통해 우리에게 보이는 대로 자아를 간주하기 때문에 내적으로 보면 분명하지는 않다. 내적으로, 자아는 멸종에 전혀 취약해 보이지 않는다. 그것에 관한 어떤 것도, 그 자체로 죽음에 대한 가능성을 시사하지는 않는다. 자아는 고질적인 위험을 조건으로 하는 생물학적 실체가 아니라, 심리적 실체로서 자기 성찰적으로 표현된다. (데카르트는 적어도 이 점에 대해서는 옳았다). 내부적 관점에서 볼 때, 우리가 불멸하다는 것은 인식론적으로 가능하다. 그러나 우리가 불멸하다는 생각은, 심리적인 실체로서의 우리 자신에 대한 인식 내에서 양립할 수 있다.[1] 이것이 분리된 실체로서 존재하는 인간의 불멸함에 대한 주장들이 실제 가능하다고 여겨지는 이유다. 자아는 내부에서 주어진 형태 그

---

[1] 나는 여기서 (신체에 대한 마음의 의존성 때문에) 우리가 반드시 죽는 것이 형이상학적 필연이라고 해도 (우리의 마음을 1인칭적 지식과 연관 지어) 우리가 영원히 멸하지 않는다고 판명될지도(혹은 판명되어 왔는지도) 모른다는 (크립키언의) 생각을 다시금 언급하게 된다. 다시 말해 주관적인 자아는 자신의 죽음을 선험적으로 한정된 것으로 보지 않는다. 심지어 그것이 사망 가능성을 높이는 것도 아니다.

대로 본질적인 형태로서 신체에 적합한 단절과 해체를 겪을 수 있는 종류의 것이 아니다.[2] 자아는 공간적·분열적·세포적인 것이 아니기 때문에 일반적으로 그러한 것들의 운명을 겪을 수 없다. 그것은 말 그대로 분해되거나 조각날 수 없다. 그렇다면 질병은? 몸에 치명적인 질병은 많지만 마음에 치명적인 질병은 없다. 우울증, 조증, 정신분열증, 이런 질병 중 어떤 것도 불치병은 아니다. 우리가 아는 어떤 정신장애도 말 그대로 자아를 죽게 할 수는 없다. 그래서 암과 심장병이 몸에 하는 작용을 정신에 대해서도 할 수 있는지 (내부에서는) 알 수가 없다. 만약 우리가 신체와 그 위험에 대한 지식 없이 정신적 요소들만 인지한다면, 우리가 죽는다고 믿을 이유가 없을 것이다. 실제로, 우리가 불멸하다고 믿는 것이 (거짓이지만) 정당화될 것이다. 현상학적으로, 우리의 본질은 불멸이다. 죽음에 대한 우리의 지식은 그 자체로 간주되는 우리의 정신 지식이 아닌, 오직 육체 그리고 그 육체에 대한 정신의 의존성에 관한 지식에 기초한다. 내부적 관점에서, 우리가 불멸의 존재라는 사실이 밝혀질 수도 있지만, 동시에 우리가 생물학적 세계에 대해 알고 있고 그 안에 포함되어 있다는 사실을 감안할 때, 우리가 영원히 살 수 없다는 매우 강력한 증거가 존재한다. 우리는 심지어 더 강하게 얘기해 볼 수 있다. 즉, 정신은 몸을 파괴할 수 있는 종류의 힘에 취약하지 않다는 인상을 준다. 그러므로 자아는 당연히 스스로를 영원히 죽지 않는 실체로 받아들인다. 우리는 정신이 육체에 대한 의존에서 벗어나기 위해 죽지 않는다는 것이 무엇인지 잘 알고 있지만, 육체에 닥칠 사고들을 고려할 때, 육체가 어떻게 불멸할 수 있는지는 전혀 알 수가 없다. (육체는 육체 자체에 대한 의존에서 벗어날 수 없다.) 육체로부터 분리된 정신은 의학적으로 아무리 발달되더라도, 물리

2 　내 목적을 위해, 그러한 주장이 사실로 간주되기만 하면 정말 사실일 필요는 없다. 왜냐하면 나는 우리의 감정을 설명하는 데 관심이 있고 여기서는 믿음이 중요하기 때문이다. 자아에 대한 우리의 감정을 결정하는 것은 자아에 대한 우리의 생각이다.

적 세계의 일부도 아니고 육체도 아니므로, 핵폭발에서조차 살아남을 수 있다. 그것은 단지 인체와 같은 물리적 대상만이 아닌 규정된 물리적 법칙들에서도 제외된다.[3] 그래서 우리는 죽음을 우연으로 여기게 된다. 내부로부터 드러나는 그들의 본질적 속성을 고려할 때, 우리가 죽는다는 것이 정신에 필요한 진실은 아니다. 죽음은 우리가 경험하듯이 어떤 식으로든 마음속에 기록되는 것이 아니다. 단지 우리가 마음에서 벗어나 필연적으로 죽게 될 육체에 대한 이상한 의존성에 주목할 때 그러하다. 자아의 죽음은 외적으로는 필연적이지만, 본질적으로는 우발적이다. 즉, 인간의 유한함이 내인적이 아니라 외인적이라는 것이다. 자아의 죽음은 자아가 내적 존재 안에 있기 때문이 아니라, 실제 육체에 의존하기 때문에 불가피하다. 따라서 우리가 정신에 대해 생각하는 두 가지 방식, 즉 1인칭과 3인칭, 다시 말해 내부로부터 우발된 것인지 외부에서 요구되었는지 따라 죽음에 관련된 양상들은 다르게 평가된다. 두 평가 모두 우리를 혼란스럽거나 당혹스럽게 하며 죽음에 대한 우리의 생각에 색을 입힌다. 한편으로 우리는 왜 우리가 죽는지 모른다. 다른 한편으로 우리는 죽음이 우리에게 강요됨을 받아들인다. 필자 생각에 우리가 내려야 할 결론은, 우리의 1인칭적 관점이 "우발성에 대한 착각"을 만들어낸다는 것이다. 우리가 순수하게 내부적으로 생각할 때 자아는 우연히 사라질 존재일 뿐이지만, 그 겉모습은 외부에서 보이는 자아에 대해 우리가 아는 것, 구체적으로는 부패하기 쉬운 신체에 대한 자아의 의존성에 비추어 수정되어야 한다. 이런 겉모습은 신체에 대한 자아의 의존성을 무시하기 때문에 그 근본적인 형이상학적 양상은 그것이 우리에게 내

---

3 데카르트의 이원론이 옳다면 파괴적인 물리적 힘에 관한 한 우리는 불멸의 존재가 될 것이다. 물질로 구성되지 않은 것을 어떻게 물질로 파괴할 수 있을까(숫자들을 비교해 보라)? 그러나 사실 그것은 정확하지 않으므로 우리는 파괴될 수 있다. 어쨌든, 불멸은 내부적으로 인식 가능한 상태로 남아 있으며, 이는 실제 가능성에 대한 환상을 불러일으킨다. 형식적 상황은 복잡하고 혼란스러워 우리 안에 죽음에 대한 얽힌 감정을 만든다.

면적으로 나타날 때 마음속에서 이해될 수 없다. 그럼에도 불구하고, 우발적이라는 인상이 순전히 내부에서 바라본 마음속에 확고히 뿌리박고 있기 때문에 그 결론은 불쾌감을 준다. 다시 말하지만, 정신은 생명을 위협하는 질병에 취약하지 않다. (물론 뇌 질환에는 취약할 수 있다.) 소화 과정은 가령 장폐색처럼 기능에 악영향을 주고 죽음으로 이끌 수 있는 고통에 취약하다. 그러나 소위 사고의 과정은 기능에 악영향을 미치고 죽음에 이르게 하는 심리적 유형의 고통에 취약하지 않다. 확실히 사고는 감정들, 지각적 산만함 그리고 완전한 정신이상으로 인해 방해 받을 수 있다. 그러나 그런 장애는 결코 죽음을 이끄는 건 아니다! 우리는 어떤 정신적 사건이나 과정으로 죽게 되는지 모른다. 물론 신체에 행하는 자살행위는 예외다. 이 때문에 우리는 육체에서 분리된 정신이 어떻게 소멸되는지 그리고 육체 이탈이 일반적으로 실제 불멸의 필수 조건으로 여겨지는지는 알 수 없다.[4] 필자는 이 혼란스러운 직관 양상들의 충돌 속에서 죽음에 대한 분노의 근원을 발견할 것이라고 믿는다. 만약 마음의 내적 본질에 관한 한 죽음이 단지 우연한 것이라면, 왜 신이나 자연은 우리를 죽게 만들었을까? (여기서 필자는 우리가 육체적 죽음에서 살아남지 못함을 확신한다). 그것은 본질적인 존재로 자연법칙에 따라 육체가 반드시 죽도록 되어 있는 것처럼 자아도 죽어야만 한다는 것은 아니다. 우리와 같은 자아가 불멸할 수 있는 세계(사실상, 아주 가까운 세계)는 존재하지 않는가? 자아가 본질적으로 어떤 존재인지 때문이 아니라, 불행히

---

4   육체에서 분리된 정신은 차에 치이거나 암에 걸릴 수도, 찢겨질 수도 없다. 아마도 신만이 그것을 파괴할 수 있을 것이다. 육체는 최소한 원자들의 집합체로서 반드시 파괴력의 지배를 받기 때문에 불멸을 위해서는 정신이 반드시 필요하다. 사실, 육체에 생명을 주는 기능을 파괴하는 데는 그리 많은 시간이 걸리지 않는다. 그래서 우리는 죽음에 대해 많은 불안감을 안고 살고 있다. 우리는 살아 있는 몸에서 늘 죽음을 느낄 수 있다. 그것은 마치 죽음을 위해 설계된 것 같다. 죽음은 그것을 주장하기 위해 많은 노력을 들일 필요가 없다. 이런 이유로 서 있는 자체도 불안하다.

도 단지 정신이 육체에 의존하기 때문에 우리는 죽게 된다. 그렇다면 왜 그렇게 의존적이지 않은 자아를 창조할 수 없는가? 나는 내 육체가 불멸을 바랄 수 없는 유한하고 약한 존재라는 것을 인정하면서도 영원해야 한다는 점은 전적으로 인지하고 있다. 따라서 내가 죽어야만 한다는 것이 불공평하다는 생각이 든다. 내적으로 볼 때, 나의 죽음에는 어떤 필연성도 없으니, 그것을 주장하는 것은 신이나 자연에게 불필요하다. 내적 본성을 고려할 때, 내가 불멸하도록 만들어졌을 수도 있었으므로 창조적 능력이 나를 죽게 만드는 것은 비열해 보인다. 반면, 복잡한 생물학적 실체나 심지어 산, 행성과 같은 무생물체에 대해서도 그런 생각은 들지 않는다. 여기서 죽음과 파괴는 단지 존재론적 거래의 일부로 보인다. 죽는 자아 자체가 죽음의 필연성을 보여주는 것은 아니기 때문에 우리는 (외적으로) 불가피한 죽음을 받아들이기 어렵다는 것을 알게 된다. 내가 죽을 것을 알고 외면할 수 없는 사실이지만, 왜 나는 죽어야만 하는가? 죽음은 야만적이고 불투명하며, 이해 가능하지도 명료하지도 않은 것 같다. 결과적으로, 우리는 죽음이라는 사실에 저항하고 신, 운명, 자연과 같은 누군가에게 책임을 전가하려 한다. 마음이 명쾌하게 자신의 파괴 수단을 가지고 있다면, 우리의 태도가 얼마나 달라질지 생각해 보라. 만약 우리가 이해 가능하며 불가피하게 죽음에 이르게 한 심리적 요인들을 스스로 감지하거나 타인에게서 관찰할 수 있다면, 그리고 이것들이 심리적 현실 그 자체와 불가분의 관계에 있다는 것을 알게 된다면, 확실히 우리는 죽음을 훨씬 더 평온하게 여길 것이다.[5] (불가능한 일이긴 하지

---

5 죽음이 자아의 끝이기 때문에 우리가 여전히 죽음을 후회하거나 혐오하지 않을 것이라는 뜻은 아니다. 필자의 말은 우리가 이성적으로 받아들이는 것이 좀 더 쉽다는 의미이다. 그러면 그것이 그렇게 우발적이고, 분별력과 논리가 결여된 것처럼 보이지는 않을 것이다. 자아는 외부에서 죽음을 강요받는 대신 죽음을 각오한 것처럼 보일 것이다. 죽음은 자연스러운 과정이고 단지 예상된 것일 뿐, 이유 없는 엄청난 충격처럼 보이지는 않을 것이다. 처음에 우리는 우리 자신을 자연을 초월한 불멸의 존재로 여기지만, 그 후 우리가

만) 흡연에 대해 너무 많이 생각하고 담배를 피우고 싶어 하면 (실제 흡연 없이) 사망에 이를 수 있다고 가정하자. 그래서 만약 40년 동안 하루에 20회 이상 그렇게 하면, 심리적 원리의 문제로서 당신의 정신은 결국 쇠약해질 것이다. 당신은 강박적으로 흡연에 대한 생각과 욕구를 갖게 되고, 그 결과 기억력, 문제해결력, 지각력 등 정신적 능력이 감소하거나 사라지기 시작한다. 불건전한 생각을 하면 할수록 정신은 더 노쇠해지고, 내적으로도 확실히 그렇게 된다. 치료사도 당신의 나쁜 심리적인 흡연 습관을 고칠 수 없다. 급격하게 정신이 악화된 마지막 시기 이후, 당신은 여전히 입술 사이에 상상 속의 담배를 물고 조용히 망각 속으로 빠져든다. (당신은 그 정신적 습관을 떨쳐버릴 수 없다.) (이 모든 일은 죽음이 육체적 질병과 아무 상관이 없을 만큼 당신의 정신이 육체에서 분리될 때 일어날 수 있다.) 만약 그런 일들이 일어날 수 있다면, 정신은 스스로, 내부 자원에 의해 죽을 수 있고, 그러면 우리는 마음이 내적으로 얼마나 치명적으로 취약한지 알 수 있을 것이다. 생물학의 법칙뿐 아니라 심리학의 법칙까지 고려할 때, 죽음은 불가피해 보일 것이다. 그때 죽음은 마음으로부터 그 근거를 갖게 될 것이다. 우리는 '왜 내 몸이 고통받는 것 때문에 죽어야 하는가'라는 불안한 생각을 갖지 않을 것이다. 우리가 소위 심리적인 존재라는 이유로 죽을 수 있음을 알게 될 것이다. 만약 우리가 생물학적인 질병으로 결코 죽지 않고 오직 정신 질환으로만 죽었다면, 우리는 죽음을 외부로부터 우발적으로 생긴 것이 아니라 마음의 본질에서 비롯된 것으로 인식할 것이기 때문에 우리의 죽음을 매우 다르게 볼지도 모른다. 우리가 불치의 정신 장애에 걸릴 수도 있는 존재임을 감안하면, 우리는 죽음을 필연적이고 필요한 것으로 보기 시작할지도 모른다. 그러나 우리의 현실이 그렇지 않기 때문에 우리는 죽음을 우발적이고 우연한 것이라고

자연에 의해 흡수되고 있다는 것을 받아들이게 되고, 놀랍게도 그렇다. 이것은 원한, 분노, 혼란, 불신, 마비, 그리고 비참함을 낳는다.

우기지만, 외적 관점에서 보더라도 죽음은 역시 필연적이다.[6] 간혹 동물들은 자신이 죽을 것을 알지 못한나고노 한다. 적어도 특정 영장류에서 이 점은 의심스럽다. 그들은 소위 종 내 폭력에 의해 그들의 위치에서 다른 이들의 죽음을 목격하는데, 그것은 스스로 다음 차례가 될 수도 있다고 생각하게 되는 작은 단계가 된다. 그러나 동물들이 우리만큼 죽음에 대해 생각하지 않는다는 점을 부인하기는 확실히 어렵다. 특히, 그들은 필자가 지금 분석하고 있는 복잡한 방식 속에서 스스로의 우연한 죽음을 생각하지 않는다. 그런 형식적 생각들이 동물이 지닌 확고한 실용적 마인드를 지배할 수 없다. 다시 말해, 그들에게 형이상학적 세계는 가능하지 않다. 한 대상이 생물학적 필연성과 심리적 우발성을 결합해 죽음을 생각하기 시작할 때, 비로소 인간 특유의 죽음에 대한 개념이 자리 잡는다. (물론 죽음과 죽어감에 대한 단순한 공포가 결합된) 죽음에 대한 인간의 태도를 특징짓는 것은, 나는 죽어야 하지만 (모든 내면의 형이상학적 복잡성 때문에) 그럴 필요는 없다는 골치 아픈 생각이다. 이 분열된 생각은 죽음에 대한 우리의 태도에 따르는 분노의 감정, 조화의 어려움을 낳는다. 죽음은 (인지된) 우발적 필연성(즉, 내부에서 우발적, 외부에서 필연적)이라는 이상한 상태 때문에 우리에게 특히 비극적이면서도 본질적으로 역설적인 것으로 다가온다. 모든 비극이 그렇듯, 우발적인 것들은 필연적인 것들과 결합된다. 우리는 어쩌다 보니 마음이 육체에 의존하는 불행한 세상에서 살고 있다. 그러나 그런 세상에 산다는 점을 고려해

---

6 죽음이란 것이, 내적으로는 기습적이고 외적으로는 예상 가능한 것처럼 보이는 마음과 관련된 유일한 것은 아니다. 외적으로 예측할 수 없는 뇌 손상을 일으키는 심리적 분열들도 많다. 두뇌 회선이 손상되었을 때 생기는 지각, 기억, 감정, 그리고 언어의 모든 이상한 해리 등이 그것이다. 어떤 남자들은 심지어 아내를 모자로 착각하기도 한다. 뇌의 관련 부분이 기능을 멈추면 일부 정신이 손실된다. 그러나 우리가 마음 자체에 대해 깊이 생각해 보면 어떤 일도 일어날 법하지 않다. 그래서 우리는 정신이 신체에 대해 이런저런 취약성을 가지고 있는 것으로 판명될 때 놀라게 된다. 죽음이 가장 충격적인 예이다.

보면, 모든 것은 당위적으로 작용한다. 동물들은 그런 고통스러운 형식적 반영으로부터 자유롭다. 그들에게 죽음은 (어쨌든 그들이 생각하는 한에서는) 단순한 사실일 뿐이다. 우리가 혐오스러운 대상을 고려할 때 우리의 생각에 들어오는 죽음은 (동물이나 어린이들에게는 불가능한) 다소 복잡한 개념이다. 그것은 죽음을 죽는 것의 내적 본성, 즉 의식적 자아가 지시하지 않은 무의미한 것으로 나타내는 개념이다. 그러므로 썩은 시체로 인해 우리는 구체적으로 죽음을 심각하게 유기체에 의존하는 의식적 존재라고 생각한다. 여기서 우리는 불필요한 비극이며 엄청난 실수인 이런 죽음에 대해 우발적이고 우연한 것이라는 인상을 갖게 된다. 의식적 자아의 어떤 것도 그것을 수반하지 않기 때문에 그러한 죽음은 우리에게 형이상학적 의미에서 불합리하다고 생각한다. 원망과 당혹감이 자연스럽게 뒤따른다. 우리의 혐오 반응은 생각과 느낌의 이 모든 복합체를 떠올리게 한다. 우리는 세상을 두렵고 종잡을 수 없을 뿐 아니라 이해 불가하고 터무니없으며 이치에 맞지 않다고 생각한다. 혐오의 태도 안에서, 우리는 세상이 실제로 돌아가는 방식과 우리가 원하는 방식 사이의 괴리를 측정한다. 우리는 그 모든 것의 비뚤어진 심술에 저항한다. 이것이 필자가 혐오를 철학적 감정이라고 말하는 이유이다.[7]

---

7 혐오감은 세상에 대한 비판이자 반항이다. 그것은 평가적 차원을 가지고 있다. 그러나 상황이 이런 식으로 되어서는 안 된다. 모든 것은 합리적이어야 한다. 혼란과 전멸은 말할 것도 없고 퍼즐과 역설로 분해되는 대신 이성적으로 잘 들어맞아야 한다. 현실은 우리가 원하는 이성적인 실재, 즉 질서정연하고 투명하며 명확한 곳이 아니다. 그 대신 몹시 불투명하고 흐릿하다. 그것은 삶과 죽음도 분리할 수 없다! 시체와 배설물에서, 우리는 세상의 부조리가 구체적으로 제정되고 우리의 이성이 반항하는 것을 본다. 자연은 우리의 질서와 예의를 의식하지 않고 맹목적으로 이어진다. 그 중심에서 그것은 내재화된 자아의 위대한 역설, 즉 불명예스러운 영웅의 부조리한 이중성을 우리에게 제시한다. 우리는 혐오의 감정을 경험하면서, 잔인한 만큼이나 매우 사악한 본성에 대해 비난한다. 혐오감은 우리가 알고 있는 세상에 대한 일종의 원칙적인 항의이다.

제10장

문화와 혐오

이 책의 도입부에서, 지향적 내용을 가진 하나의 감정으로서의 본질적 특성을 찾으며 혐오에 대해 분석했다. 두 번째 부분에서 필자는 혐오감이 인간의 조건에 결정적이라고 주장했고, 혐오감에서 나오는 다른 심리적 형성, 특히 억압을 나타냈다. 이 자료를 가지고 이제 혐오감과 밀접히 연관된 (대략적으로 말해) 문화적 현상을 조사하고 싶다. 그 목적은 이론의 설명력을 테스트하기 위해 일반적인 이론을 특정 영역에 적용하는 것이다. 범위는 상당히 넓을 것이다. 다시 말해, 하나의 완전한 논법(처리법)을 제시하기보다는 일련의 질문들만 제안할 것이다. 따라서 간략할 것이고 (우려되지만) 독단적일 것이다. 이러한 주제는 다른 종류의 전문 지식을 필요로 하는 지적 탐구의 다른 영역으로 확장된다. 즉, 그것들을 이론적 도끼로 갈아낼 철학자로서만 다룰 것이다. 어조는 여기서 더 가벼워지겠지만, 목적은 혐오의 주제와 관련 있을 법한 익숙한 현상에 대해 진지한 생각을 불러일으키는 것이다. 따라서 필자는 전면적 조사가 아닌 대략적인 견본만 제공한다. 필자의 발언들이 고지식해 보일지 모르지만, 그것들은 단지 표지판이나 힌트처럼 의도된 취지 안에서 받아들여져야 한다. 그러나 현실 세계의 맥락에서 지지된 이론적 틀을 여기서 설정하는 것은 바람직해 보인다. 이어지는 내용은 응용 철학에서의 훈련이다.

(1) **의복.** 왜 우리는 옷을 입는가? 많은 이유, 즉 비바람으로부터 보호하기 위해, 지위를 표시하기 위해, 매력을 어필하기 위해, 신체를 예술 작품처럼 보이기 위해서다. 그러나 또 다른 이유가 있다. 바로 혐오감을 중화시키는 것이다. 구멍과 체모, 흠과 변색이 있는 벗은 몸은 혐오감을 유발할 수 있으므로 이를 숨기고 덮기 위한 방법을 취하게 된다. 향수와 화장도 동일하게 혐오감을 방지하는 역할을 할 수 있다. 우리는 혐오감의 가장 강력한 부위인 생식기와 항문을 가리기 위해 특별한 주의를 기울인다. 보고에 따르면 차가(Chagga) 부족은 부족 동료들의 과민 반응을 방지하면서 그들이 배변을 하지 않는다는 환상을 불러일으키기 위해 (거의!) 항상 항문조절기를 착용한다. 그러나 그 조절기는 옷의 역할을 하며 항문 자체를 숨길 수 있게도 해준다.[1] (누군가는 이것이 진화의 측면에서 운 좋은 성적 선택의 일부인지 궁금하겠지만) 인간의 경우 다른 많은 동물과 달리 엉덩이가 뭉쳐 항문을 덮기 때문에 정상적으로 서 있는 자세에서는 그것이 보이지 않는다. 그러나 그것은 여전히 다른 자세에서 노출되기 쉽기 때문에 안정적인 형태로 숨길 필요가 있다. 엉덩이 틈새로 항문이 막을 수 없이 넓어지기 때문에 가려질 필요가 있다. 소위 더운 날씨의 해변에서도 예의는 지켜진다. 그것은 그렇지 않을 경우 발생될 수 있는 성적 흥분 때문만이 아니라, 완전한 알몸이 일반적일 때 생길 수 있는 일련의 혐오감 때문이다. 옷은 우리가 잘 알고 있는 것에 직면하지 않게 함으로써 혐오가 불러오는 자연스러운 억압을 도와준다. 항

---

1   필자는 Ernest Beckerd, *The Denial of Death*, p.32에서 항문과 관련해 매우 까다로운 차가(Chagga) 부족을 알게 되었다. 그들이 어떻게 거의 앉게 되었는지에 대해서는 아무런 언급이 없다.

문이 존재하지 않는다는 착각은 일종의 자기기만적인 가상의 믿음 안에서만 유지될 수 있다. 패션은 변화될 수 있지만, 혐오스러운 부분이 실체를 드러내도록 되어서는 안 된다. "기표"로서 옷은 "확언하건대 우리 내면에서 역겨울 것은 없다"고 말한다. 동물과 아이들은 몸에서 혐오감을 느끼지 않기 때문에 옷이 필요하지 않다. 신체에 대해 혐오감을 더 많이 느낄수록 완전한 커버력과 부푼 주름들을 고집하게 될 것이다. 옷은 부정의 한 형태다(필자는 모든 부정이 나쁘다고 생각하지 않는다). 패션이, 가령 바지의 엉덩이 부위에 항문처럼 숨기고자 하는 신체 특징이 겉면에 드러나도록 옷의 라인을 조장하지 않은 것은 단순한 우연이 아니다. 또한 패션은 하부 구멍을 분명히 드러내는 개구부를 선호한 적도 없다. 옷은 특히 역겨운 신체를 위한 가면, 즉 변장, 거짓과 같은 역할을 한다.[2]

(2) 무기물에 대한 페티시즘(물질 숭배). 어떤 소비재들은 페티시즘이 합리적 설명처럼 보일 정도로 많은 사람이 특별히 원하고 탐낸다. 사람들은 커다란 상징적 가치로 자동차, 오토바이, 비행기, 보트, 주택, 보석 그리고 서핑보드(surfing board)와 같은 무생물에 투자한다. 이러한 것들은 소위 이국적인 애완동물이나 전리품 아내보다도 더 혐오와 무관하다. 그것들은 의복이나 조심스러운 침묵처럼 우리의 억압 기제 중 하나일까? 이런 물질들이 유기적 세상에서 우리를 위협하는 혐오감으로부터 주의를 분산시키는 작용을 할 수 있을까? 그 가설은 꽤 그럴듯해 보인다. 이런 것들에 가까이 있는 것, 심지어 그것들을 사랑하는 것조차도 양가감정을 유발하지는 않는

---

2 물론 옷은 특히 모양이나 비율과 관련하여 특정 방식으로 신체를 드러내고 보여주는 역할을 하지만 이 때문에 혐오감이 유발되는 것은 아니다. 청바지는 사타구니 부분을 부각시키는 경향 때문에 지난 수십 년 동안 흥미로운 것으로 판명되어 왔다. 남성의 경우 볼록한 부분, 여성의 경우 부드럽게 움푹 들어간 부분이 그것이다. 생식기는 두드러져 보이지만, 그것은 단지 옷감이 만드는 모양이나 추상적인 기하 구조물의 조각들로 이상화된다. 그것은 묘사되지 않고 암시된다. 뒷모습도 같은 요령으로 전개된다.

다. 혐오스러운 이면이 없는 순수한 신체적 아름다움처럼. 그리고 이러한 물질에 대한 우리의 애정은 실용적이지 않고 주로 미학적임에 주목하라. 우리는 실제적으로 그것들이 우리에게 해줄 수 있는 것뿐만 아니라 그 모양, 느낌 및 냄새를 좋아한다. 우리는 주위에 만연한 위협적인 혐오감을 없애거나 완화시킬 수 있도록 물질들을 우리 중심에 두면서 빛나는 아름다움에 주의를 집중한다. 만약 당신이 유기적인 실체, 그리고 거기서 상당히 혐오스러운 것만을 구매하고 소유할 수 있다고 상상해 보라. 그러면 당신의 욕구 획득에 있어서 혐오스러운 영역을 벗어날 방법이 없을 것이다. 무생물의 세계를 이용하는 현대 기술은 안전하고 위로가 되는 대안, 즉 혐오감이 전혀 없는 가치 있고 아름다운 것들을 제공한다. 멋진 빨간 스포츠카는 남근에 대한 대안이라기보다는 남근의 변형에 불과하다. 즉, 존재 방식과의 싸움이다. 마찬가지로, 보석은 신체의 연장이나 축하가 아니고 일종의 거부다. 보석이 주는 매력은 매끄러운 피부나 긴 속눈썹과 같은 생물학적 매력이 전혀 아니다. 그것은 (피어싱과 마찬가지로) 생물학적 부정이다. 육체와 연속적인 것처럼 보이면서 보석은 육체가 혐오의 중심임이 틀림없다는 것을 부정한다. 일례로, 그것은 부드러운 점에서 단단한 보석까지, 피부 자체로부터 피부를 장식하는 싸구려 장신구로 시선을 끈다. 우리는 자동차나 집 같은 무기물과 결합되는 것을 더 많이 볼수록, 지극히 유기적인 것들과 더 멀어질 수 있다. 그러므로 현대 소비주의는 혐오감을 강하게 억누르는 도피로서 인간의 상태에 뿌리를 두고 있다. 우리는 역겨운 존재에 대한 생각을 더 잘 억누르기 위해, 반(反)혐오감으로 우리 자신을 둘러싼다. 단단하고 빛나는 금속은 부드럽고 촉촉한 티슈를 의미 없게 만든다. 윤기 없거나 더럽지 않고 광택이 나며 썩거나 질병에 걸리지 않는 내구성이 있다. 우리는 다이아몬드의 반짝임과 단단함을 통해 살갗의 흐물거림에서 애써 벗어나려 한다. 그리고 다이아몬드는 유기체와 달리 영원하다.[3]

그리고 물질 숭배(물질 페티시즘)뿐 아니라 비(非)물질에 대한 숭배도 있는

데, 초자연적인 것에 대한 어떤 종류의 숭배는 유기체로부터의 도피라고 볼 수 있다. 천사와 신, 요정과 영혼, 이 모든 것은 우리에게 혐오감 없는 존재로 다가온다. 그들은 우리가 매일 만나는 모든 유기 동물들, 사람 그리고 다른 것들에게 대안을 제공한다. 최소한 상상 속에서 우리는 사적 범주에서의 역겨운 것들을 피할 수 있다. 즉, 역겨운 것이 완전히 사라진 인간적인 형태를 생각해 볼 수 있다. 우리는 혐오감에 대비하지 않은 이 고상한 존재들을 포용할 수 있다. 그들은 냄새도 없고 역겨운 구멍도 없고 피 묻은 내부도 없다.[4] 왕과 왕비, 슈퍼모델, 영화배우 등 선택된 인간들을 승화시키는 경향은 같은 역학을 가지고 있다. 우리는 상상 속에서 그들을 역겨운 이면이 전혀 없는 깨끗한 존재로 변형시킨다. 이를 통해 우리는 우리 내면의 양면성을 자극하지 않는 인간을 존경하고 사랑할 수 있다. 그리고 그것들은 우리의 자연스러운 양면성을 차단하기 때문에 특별히 강력한 형태의 숭배와 경배를 불러일으킨다.[5] 우리는 최소한의 불쾌감도 없이 진심으로 사랑할 수 있는 사람과 대상을 필요로 한다. 그렇지 않으면 사랑은 모순되고 제한적이다. 자동차가 어느 정도까지 속임수를 쓸 수 있지만, 초자연적 존재들도 그럴 수 있다. 여기 무생물들과 무기체들은 지저분한 유기체들과 떨어져서 서로 협력한다. 필자는 심지어 이 범주에 다음과 같은 생각을 포함시키고자 한다. 우리는 인간 개인(또는 동물)에 대한 애착에 수반되는 양가감정 없이

---

3 여성들이 상대적으로 높은 수준의 신체적 자기혐오감을 느끼기 때문에 그렇게 보석을 사랑하는 경향을 띠는 것인가? 단지 궁금하다.

4 인간의 경우, 무취의 상태가 되려고 애쓸지 모르지만, 우리가 유기적 존재를 벗어날 수 없음을 알게 되면서 달콤한 냄새에 안주하게 된다. 몽테뉴(Montaigne)가 언급했듯이 우리는 무취를 더 선호한다. 무취가 가장 좋은 냄새다. Miller, pp.75 참조.

5 혐오감 없는 반신반인 말고 유명인이란 무엇일까? 그들은 반짝이는 하얀 치아, 밝은 눈, 빛나는 머릿결을 지니고 있어, 빛나고 부드러우며 잘 보정되어 흠잡을 데가 없다. 그들은 광택 나는 대리석 덩어리 같다. 그들은 또한 완전한 거짓이다.

지적 생산물을 숭배할 수 있다. 작가의 책은 작가가 결코 할 수 없을 정도로 혐오스러운 것들을 초월한다. (그러나 그 책이 혐오스러운 것들에 대한 것이라면?) 화가, 건축가, 음악가들도 유사하다. 살아 있는 과학자는 절대 우상화될 수 없지만, 과학적 이론들은 숭배될 수 있다. 하나의 종으로서 우리는 가치 있는 것들을 찾고 심지어 숭배한다. 그리고 혐오감은 항상 우리의 길을 가로막는다. 그래서 우리는 혐오감의 영역 밖에 있는 것들을 찾는다. 그러한 작업은 (물신숭배의 혐의로 인해) 많은 관찰자에게 대체와 같은 것으로 보였다. 그리고 현재의 가설이 맞다면 그렇다. 우리는 다른 사람들과 동물들에게 진심으로 전념하고 싶지만, 혐오감은 중요한 목적에 찬물을 끼얹는다. 그래서 우리는 비유기체에 의지하게 된다. 우리는 좌절된 우리의 사랑을, 우리에게 혐오감을 느낄 위험이 없는 현실과 상상의 존재에게 돌린다. 따라서 특정 인공물과 신성에 의해 생성된 유사 성애착이다.[6]

(3) **나체주의.** 스스로를 "나체주의자"라고 자랑스럽게 부르며 영웅심에 찬 선별 집단이, 옷이 필요 없는 식민지를 세웠다. 그들은 항상 소수자였으며 일반적으로 옷을 입은 다수에게 의심의 눈초리를 받았다. 나체주의자들은 무슨 일을 벌이고 있는가? 그들은 혐오의 힘에 맞서 싸우고 있다. 역겨운 신체에 대한 우리의 감각에 굴복하는 대신 그들은 그것에 도전한다. 그들은 우리가 자연 상태의 인체를 더 자주 본다면 인간의 몸이 우리에게 그렇게까지 혐오감을 주지는 않을 것이라는 이론에 동의한다. 사실, 그들은 신체에 대한 "문명화된" 혐오 반응에서 잘못된 청교도주의로 얄팍하게 위장한, 삶을 부정하는 구속복을 보게 된다. 그들은 신체가 사적인 부분에서도 본질적으로 역겨운 것은 아니라고 분명히 주장한다. 어쨌든 필자는 원칙적

---

6 자동차, 트로피, 고급 실크와 같은 특정 인공물을 애무하고 심지어 키스하는 경향에 주목해 보라. 때때로 이것들은 십자가처럼 신성한 존재를 대신한다. 자동차 덮개나 오토바이에 올라탄 비키니 차림의 소녀도 특정 인공물의 에로틱한 의미를 입증한다.

인 나체주의자가 이런 식으로 논쟁하는 것을 상상할 수 있다. 나체주의자가 만약 그렇게 주장한다면, 다음과 같은 반대에 직면할 것이다. 모든 신체 기능이 드러내놓고 작용되는 "극단적인 나체주의"에 대해 뭐라고 말해야 할까? 분명히, 아무도 사람들이 언제 어디서든 배변을 할 수 있는 완전한 항문의 자유를 부여받아야 한다고 주장하지는 않을 것이다. 그것은 역겹다. 따라서 다른 사람들이 얼마나 자연 상태의 신체를 견딜 수 있을지에 대한 제한이 있어야 하는데, 이것은 역겨움이 인체의 본질 중 일부라고 말하는 것이다. 나체주의는 역거운 몸을 부정하려는 일종의 영웅적 시도지만 엄격한 범위 안에서만 신뢰할 수 있다. 필자가 제시한 방식으로 정당화되는 해방주의적 나체주의는 비록 완벽하게 이해할 수는 있지만 고귀한 실패다. (필자가 해석한 대로) 나체주의자는 옷의 억압적인 기능을 분명히 인식하고 그러한 억압을 풀고 싶어 하지만, 혐오의 높은 벽을 넘지 못하는 한 그 계획을 진행하는 데 한계가 있다. 벌거벗은 털 많은 엉덩이가 무해하게 보인다 해도, 배설물은 혐오감을 느끼게 하는 힘을 결코 잃지 않는다. 나체주의는 급진적이 아닌 기껏해야 타협적인 위치가 될 수 있다. 실제로 신체에 대한 금기가 느슨해지면서 나체주의를 완화하는 경향이 더 많아졌지만, 내 생각에 완전히 그렇게 될 것 같지는 않다. 특히 항문은 항상 우리와 완벽한 의복의 자유 사이에서 존재할 것이다. 신체의 정치는 결코 완전히 자유로울 수 없다.[7]

(4) **사회.** 우리는 다음의 두 가지 특징을 가지고 있다. 우리는 사회적 존재이면서 동시에 혐오감을 느끼기 쉬운 종이다. 이 조합은 확실히 문제를

---

7 공식적으로, 필자는 온건한 나체주의에 상당히 찬성한다. 즉, 더 나아가기를 꺼려하는 최근의 신체 해방에 대해 위선을 느낀다. 한때 필자는 나체주의가 인정되고 널리 행해지고 있는 프랑스 남부의 아름다운 섬에 있었다. 그것은 완전히 자연스럽고 기분 좋은 인상을 주었다. 그러나 필자는 몸에 대한 이데올로기를 단지 관습적으로 역겨운 것으로 받아들이지 않는다.

유발한다. 각 특징이 따로 있으면 문제가 없겠지만, 두 특징이 조합되면 긴장감이 생긴다. 우리는 인간적 동료들과 함께 있기를 열렬히 추구하지만, 그들의 존재에 거부감도 느낀다. 사교성은 우리를 결속시키지만, 혐오감은 우리를 분열시킨다. 이 문제를 어떻게 해결할 수 있을까? 의복은 좋은 시작점인데, 특히 음부를 가리는 용도로 시작한다. 그러나 무엇보다 중요한 것은 공적 영역과 사적 영역을 명확히 구별하는 것이다. 사적 영역에서는 혐오스러운 것이 안전하게 배출될 수 있지만, 반면 공적 영역은 청결하고 깨끗하게 유지되어야 한다. 배설물과 그 부산물의 비밀스러운 장소로서 "옥외변소"의 개념이 이렇게 해서 생겨났다. 변소가 없다면, 우리에게 사회란 거의 불가능할 것이다. 비록 문제의 장소가 마을 밖의 지정된 들판에 불과하다고 할지라도 말이다. 우리는 또한 몸의 먼지를 제거할 수단과 그것을 위해 있는 한적한 장소가 필요할 것이다. 그리고 결국에는 교미나 관련 행위를 위한 사적인 장소가 있어야 할 것이다. 공적/사적 구분은 원래 혐오 관리의 필요성에서 비롯된다. 어떤 장소는 일반적인 인지적 접근이 가능한 반면, 다른 곳들은 그런 접근이 불가하다. (여기서 문과 스크린은 그 중요성을 입증한다.) 우리는 타고난 본성으로부터 서로를 보호함으로써 사회적 집단생활에 성공한다. 가령, 응접실에서 대변을 보는 것은 엄격히 금지되어 있다. 그러나 이러한 공간의 분할과 함께 특정한 행동 혁신에 대한 필요성도 발생한다. 우리는 신중하고 재치 있게, 그리고 종종 비밀리에 행동해야 한다. 우리는 사람들에게 그들이 잘 알고 있는 것을 상기시키지 않기 위해서, 말을 조심하고 옷매무새를 바로잡아야 하며, 우리가 사적으로 해온 일들에 불필요한 관심을 끌어들이면 안 된다. 즉, 우리는 타인에게 주는 인상을 관리하고 대인 관계에 미치는 영향을 조정하는 배우가 되어야 한다.[8] 우리는 사적 자

8　필자는 여기서 연극적 구성으로서의 자아에 대한 어빙 고프먼(Erving Goffman)의 작품을 떠올린다. 연극적 자아의 시작은 역겨운 아랫배를 동료들에게 숨길 필요성에 있다. 우리

아와 한 발짝 동떨어진 사회적 자아, 즉 **역할**을 개발해야 한다. 따라서 우리가 사회적으로 제시하는 자아와 개인적 시간을 가져야 하는 자아 사이에 거리를 둘 때, 우리의 정체성 안에서는 분리가 이루어진다. 우리는 공연을 하듯이 하나의 역할을 시작한다. 그리고 연극적 역할이 인체의 생리 현상이라는 보편적 상태에서 벗어날수록, 혐오감을 유발할 가능성은 효과적으로 감소하게 된다. 우리는 의도적으로 다른 사람들에게 우리 자신이 역겹지 않다는 인상을 어느 정도 환상적으로 만들어주어야 한다. 이제 사회적 **경쟁**이 벌어진다. 누가 혐오스럽지 않은 자아의 역할을 가장 잘 수행할 수 있을까? 유기적 순수함의 인상을 가장 잘 전달할 수 있는 사람이 반혐오감의 판에서 이길 것이다. 가장 깨끗하고, 가장 냄새가 덜하고, 가장 잘 손질되고, 가장 신중하고, 가장 멋지게 차려입은 사람이 경쟁 우위를 가질 것이다. 그것은 돈과 시간, 그리고 먼지나 땀과 관련 없는 직업을 필요로 한다. 우리는 화이트칼라로 일한다. 눈처럼 하얗고, 얼룩 없고, 냄새나지 않으며, 뻣뻣해지도록 풀을 먹인다. 그것은 또한 자기 수양을 요구한다. (최소한 회사에서는) 트림을 하거나 방귀를 뀌거나 코를 후비지 않는 것이다. 완곡어법을 위한 언어적 재능은 은유나 우회적으로 말하는 데 도움이 된다. 그때 어떤 미덕은 가치 있게 평가되고 길러지는데 모든 것은 우리의 생물학적 신체 안의 역겨움과 타협하는 데서 기인한다. 빈곤과 오물 사이의 연관성은 강력하다. 그래서 오물을 피하기 위해 빈곤을 막으려는 의욕도 그만큼 강하다.[9] 근면, 자제, 청결 이 중 어떤 것이 익숙한가? 그것은 모두 사회적이고 미학적인 종

는 사실상 신의 역할을 하려고 한다. 속담에 있듯이, 우리는 버터가 입에서 녹지 않는 것처럼 혹은 그 잔여물이 항문에서 새어 나가지 않는 것처럼 행동한다.

9 Miller의 9장과 10장은 혐오감과 사회적 위계질서에 대한 훌륭한 논의이다. 조지 오웰 (George Orwell)은 그의 모든 평등주의 원칙에도 불구하고, 분명히 노동계급의 더러움과 냄새로 어려움을 겪었다. 사회적 지위가 낮을수록 더 더럽다고 인식된다. (때때로 그렇기도 하다.) 가장 높은 카스트가 가장 결점이 없다. 귀족 계층은 태생부터 깨끗하다.

족 내에서 혐오감을 미연에 방지해야 할 필요성으로부터 비롯된다. 역할을 맡고, 겉치레를 하고 다른 모습을 취하는 인간의 습관 또한 그러하다. 이것은 앞서 논의한 억압의 한 측면일 뿐이다. 그러나 트림이 나오고 방귀가 터지고 소변이 얼룩지는 것처럼 우리가 아무리 노력해도 몸이 항상 우리의 의지에 따르는 것은 아니기 때문에 이런 쇼는 본질적으로 깨지기 쉽다. 그러고 나면 모든 허울이 무너져 내린다. 다시 말해, 숨어 있던 유기체가 강하게 유감을 표명한다.[10] 그 때문에 사회는 언제나처럼 거짓에 의지한 체, 위협받게 된다. 우리가 아무리 신처럼 굴려고 해도, 아무리 몸을 변장하려고 해도 역겨움을 줄 수밖에 없다. 사회는 우리가 온전히 실행할 수 없는 계약에 기반을 둔다. 비록 우리가 그렇게 하겠다고 진심으로 약속했다고 해도, 우리의 유기체적 정체성을 완전히 숨길 수 없기 때문이다. 그것은 모두 일종의 헛된 가식, 즉 필요하지만 궁극적으로는 소용없는 것이다. 의심의 여지 없이 많은 좋은 것이 겉치레에서 나오지만, 그것은 불안정하고 근본적으로 기만적이다. 인간은 뛰어난 사기꾼이며, 그 근본적인 속임수는 배설, 분비, 부패하는 생물로서의 우리의 본성과 관련이 있다. 설상가상으로, 진실은 상식이기 때문에 기만하려는 시도는 결코 성공할 수 없다. 즉, 인간이 자연의 피조물이 아니라 생물학적 법칙을 넘어서는 것처럼 구는 것은 궁극적으로 무의미하다. 우리가 정말로 할 수 있는 것은 이런 상식을 멀리하고 들먹이지 않는 것이다. 전체적으로 불안한 체계는 우리 본성의 두 가지 측면, 즉 함께 하려는 열망과 우리 존재에 대한 혐오감을 결합해야 하는 필요성에서 비롯

---

10 종종 언급된 바와 같이, 소화 과정이 자체의 의지를 갖고 있는 것처럼 보이기 때문에 항문을 의인화하는 것은 자연스럽다. 그것은 그 나름대로의 일정에 맞춰 작동한다. 그리고 우리는 감히 그것을 거스를 수 없다. 원하든 원하지 않든 창자는 움직일 것이고, 방귀는 제대로 전달되지도 않는 메시지를 불쑥 내미는 동떨어진 목소리 같다. 말하는 항문은 일반적인 익살스러운 비유다. 따라서 우리 존재의 분열에 대한 생각은 의지의 이중성으로 보이기 쉽고, 이러한 의지는 서로 다른 목적을 가질 수 있다.

된다. 우리의 마음은 다른 사람들과 함께하고 싶어 하지만, 우리의 몸은 방해가 된다. 우리는 이 두 대립하는 세력 사이에 끼어 있다. 그저 다른 사회적 동물은 서로 혐오감을 느끼지 않기 때문에 우리와 같은 어려움에 처하지 않는다. 혐오에 대한 우리의 성향, 즉 우리 안의 중심이 되는 초자연적인 힘을 고려할 때 고독은 우리의 자연스러운 상태처럼 보이지만, 다른 사람에 대한 욕구는 그 반대로 갈 수밖에 없다. 인간 사회의 특정적 구조의 대부분은 이 난제를 해결하려는 노력에서 비롯된다. 한마디로 사회는 억압에 의존하는데, 이는 항상 불안정한 계획이며 결코 행복한 것이 아니다.[11]

(5) **섹스.** 이것은 잠재적으로 혐오감을 유발하는 것에 대한 우리의 인내심을 시험하는 인간 접촉의 한 형태다. 그 중심에는 상반되는 충동이 있다. 우리에게는 성관계를 향한 강한 추진력이 있지만, 그것은 혐오감을 불러일으킬 수 있다. 쾌락, 권력, 사랑, 번식을 위한 생물학적 의무, 이 모든 것이 우리를 성행위로 몰아간다. 그러나 동시에 우리는 우리를 단념시킬 수 있는 종양, 상처, 체액, 불안한 근접성, 의심스러운 머리카락 조각들을 감수해야만 한다. 이렇게 생각해 보자. 성적 욕망이 그렇게 강한 이유가 되지 않는 한 아무도 그것을 겪고 싶어 하지 않을 것이다. 물론 산부인과 의사도 나름의 이유가 있지만 그는 특별한 경우다. 창녀와 마찬가지로 화장실 종업원이라 해도 모두 생계를 꾸려야만 한다. 성적 경험의 본질은 양면성, 즉 매력과 거부감이다. 아니면 더 나은 것은 매력이 거부감을 극복하는 것이다. 성적 쾌락은 분명 이 독특한 역학과 관련이 있다. 산에 오르거나 굴이나 달팽이를 먹는 것과 같은 일종의 성취다(자주 할수록 쉬워진다) ― 뭔가 극복되고 있

---

11 여기 사회학을 위한 청사진이 있다. 혐오감을 다루기 위해 사회가 어떻게 형성되고 운영되는지 설명해 보라. 전략과 함정, 비용과 이익, 상관관계와 결과는 무엇인가? 혐오는 사회 구조에 어떻게 섞여 있을까? 그리고 경제학은 어떻게 관련되어 있는가? 즉 더러움과 돈이 어떻게 연결되어 있을까?

다. 육체적으로 혐오스러운 누군가와 성관계를 갖는 것은 대부분의 사람들에게 매우 불쾌할 일이지만, 모든 성관계는 일반적으로 좋아하기 힘든 것들과 밀접하게 관련되어 있다. 종종 언급했듯이, 항문과 질의 근접성, 그리고 성적이며 비뇨기적인 생식기의 이중적 기능은 이미 혐오에 맞춰진 우리의 감정에 대한 도전이다. 우리는 성욕의 힘으로 그것들을 그럭저럭 극복할 수 있지만, 거기에는 분명 이겨내야 할 무엇인가가 있다. 어떤 사람들은 이것을 창조주 측의 장난이거나 우리의 이기적 유전자에 의한 잔혹한 부주의로 본다. 그것이 진정 우리에게 말해 주는 것은, 지구상에 혐오감이 없었던 때부터 우리에게 주어진 인간의 동물적 몸은 비위 약한 인간의 마음을 따르도록 만들어지지 않았다. 이러한 전통적인 몸을 가진 존재들이 배설로 인한 심리적 문제를 가지고 있다는 것은 그저 안타까운 일이다. 인체 해부학과 인간 심리학 사이에는 불편한 불일치가 존재한다. 동물들에게는 그런 거리낌이 없다. 그들은 단지 그것에 순응한다. 우리에게 섹스는 우리의 길을 가로막는 잠재적 혐오감의 암초를 피하면서 우리가 원하는 것을 얻기 위한 일종의 고통스러운 책략이다.[12] 필요하다면 그 증거는, 우리가 원하는 것을 얻고 그 욕망이 사그라들었을 때 그 난장판을 재빨리 치워버린다는 것이다. 누가 에로틱한 열정의 그 순간에 부적절한 방귀가 분위기를 망친다는 것을 부정할 수 있겠는가? 성관계에는 그런 기체와 액체의 위험이 도사리고 있다(저 축축한 향기로운 겨드랑이를 보라!) 아무 이유 없이 섹스가 때때로 "추잡한" 것으로 불리고 "더러운" 것으로 말해지는 것은 아니다. 유혹과 구애의 대부분은 옷과 향수, 대화와 음악, 그리고 세심한 몸단장을 통해 일반적인

---

12 성관계에서 우리는 피부를 찾고 구멍은 참는다는 말을 들어왔다. 그것은 어쩌면 너무 단순하지만, 본질적인 진실을 내포하고 있다. 즉, 우리는 원하는 것과 피하고 싶은 것 사이에서 미묘한 줄타기를 하고 있는데 이 두 가지는 위험할 정도로 가까이 붙어 있다는 것이다.

개인 간 혐오감을 없애는 것과 관련이 있다. 이것은 모두 우리에게 너무나 자연스럽게 다가오는 반응을 피할 필요가 있다는 증거다. (요즘 우리가 당연하게 여기는 개인위생이 발전하기 이전의 섹스를 생각해 보라). 어느 현상학자가 말하듯이, 성의식에 대한 객관적 상관물은 항상 혐오의 이차적 노에마(noema)를 동반한다.[13]

한 가지 더 짚고 넘어가자면 성관계는 번식과 관련이 있다. 따라서 더 혐오스러운 두 가지 대상은 우회적으로 작용한다. 탄생과 죽음. 성관계는 임신과 출산을 초래할 수 있고 출산은 엄청난 일이다. 자손을 낳는 행위는 삶과 죽음의 순환을 환기하기 때문에 죽음도 함께 떠오른다. 개념적으로 말해서 자식을 낳는 것은 노인의 죽음 그 이면에 불과하다. 새 생명의 탄생을 생각할 때 우리는 필연적으로 옛 생명의 죽음을 생각한다. 하나의 종말은 다른 종말을 암시한다. 한 세대가 일어나 다른 세대를 대신하게 되는데, 그것은 모든 생명체가 갈 길을 가는 것이다. 새 생명을 창조하는 행위에 의식적으로 참여한다는 것은 나이 든 생명이 시들고 죽는다는 것을 암묵적으로 인정하고 따라서 죽음과 쇠퇴의 현실을 받아들이는 것이다. 아이를 낳는 것은 또한 고통스럽게도 죽음의 과정을 시작하는 것이다. 왜냐하면 살아 있는 것은 결국 죽게 되기 때문이다. 유한한 유기 생명체의 기본 법칙은 성행위에

---

13 그러나 혐오스러운 물건이 혐오스러운 특성 때문에 매력적으로 느껴질 수 있으려면 그 자체로 혐오감뿐 아니라 매력도 불러일으킨다는 것을 잊어서는 안 된다. 의심할 여지 없이 성적 쾌락에는 일반적인 종류 외에도 이러한 종류의 매력이 포함될 수 있다. 프로이트의 구강 및 항문 쾌락은 역겨운 것의 양면성을 포함할 수 있기 때문에 유사한 구조를 가지고 있다. 흥미롭게도 음악과 시처럼 소위 더 고차원적인 즐거움에는 혐오 요소가 포함되어 있지 않다. 이것이 그들을 더 높이 만드는 이유인가? 더 높은 쾌락을 위해 존재하는 것처럼 보이지 않는 소위 저급한 쾌락에는 모순의 역학이 있다. 잠시 멈춰서 당신이 한입 가득히 으깬 음식으로부터 얻는 즐거움을 생각해 보라. 그것은 역겨운 걸쭉한 덩어리지만, 매우 즐거운 것처럼 느껴졌다. 그 즐거움은 어느 정도까지 역겨운 것에서 파생되는가?

내포되어 있다. 그것은 가장 가까운 데 있는 것뿐만 아니라, 언제나 흔히 일어날 수 있는 잠재된 미래의 것까지를 포함한다. 따라서 성적 감정은 그 중심과 주변에 혐오감을 지닌, 복잡하고 다층적인 것이다. 놀랍게도 그것은 여전히 그렇다.

(6) **삶의 단계.** 혐오 반응은 정상적인 인간의 삶을 통해 발전하고 변이한다. 즉, 그것들은 정적이지 않다. 언급했듯이, 아기들은 배설물이나 점액에 굴하지 않고 혐오감을 느끼지 않는다. 부모의 가르침의 결과인지, 발현되는 선천적 프로그램의 일부인지 말하기는 어렵지만, 초년기 특정 시점에서 혐오 반응이 발달하기 시작한다. 종종 특정 종류의 음식은 이 초기 단계에서 가장 강한 반응을 촉발시킨다. 특정 음식의 질감, 맛, 또는 냄새는 뚜렷한 반감을 유발하는데 여기에는 논리가 없다. (나는 타피오카 푸딩에 대해 이렇게 느꼈는데 그것은 스르르 미끄러지는 질감이었다). 청소년기에는 자아를 중심으로 하는 혐오 대상의 범위가 놀라울 정도로 확대되며, 청소년은 체모, 여드름, 기름진 피부, 생리혈, 정액, 땀과 같은 새로운 범위에 대처하는 법을 배워야 한다. 동시에 성관계나 대인 관계가 발달함에 따라, 이러한 대상을 관리해야 할 필요성이 더욱 절실해진다. 다른 사람들이 당신을 보는 것처럼 자신을 보는 능력뿐만 아니라 더 큰 자의식과 자기 감시가 필요하다. 다음 삶의 단계는 연애하기, 관계하기, 그리고 가족생활이다. 가까운 곳에서 다른 사람과 함께 살고 (종종) 자녀를 양육한다. 여기에 새로운 도전 과제가 제시된다. 첫째, 가까운 곳에서 다른 성인과 친밀하게 하루하루를 보내야 하는 과제가 있다. 상호 혐오감의 위험도 증가하지만, (한도 내에서) 관용 또한 증가한다. 둘째, 아이들은 특히 그들의 배설 활동과 관련해 혐오 자극을 한층 더 도입한다. 이제 혐오감 관리는 특별한 시급성을 띠며, 아이들은 혐오의 이론과 실전을 교육받아야 한다. 흠뻑 젖고 더러운 기저귀, 콧물, 흘린 음식, 그리고 얼룩진 피부와 같은 혐오감은 가정생활의 일상적인 초점이 된다. 부모의 성숙함은 자연스러운 혐오감을 평정하고 억압을 능숙하게 전개할 것

을 요구한다. 세월이 흐르면서 또 다른 국면이 도래한다. 노인에게 적용되는 혐오감이다. 신체 쇠약, 질병, 요실금 같은 노인들의 혐오 대상은 오래 지속된다. 혐오의 다양한 방식에 대한 재교육이 필요하다. 신체는 노인 혐오감에서 벗어나고 물리치는 새로운 방법을 만들어낸다. 삶의 각 단계에서 연령과 관련된 특정한 신체적 특성은 새로운 태도와 행동을 요구한다. 새로운 도전이 일어나고, 감정은 새로운 격변을 견디며, 억압은 새로운 형태를 취한다. 혐오감을 제어하는 일은 결코 완료되지 않은 것 같다. 한 단계가 다음 단계로 이어짐에 따라 재창조되어야 한다. 억압은 새로운 현실에 적응해야 한다. 따라서 지성과 성 활동에도 있듯이 혐오감의 발달 심리학이 있다. 프로이트는 후자에 관심이 있었고 피아제(Piaget)는 전자에 관심이 있었다. 인간 혐오의 변화하는 패턴을 조사할 발달 심리학자는 어디에 있는가?[14] 아마 노망이 나기 시작하는 시기에서나 혐오 전 유아기의 순수함으로 돌아가면서 마침내 혐오감이 우리를 떠나게 된다.

(7) **사랑.** 사랑은 분명히 연애 감정, 부성애, 모성애, 형제애, 효도 등 다른 형태로 나타난다. 지도자, 신 또는 존경 받는 조상을 향할 수도 있다. 사랑은 일반적으로 대상에 대한 높은 평가 그리고 사랑하는 사람과 친밀한 관계를 맺고자 하는 소망을 포함한다. 그러나 사랑은 사실 본질적으로 혐오스러운 대상을 향하기도 한다. 사랑은 그 사실에 어떻게 대처하는가? 맹목적이거나 노골적인 부정에 의한 것이 아니고 일종의 중상모략에 의한 것이다. 사랑하는 사람이 어떤 혐오스러운 특징을 가졌다고 인정되더라도 그것은

14　폴 로진은 가장 강력한 주장을 한다. 그러나 그는 프로이트나 피아제만큼의 명성을 갖지 못한다. 그 이유가 역겨운 영역에 대한 보편적인 억압(억누름) 때문일까? 또한 그의 작업은 우선 발달적이지 않았다. 필자가 발달 심리학자라면 발달 중인 아동의 감정, 욕망, 지성, 상상력, 언어 간의 상호작용을 조사했을 것이다. 그러면 인간 정신의 성장과 변화에 따른 일반적인 이론을 명료화하기 시작할 수 있을 것이다. 일반적인 모듈성 외에 일종의 전체주의가 작용하고 있다고 감히 말할 수 있을까?

부수적인 문제로 밀려난다.(어떻게 그것이 심각한 논쟁거리가 되겠는가?) 그 특징들은 사랑하는 이의 본질이 아니라, 단지 우연히 수반된 것이다. 사랑의 심리적 대상인 "지향적 대상"은 유기체 전체가 아니라 실제로 이상화된 단편적 존재다. 우리는 이 정화된 대상을 내면의 자아나 영혼과 동일시하려고 할 수 있지만, 그 대상은 종종 역겨운 부분이 제거된 육체적 존재로 여겨진다. 상상력으로 이것이 가능해지는데, 상상력을 통해 특정하지 않는 편이 나은 특징들은 제외하면서 대상을 유달리 선호할 수 있기 때문이다. 당신은 사랑하는 사람이 실제로 가지고 있는 티 없는 얼굴을 상상할 수 있고, 당신의 정신적 이미지에서 모든 분비물과 배설의 흔적을 지울 수 있다. 우리는 사랑스럽게 여기는 특성들은 중시하고 다른 것들은 무시하는 등 편집하고 다듬는다. 우리는 인간의 형태를 이상화(아래 참조)하고 배제시키거나 가리는 조각가의 작업과 동등한 심리학적 작업을 수행한다. 그러므로 우리는 엄밀히 말하면 완전한 인간이 아닌 불완전한 복제품을 사랑하는 것에 불과하다. 우리는 항상 "묘사되는 것 아래에 감춰진 것"을 사랑하고 그 묘사는 우리가 혐오하는 특성을 배제한다. 사랑에 대한 가장 큰 도전은 역겨운 특성들을 무시하거나 제외시킬 수 없을 때, 즉 사랑하는 사람이 우리 곁에서 (소위) 대소변을 지리거나 눈에 띄게 고름을 흘릴 때 발생한다. 그때 우리는 사랑이 혐오감을 압도하도록 노력해야 한다. 즉, 그것을 제거하는 것이 아니라, 그것보다 더 큰 힘을 발휘하도록 노력해야 한다. 이것은 지향적 대상으로부터 역겨운 특성을 단순히 제거하는 일반적인 속임수보다 훨씬 더 어려운 과업이다. 다행히도, 우리는 일반적으로 사랑(특히 로맨틱한 사랑)을 실현 가능한 프로젝트로 만들 수 있는 후자의 심리적 메커니즘을 가지고 있다. 그것은 위대한 영웅주의, 결단력 또는 강인한 성격을 필요로 하지 않는다. 정신이 그 속성을 선택할 수 있는 능력을 가지고 있기 때문에 사랑은 역겨운 것에도 불구하고 가능하다. 다르게 표현하면, 사랑은 상상력의 선택으로 가능해진 억압에서 번성한다. 그리고 우리는 사랑의 대상이 인지적으로 주어졌을 때 가능한 것보다 상상 속에서 더 순수하게 사랑하지 않는가?[15] 가장 난순한 경우, 우리는 불쾌하다고 여기는 것에 관심을 기울이기를 거부하고 사랑하는 사람의 매력적인 특징에 더 집착하게 된다. 주의력은 본질적으로 선택적이기 때문에 사랑의 프로젝트를 가능하게 하는 완벽한 기능을 제공한다. 그러나 억압은 본질적으로 불안정하고 신뢰할 수 없기 때문에 우리는 사랑이 문제가 많은 프로젝트라는 것을 결코 잊어서는 안 된다. 그럼에도 불구하고 우리는 사랑을 한다.[16]

(8) **예술.** 빈프리트 메닝하우스(Winfried Menninghaus)의 혐오. 『강력한 감각의 이론과 역사(*Theory and history of a Strong Sensation*)』는 예술에서 혐오의 역할에 대한 장황한 책인데, 이해 관계자들에게 강력히 추천한다. 여기서는, 좀 더 완전한 치료를 위한 그의 위업을 언급하면서, 몇 가지 발언에 대해 다루겠다. 혐오스러운 것이 (구상주의적) 예술 작품에 들어가는 데는 기본적으로 두 지점이 있다. 주제로서 그리고 매체로서이다. 즉, 어떤 그림이 그 주제로 배설물 더미와 같은 역겨운 대상을 취하지만 유화로 구성될 수 있고, 배설물과 같은 역겨운 재료로 만들어지더라도 역겹지 않은 것이 될 수도 있다. 마찬가지로, 조각품은 사람의 형상일 수 있지만 배설물로 구성될 수 있고, 또는 청동으로 만들어지지만 배설물이 될 수도 있다. 따라서 더럽고 혐오스러운 것이 예술에서 존재하는지에 대한 질문은 이 두 개의 하위

---

15 "나는 밝은 갈색 머리의 지니를 꿈꾼다"라는 어린 시절 유행가의 애처로운 도입부 가사가 생각난다. 그 가수의 사랑은 그가 사랑하는 사람을 꿈꿀 때 가장 강렬해 보이는 것이지, 그의 앞에 굳건히 서 있는 그녀를 볼 때가 아니다. 꿈, 즉 상상에서 그는, 턱에 있는 덜 사랑스러운 점을 무시하고 그녀의 밝은 살색 머리를 택할 수 있다. 셰익스피어가 잘 알고 있듯이, 낭만적인 사랑은 이성보다는 상상의 성취다. (필자는 인식을 추가하겠다.) '한여름 밤의 꿈'을 참조하라. 그리고 상상 속에서 기대되는 섹스가 최고의 것이 아닐까?

16 동물의 사랑은 다르다. 그들의 사랑은 뒤에 도사리고 있는 혐오의 망령으로부터 자격을 부여받지 못했기 때문이다. 그들은 더 진심으로 사랑할 수 있다. 이것이 우리가 애완동물의 사랑을 그렇게 소중히 여기는 이유일까?

질문으로 나뉘며, 두 경우에 다르게 대답될 수 있다. 메닝하우스는 그리스 조각상에 대한 상세하고 명쾌한 논의를 가지고 있는데, 그는 예술가들이 인체의 구멍을 처리하기 위해 사용한 위장과 제거 기술들을 지적한다. 이 구멍들은 미학적으로 수용 가능한 것으로 여겨지지 않았기 때문에 어떻게든 삭제되거나 수정되어야만 했다. 이 고대 예술 형태에서는, (심지어 입의 내부를 포함해) 역겨운 것은 그것이 인간의 아름다움을 훼손했기 때문에 예술의 대상으로서도 허락될 수 없었다. 후에 예술이 이 문제에 대해 유연해졌지만 (혹은 무감각해졌지만), 인체의 구멍이나 배설물을 솔직하게 묘사한 그림이나 조각은 (사실 잘은 모르겠지만) 드물다.[17] 배설물 더미의 사실적인 정물화가 존재한 적이 있었는가? 그렇다면 그것은 현대 아방가르드(avant-garde) 예술에서만 가능하다. 그 이유는 아마도 역겨운 소재는 예술 작품 자체를 역겹게 만들 위험을 수반하는데, 예술 작품은 역겨워서는 안 되기 때문이다. 예술 작품에서 적극적으로 역겨운 것은 관객으로 하여금 외면하게 하든지 혹은 작품을 묻거나 파괴하고 싶게 만들 것이기 때문이다. 그럼에도 불구하고, 예술 작품이 진정 역겨운 주제를 묘사하면서도 적어도 우리의 넋을 잃은 시선을 붙잡아둘 수 있다는 점은 가능해 보인다. 예를 들어, 실제 피가 튀는 효과를 일으키지 않는 피 묻은 장면의 그림이 많이 있다.[18] 그러나 묘사 매

---

17 여기서는 주로 20세기 이전의 예술에 대해 언급한다. 그때는 많은 전통적인 미학적 계율들이 의도적으로 무시되었다. 현대 미술은 전통 미술보다 신체에 대한 금기를 훨씬 더 무시한다. 그럼에도, 여성의 배변을 보여주는 인상파나 입체파 사진은 거의 없다. 당신은 예술이 심지어 여기서도 빗나가는 모순적인 방식으로, 기꺼이 역겨움을 밀거래하기 전에 현재에 도달해 있어야 한다. 항문은 아직 피카소나 마티스를 찾지 못했다. 그것을 위한 시장이 없을 뿐이다.

18 프랜시스 베이컨(Francis Bacon)의 작품은 인체의 고어(gore, 잔혹한 살육의 장면을 직접적으로 표현하는 미학적 관점)를 즐기는 것으로 인용될 수 있지만, 사실 명확한 구상주의적 내용에도 불구하고 원본의 혐오스러운 가치가 그러한 작품에 분명하게 보존되어 있지는 않다. 원작의 아름다움은 회화적 묘사로 표현될 수 있지만, 그것의 혐오스러운 가치를

체에 관한 한 우리의 태도가 훨씬 더 확고하다고 생각한다. 어떤 경우에도 예술 작품은 혐오스러운 소재로 공공연히 구성될 수 없다. 배설물 조각을 만들고 그 사실을 어떻게든 숨기는 것이 당연히 가능하기 때문에 필자가 "공공연히"라고 말한 것이다. 불가능한 점은, 시각적·후각적으로 노골적이고 명백하게 배설물인 것으로 조각품을 만드는 것이다. 그리고 그 이유는 전과 동일하다. 아무도 그것을 보거나 심지어 가까이 하고 싶어 하지도 않는다. 그리고 그것은 예술의 목적을 저버리는 것이다. 예술은 감각을 끌어당겨야 한다. 감각을 물리칠 수 없다. 가래와 배설물을 발라 그림을 그리는 것은 보기에 아무리 매력적인 얼굴이라고 해도 결코 예술품으로 기능할 수 없다. 그것은 예술의 목적에 지나치게 반하는 것이다. 이것이 배설물, 콧물, 생리혈로 된 예술이 결코 존재하지 않았던 이유이고, 앞으로도 절대 없을 것이다.[19] 그러한 것은 아방가르드적 역설이나 개념적인 연습으로 작용할 수 있지만 정상적인 사람은 그것을 보고 싶어 하지 않을 것이다. 역겨운 것이 예술의 재료로 성공하기에는 미적인 것과 너무 대조적이다. 괴기주의 예술가들조차 그들의 작품에 실제 사체 물질을 포함하는 것까지는 결코 가지 않는다. 사람들은 말 그대로 토하기 위해 미술관에 가고 싶어 하지 않는다.

반면에 고전적인 예술 작품과 정전은 역겨운 것들로부터의 기피를 드러

보존하는 방법은 잘 모르겠다. 작품에는 항상 약간의 변형이나 탈색이 있다. 그것은 영화와 매우 비슷하다.

19 아마도 필자는 일반적인 매력을 지닌 그런 예술은 결코 없을 것이라고 말해야 할 것 같다. 물론, 예술가는 그러한 것들을 자유롭게 만들고, 열광적인 추종자들을 끌어들일지도 모른다. 예를 들어, 데미안 허스트(Damien Hirst)의 작품은 양분된 동물의 몸을 사용했음에도 너무 많은 프레임과 미학적 거리가 있기 때문에 이 범주에 속한다고 보지는 않는다. 이것들은 실제로 썩거나 냄새나는 역겨운 시체가 아니다. 정지된 순간이며, 그로테스크함(괴기스러움)에 대한 관람자의 인내심을 날카롭게 테스트한다. 신선한 피, 콧물 그리고 배설물로 사실적으로 구성된 초상화 혹은 구토 행위 그림은 또 다른 문제다. 방귀 소리라는 음악 장르를 상상하는 것도 쉽지 않다.

낸다. 인간의 몸은 내장이 들어 있는 더러운 자루가 아닌 순수한 형태로 더욱 매력적인 모습으로 변함없이 묘사된다. 필자는 이것이 바로 예술(어쨌든 고전 예술)이 일상 속에서 우리를 둘러싼 혐오감을 초월하려는 시도이기 때문이라고 느낀다. 예술은 우리의 조잡한 본성으로부터 주의를 끌어내기 위한 것이며, 그 불안한 모습에 대한 대안을 제공하기 위한 것이다. 예술은 혐오감이 결여된 감각을 위한 볼거리를 제공하면서 동시에 우리에게 반감을 주지 않는 미적 평가의 대상을 제시한다. 만약 그것이 근본적인 동기라면, 혐오스러운 것을 예술에 접목하는 것은 의미가 없다. 예술은 혐오감 그리고 그것이 주는 정신적 부담으로부터 우리를 멀어지게 하면서 혐오스러운 것을 억누르려는 체계적 시도의 일부분이다. 주의력은 한정되어 있기 때문에 혐오스러운 것에 대한 어떤 단서도 주지 않는 아름다운 대상으로 주의를 돌리면, 우리의 본성에서 우리와 마주하는 유해한 대상과 과정에 대해 불건전하게 생각하지 않게 된다. 예술은 육체를 있는 그대로 생각하지 않고, 혐오스럽고 심란한 것을 없애는 등 우리가 원하는 대로만 생각하는 방식이다. 따라서 고전 예술에서 인간의 모습은 실제 인간 정체성을 정의하는 이원성으로부터 자유롭다. 그것은 우리를 혐오스러운 측면이 없는 통일된 존재로 묘사한다. (신체 내부는 엄격히 거부된다.) 우리는 신장과 형상, 색채와 질량을 가지고 있다. 그러나 (고도로 양식화된 형태를 제외하고) 피부 아래 무슨 똬리나 기포들이 또는 더 아래 무엇이 숨어 있는지에 대한 힌트는 없다. 이것은 성적으로 고상한 척 하는 것이라기보다는 절조 있는(절제된) 심미적 결정이다. 혐오스러운 것은 예술적 아름다움의 대상에서 설 자리를 찾을 수 없다. 고전 예술은 실제로 존재하는 인간의 신체에 반대하며, 그 대신 인위적인 이상화된 신체, 즉 사실상 생물학적 실체가 아닌 신의 몸을 묘사한다. 이런 예술은 본래 미술관이 아닌 사람들이 살고 모이는 곳에서 발견될 수 있다는 점을 떠올려보면, 완전한 인간 현실을 대신하는 그 기능이 더욱 분명해진다. 그것은 우리가 바라는 감정의 억누름을 용이하게 하면서 우리가 더 선호하는 우리 자신의 이미지를 제시한다. 고전적인 누드는 결코 곪거나 옹 (癰)이 나지 않으며 심지어 더럽고 축축하지도 않지만, 언제나 매끄럽고 잘 닦인 피부의 천상계의 이상적인 모습을 취한다. 심지어 입조차도 침을 분비 하는 내부, 뱀 같은 혀, 그리고 깊이 패인 식도를 드러내지 못하게 되어 있 다. 그런 몸은 소화처럼 지저분한 일을 하지 않는다.[20]

(9) **에티켓.** 우리는 식사 예절을 잘 지키라는 훈계를 받고 나쁜 예절에 대해서는 벌을 받는다. 입을 벌리고 음식을 먹는다든지 음식을 턱 아래로 흘리거나, 뱉어서는 안 된다. 음식을 게걸스럽게 먹거나 돼지처럼 먹지 말라고 듣는다. 음식을 입에 많이 넣거나 가득 채워도 안 된다. 어떤 경우에도 식탁에서 트림하거나 가래를 뱉거나 방귀를 뀌어도 안 된다. 냅킨을 우아하게 사용하는 것도 식사 도구를 알맞게 사용하는 것(접시를 핥거나 손가락으로 먹지 않는 것)만큼 중요하다. 이 규칙들의 목적은 분명하다. 동료와의 식사에서 혐오감을 느낄 기회를 최소화하는 것이다. 배변과 달리 식사는 공공장소에서 이루어지지만 여전히 소화 과정의 일부다. 음식을 입에서 으깨고, 타액을 섞고, 삼키는 것, 이것들은 소화 작용이다. 이 소화 과정의 최종 결과는 먼 추측의 문제가 아닌 진행 과정(첫 번째 식탁, 그다음 화장실)에 있다. 다

---

20 그러나 이 예술적 전통에 대해 두 가지 점을 지적해야 한다. 첫째, 그러한 예술은 근본적으로 진실하지 않다. 그것은 인간의 몸을 실제 있는 그대로 묘사하지 않는다. 둘째, (인체의) 구멍은 약하게라도 항상 어떤 형태로든 표현되어야 하기 때문에 궁극적으로 혐오감의 영향력을 저버릴 수 없다. 아무리 이상적인 인물이라도 입, 코, 귀, 엉덩이 사이에 틈이 있어야 한다. 육체의 분비물과 내부는 보는 사람의 미의식에서 완전히 제거될 수 없다. 일부러 몸을 위장하는 행위 자체가 보는 이로 하여금 혐오스러운 진실을 일깨워줄 뿐이다. 고의로 몸을 위장하는 행위 자체만으로도 보는 이들에게 혐오스러운 진실을 상기시킨다. 그러나 만약 우리가 진리와 정직이라는 이해관계를 위해 혐오스러운 것들을 예술의 범주에 넣기로 결정한다면, 우리는 보는 이들을 소외시키고 예술의 기능을 빼앗는 위험을 무릅쓰게 될 것이다. 거짓과 실패 또는 혐오와 외면의 딜레마는 날카롭다. 아마 전통적으로 생각되어 온 예술은 불가능할지도 모른다. 그것은 모순된 의도를 결합한다.

른 사람들과 식사하는 동안 공개적으로 대변 이야기를 하는 것은 확실히 금지되어 있고, 아무도 당신이 최근에 설사를 하고 있다는 것을 알고 싶어 하지 않는다. 그러므로 식사 예절은 억압의 장치이다. 그것은 가능한 한 기본 과정을 숨겨서 식사 예절이 공개적으로 행해질 수 있도록 한다. 우리는 그 우적우적 먹는 입안과 오물거리는 입술 뒤에서 무슨 일이 일어나고 있는지 아주 잘 알고 있지만, 부적절하게 입을 벌리면서 그것, 즉 위장의 담즙 지옥으로 내려가기 직전의 유기체의 걸쭉한 덩어리를 떠올리고 싶지는 않다. 우리는 연동 작용의 징후를 최대한 통제해야 한다. 즉, 우리는 소화의 보기 흉한 현실을 수정해야 한다. 또한 우리는 누군가가 역겹고 오염된 것을 구현하면서 더럽고 너저분한 상태로 식탁에 앉도록 허락할 수 없다. 식사 예절은 혐오를 관리하기 위한 매뉴얼이고, 매우 필요하다.[21]

코 에티켓은 같은 범주에 속한다. 콧구멍은 눈에 보이는 얼굴로부터 단지 몇 밀리미터 떨어져 고약한 내용물을 지닌, 혐오감의 강력한 원천이다. 어떤 것도 이 좁은 공간을 벗어나 대중이 인지하는 영역으로 들어가도록 허용되어서는 안 되며, 손가락을 넣는 것은 엄격히 금지되어 있다. 아이들은 "코후비기" 즉, 공공장소에서 코를 킁킁거리며 코 안을 청소하는 것에 대해 강하게 주의를 받는다(사적으로는 모든 것이 용서되지만). 만약 "콧물"처럼 코에서 자연스럽게 내용물이 나오고 있다면, 적절한 방법은 손등이나 소매가 아

---

21 물론, 에티켓의 규칙은 터무니없는 극단으로 갈 수 있다. 가령 식사 중에 절대 말하지 않기, 나이프와 포크 사용에 대한 엄격한 규칙, 강제적인 정장, 풀 먹인 냅킨을 계속 두드리는 것 등이다. 지나치게 점잔을 빼거나 까다로운 것일 수 있다. 그러한 규칙에 사로잡혀 있는 사회는 육체에 대한 비참한 공포, 즉 현실을 받아들이기를 완전히 꺼려하는 것으로 의심받을 수 있다. 그러한 규칙에 사로잡혀 있는 사회는 육체에 대한 비참한 두려움, 즉 현실을 받아들이기를 완전히 꺼려하는 것으로 의심받을 수 있다. 빅토리아 시대에 육체에 대한 두려움이 점차 사라짐에 따라, 특히 식사 예절이 편해졌다. 여전히 몇 가지 예절은 지켜야 한다.

닌 휴지나 손수건을 사용하는 것이다. 이것은 우리가 걷고 말하는 법을 알게 되면서부디 싱식이다. 점액은 콧구녕 안에 있을 때 만져질 수 있을 것처럼 보이지만, 손이 닿지 않을 수도 있다. 물론, 비록 처음에는 목구멍에서 나오지만, 점액을 다시 삼켜서 재순환시키는 것은 너무 끔찍하다. 문명인이라면 누구나 코와 관련된 엄격한 예절을 배우고 조절하는 방법을 익혀야 한다. 사회생활은 거기에 달려 있다. 여기서 에티켓은 임상적으로 객관적인 관점에서 보면 그렇게 보일 수 있지만, 단지 관례적으로 까다롭다는 문제가 아니라, 우리 존재의 구역질나게 끈적거리는 측면에 대한 필수적인 보호다. 코는 눈에 잘 띄고 지속적으로 활동하므로 주의 깊게 조절되어야 한다. 입과의 근접성은 특히 위험하다. 특히 우려되는 것은 타인과의 식사 상황이다. 코도 입만큼 깨끗해야 하며, 그 내용물은 역겨워서는 안 된다. 코는 메스꺼움을 너무 쉽게 유발할 수 있다. 전체적으로 불안정하고 걱정스럽다. 그리고 조절은 없어서는 안 될 요소다. 코와 관련된 예절은 알기 어려운 전략이다.[22]

그것은 겨드랑이 땀, 발 냄새, 가스 방출과 같은 문제에 대한 예절과 거의 같은 이야기다. 데오도란트를 사용하고, 양말을 갈아 신고, 헛배 부름을 참는 것이 좋은 예절로 여겨진다. 이것들은 모두 냄새와 관련이 있지만, 손질되지 않은 손톱, 더러운 옷, 그리고 뻣뻣한 코털만큼 시각적 혐오감도 준다. 요점은 역겨운 몸의 타고난 힘에 대항하여 그것을 구미에 맞게 만드는 것이다. 사회는 비(非)자발적 혐오에 맞서기 위해 자발적 매너를 요구한다. 본성

---

22 프로이트는 특이하게 코를 정액과 유사한 점액이 있는 남근의 상징으로 생각했다. 다시 한 번, 그는 상황을 잘못 이해한다. 즉, 점액은 정액보다 더 역겨운 것으로 밝혀졌다. 또한, 왜 두 기관이 동등한 혐오감을 유발할 수 없는가? 코와 페니스는 어쨌든 형태상으로 막연히 비슷할 뿐이다. 여성들은 페니스로 자신들의 얼굴에 무엇을 하고 있는가? 이 모든 남근 상징 사업은 분명히 지나치게 과장되어 있고 어떤 합리적인 증거의 기준에 의해 제약 받지도 않는다.

이 스스로의 길을 가도록 내버려둘 수 없다. 우리의 마음은 우리의 몸이 당연하게 여기는 것을 용납할 수 없다. 생물학적 진화가 세련된 인간 정신의 민감성을 우리 생명체의 무딘 현실과 조화시키지 못했기 때문에 우리는 예절이라는 문화적 규칙을 갖게 되었다. 예절은 섬세한 현대인의 마음을 위해 고대의 유기체를 숨기고 길들인다. 동물들에게는 몸과 마음 사이에 마찰이 없기 때문에 그럴 필요가 없다.

(10) **기술.** 우리는 기술이라는 것을 인간이 무기물의 세계로 확장하는 것으로 볼 수 있다. 대부분의 동물들에게 그들의 종 정체성은 신체의 한계를 훨씬 넘어서까지 확장되지 않는다. 이상한 둥지나 굴 정도가 저 너머 세상에 대한 그들의 도구적 영향력을 볼 수 있는 전부다. 그러나 인간은 환경을 크게 변화시켰다. 우리에게는 기계, 건물, 댐 등이 있다. 필자는 이미 세련된 무기물에 대한 인간의 페티시즘(물신숭배)에 대해 논의한 바 있다. 그러나 이제 무기물 재료를 어떻게 확장시킬 수 있을지 좀 더 구체적으로 짚어보고 싶다. 전자 장치가 핵심을 가장 잘 설명할 수 있으므로 여기에 초점을 맞춰보자. 텔레비전, 컴퓨터, 전화기, 카메라, 음악 시스템 등의 장치들의 훌륭한 점은 유기적인 것의 역겨움이 완전히 결여되어 있다는 것이다. 우리는 그것들을 잡고, 요람에 얹고, 가지고 놀고, 응시한다. 그래도 그것들은 결코 우리에게 혐오감을 유발하지 않는다. 그러나 그것들은 (정보를 잘 처리하는) 외부의 뇌와 같이 우리의 지적 산물이고, 우리의 확장이다. 우리는 그러한 장치들과 상호작용하고, 보고 만지면서 그것들을 지나치게 좋아하게 된다.[23] 그렇다면 가설은 이렇다. 우리는 기술이 수행하는 도구적 기능뿐만

---

23 휴대폰은 현재 가장 인기 있는 것으로, 손바닥에 쥐고, 손가락으로 조작하고, 귀 옆에 끼고, 끊임없이 응시 받고 있다. 사람들은 휴대폰을 정말 좋아한다. 그것은 신체적인 혐오감 없이 인간의 목소리를 전달한다. 휴대폰은 단단하고, 빛나고, 밝으며 냄새가 없다. 그 속에서 우리는 혐오감을 느낄 틈도 없이 개인적인 친밀감을 찾는다.

아니라, 그것의 물질적 존재, 존재 방식도 사랑한다. 기술은 우리를 반영하지만 그것이 우리의 깃은 아니다. 그것은 인간적이기도 하지만 "기계적"이기도 하다. 이러한 장치를 구동하는 전기 자체는 완전히 무기적 현상이다. 전기가 장치를 통해 흐를 때, 그 과정은 소화기관을 통과하는 음식과는 전혀 다르다. 전기는 (유기농인 기름과는 달리) 순수하고 깨끗해서 혐오감이 없다. 전기 충격은 고통스러울 수 있지만, 결코 메스껍지는 않다. 그리고 전자기기의 부품은 금속과 유리질이지, 육질이 아니다. 이러한 장치가 혈관, 뉴런, 귀지, 발톱 및 체모와 같은 유기물질로만 만들어질 수 있다면 다를 것이다. 그러면, 추측컨대, 그것들에 대한 우리의 애정이 확연히 달라졌을 것이다. 감정의 형태로서 기술의 의미는 (적어도 부분적으로는) 혐오감을 주지 않는 것이다. 하지만 이러한 것들은 신기하게도 활기차고 "생기"넘친다. TV를 켜면 마치 깊은 잠에서 깨어난 것처럼 살아난다. 그것은 사람들의 정경을 얘기하고 투사하기 시작한다. 빛나고 반짝거리지만 결코 새어 나오거나 냄새나지 않는다. 전화기를 귓가에 대면 소리가 나지만 개구리의 끈적거림이나 발 냄새는 전혀 나지 않는다. 그것은 혐오감의 위험 없이 친밀감을 제공한다. 애완동물조차 할 수 없는 것을 우리에게 준다. 기술을 통해, 인간의 현실은 유기적인 것 너머까지 가게 되었다. 그리고 우리는 우리가 만나는 단단함, 반짝임, 무미건조함을 좋아하게 되었다. 이 영리한 장치들은 육체가 지닌 역겨운 면들이 없는 우리의 친구들이다. 인간과 친숙한 로봇이 (그 로봇에게 내적 의식이 있든 없든) 대량 소비를 위해 생산될 때, 우리는 인간 사회에 무슨 일이 벌어질지 추측만 할 수 있다. 대화하고 사귀고, 심지어 유기적 분출(사정)의 위험 없이 성관계를 하는 것까지 가능할지도 모른다. 사람들은 이미 이웃들보다 휴대폰에 더 매료되어 있다. 기술에 대한 우리의 사랑은 이제 시작에 불과할지도 모른다. 이것은 〔(2)에서 논의했던〕 혐오감과 관계없는 가구나 건물처럼 이미 오래전에 자리 잡은 기술의 단순한 확장이 아니다. 그것은 사람을 모방하는 장치인 인간 대리인으로서 기계의 출현이다.

이것들은 부속물이 아닌 구성원으로서 현대 인간 사회의 일부를 형성하는 장치들이다. 컴퓨터는 자동차보다 훨씬 더 깊이 인간의 정신에 스며들었다.

(11) **신경증.** 필자의 논지는 혐오의 감정이 인간 삶의 중심이며, 다양한 심리적·문화적 형태로 나타난다는 것이다. 특히, 우리는 고통과 억압으로 이어지는 "자동 혐오"를 겪는다. 성적 감정이 프로이트의 사고에서 노이로제로 이어지는 방식으로 자동 혐오가 신경증으로 이어질 수 있을까? 그 가설에 대한 증거는 꿈, 강박 장애, 페티시즘의 영역에서 찾을 수 있다. 다른 사람들이 이리저리 돌아다니고 수다를 떨며 곁눈으로 보는 공공장소에서 공공연히 볼일을 보는 기괴한 일을 누가 상상해 보지 않았겠는가? 그 감각은 정말로 해서는 안 되는 일을 하고 있지만 그것을 피할 수 없다는 것이다. 대변에 의해 오염되어 씻을 수 없는 꿈들이 있다. 프로이트가 추측한 것처럼 이것이 소위 항문 쾌락과 큰 관련이 있지는 않지만, 그것은 창피함을 모르는 쓰레기로 노출되는 것에 대한 불안감과 모두 관련이 있다고 본다. 사적 영역과 공적 영역이 불안하게 교차하기 때문에 그런 꿈에 대한 지배적인 감정은 당혹감이다. 배변 중에 누군가 들어오는 꿈을 꾸다 깨어나는 두려움은 익숙한 경험이다. 꿈에서도 공포감은 살아 있다. 성적인 꿈에서도, 육체에 대한 혐오감은 흔한 주제인데, 성기가 때때로 이상한 모양을 하고 이상한 물질을 내뿜기도 한다. 유기체의 불안 의식은 일반적인 꿈의 소재다.[24]

강박 장애에서 우리는 반복적인 손 씻기, "세균"에 대한 과도한 두려움, 특정 물건을 만지기를 기피하는 것과 같은 행동을 자주 발견한다. 겉보기에 아주 정상인 것처럼 보이는 일부 사람들은 다른 사람과 악수하는 것에 대해

---

24 필자는 이 문제를 체계적으로 조사하기를 원한다. 필자의 발언은 단지 인상주의적일 뿐이다. 혐오스러운 꿈의 발달 심리학은 특히 흥미로울 것이다. 혐오스러운 꿈은 깨어 있는 혐오 반응과 같은 시간에 일어나는가? 그리고 내용들은 어떻게 관련되어 있는가? 꿈꾸는 내용의 문화적 다양성이나 보편성에 대한 문제도 있다. 그리고 혐오스러운 꿈은 정상적인 혐오 반응을 방해하는 일종의 정신 이상과 어떤 관련이 있는가?

"공포증"을 가지고 있다. 극단적인 신체 청결은 그러한 강박의 일반적인 증상이다. 여기에서 우리는 먼지에 대한 혐오감, 오염에 대한 두려움, 체취 및 분비물에 대한 불안과 같이 우리 모두가 어느 정도 느끼는 것에 대한 과장된 반응을 보게 된다. 몸은 안팎으로 먼지와 때가 엄청나게 쌓여 있고 그 내부에는 오물로 된 석관이 있다. 어떤 사람은 타인보다 이런 것들이 더 참기 어렵다는 것을 알게 된다. 1초도 참지 못하는 사람들을 "신경증 환자"라고 한다. 그러나 어떤 관점에서 보면 그들은 아주 멀쩡한데 나머지 우리들이 이 점을 깊이 부정한다. 왜냐하면, 인체는 성향상 역겹고 더러운 것에 대해 난색을 표하는 경우가 많기 때문이다. 아마도 오물 신경증 환자는 감정을 억누르는 트릭(trick)을 쓰는 데(체 하는 데) 있어 우리보다 부족할 것이다. 다시 말해, 그들은 진실에 더 몰입한다.[25] 우리 대부분이 사실을 보려고 하지 않지만, 그들은 현실이 얼마나 더럽고 역겨운지를 아주 상세히 알고 있다. 어쨌든 혐오감이 정신을 압도하고 지배하여 다양한 종류의 병리를 유발할 수 있다는 것은 놀라운 일이 아니다.

어떤 종류의 페티시즘은 인간의 추한 모습에 대한 거부감을 반영하는 것 같다. 신발 페티시즘을 살펴보자. 발은 신체 중 가장 미심쩍은 부분 중 하나다. 손의 기민함이나 표현력이 전혀 없는 막대기 같은 사지이다. 자주 씻지 않으면 냄새가 나고 더러운 땅에 가까이 있다. 발은 때때로 사마귀나 곰팡이의 서식지가 되기도 하며, 내향성 발톱, 건막류, 추상족지증 등과 같은 변형도 온다. 우리는 인간의 발을 착잡한 감정으로 보고 그것의 아름다움을 칭찬하는 경우가 거의 없다. 솔직히 어떤 발은 매우 혐오스러울 수도 있다.[26] 상관적으로, 일반 소비자 중 이멜다 마르코스(Imelda Marcos) 증후군을

---

25 진정한 인간의 상태를 볼 때 미치지 않는 것은 미친 것이 될 수 있다는 이전의 언급을 상기하라(제8장 "억압과 혐오"의 주석 8 참조).

26 베커는 다음과 같은 글에서 인간의 발에 대해 매우 민감하게 반응한다. "발이란 우리의

가지고 있거나 이상 성욕자로서 신발에 특별히 반하는 사람들이 있다. 신발을 이렇게 성애적 대상화할 때 전치(轉置)가 작동하는 것은 쉽게 목격된다. 발은 역겹게 느껴지지만 신발은 혐오감을 없애면서 발을 덮을 수 있다. 신발은 발 같지만 발이 아니다. 모양이 발과 비슷하고 발에 신었지만 발은 아닌 것이다. 신발은 곰팡이 피는 천연의 살이 아니라 때때로 빛나고 다양한 색으로 디자인되는 공예품이다. 예술 작품으로 간주되는 신발은 깨끗하고 매끈하며 순수하게 비현실적으로 만들어진 고전적인 인체 조각품 같다. 중국의 전족, 페디큐어(pedicure), 꼼꼼한 네일폴리싱(nail polishing)을 생각해 보면 발은 타고난 매력이 없는데, 신발은 이러한 발을 미적으로 받아들이게 해준다. 일부 신발은 아주 높은 하이힐처럼 발을 완전히 변형시킨다. 비록 신발 페티시스트(fetishist)와 발 페티시스트 모두 혐오스러운 것에 민감하지만, 서로 완전히 정반대다. 신발 페티시스트는 혐오스러운 발을 능가하려고 하지만, 발 페티시스트는 그 발과의 친밀함을 추구한다. (항문 페티시즘과 비교해 보라.) 같은 차원의 일반 범주에서 우리는 가죽 페티시스트를 찾아볼 수 있다. 가죽은 피부와 비슷하지만(사실상 피부다), 모발, 생물체의 따뜻함, 살결, 혹이나 덩어리, 변색 등 피부의 여러 가지 의심스러운 특징들이 없다. 가죽은 변형된 피부, 즉 개선된 피부다. 피부 다음에 가죽을 입는 것은 첫 번째 피부를 감싸면서 두 번째 피부를 덮는 것이다. 그것은 또한 미적 기호에 따라 섬세하게 가공되기도 한다. 평범한 인간의 피부가 다소 혐오스럽다

퇴화된 동물성, 자랑스럽고 풍부하고 생기 있으며 무한히 초월적인 자유로운 내면의 정신과 세속적인 육체 사이의 부조화 사이의 완벽하고 완전한 증언이다"(p.237). 그는 신발에 대해 부착된 페티시와 께 발을 부정하는 것으로 본다. 발을 묶는 관행은 자연스러운 인간의 발에 대한 일종의 혐오감이다. 우리는 발을 피하고 싶어 한다. 만약 그것이 그렇게 쓸모 있지 않다면, 우리는 그것을 잘라버리고 싶을지도 모른다. (그래서 적어도 베커는 친밀감을 느낀다. 발을 보이지 않도록 하는 것이 일반적으로 바람직하지만, 필자는 발에 대한 두려움은 별로 없다.

는 사실을 알게 된다면(종종 그렇다는 사실을 부정할 수는 없다), 가죽을 통해 정신적 틈새를 채울 수 있을 것이다. 가죽은 두려움 없이 만지고 쓰다듬고 냄새를 맡을 수 있는 피부다. 가죽은 우리가 가지고 살아갈 수 있는 피부의 새로운 버전을 제공한다. 물론, 신발은 대개 가죽으로 만들어지기 때문에 그것은 우리 발의 미심쩍은 피부를 대신해 줄 수 있다. 샌들은 흥미로운 경우다. 여기서 자연 그대로의 살아 있는 피부가 가죽 뒤로 살짝 보이는데, 종종 미적 참사라는 결과가 만들어진다. 발은 손과 달리 절충이 어려운 신체 불안의 원인이다. 발에 대한 신경증은 우리에게 흔하다.[27]

(12) **유머와 욕설.** 이 책은 전체적으로 상당한 양의 불쾌한 언어들을 담고 있을 뿐 아니라 쾌락적으로 이끈다고 여겨질지도 모르기 때문에 여기서는 가볍게 지나가야 한다. 또한, 혐오, 유머, 그리고 욕설 사이의 연관성이 수면위로 오르기 때문에 (극단적인 추측과는 반대로) 필자의 견해가 진부해 보일 수 있다. 진부하든 그렇지 않든, 연관성은 분명하다. 많은 유머는 역겨운 것들과 연관되고, 욕설은 혐오감에 빠져 있다. 시체, 배설물, 악취, 혐오스러운 섹스. 이것들은 모두 농담의 소재이다. 분명히 모두 농담은 아니다. 일부는 인종적 고정관념과 같은 다른 금기 사항에 관한 것들이다. 혐오 유머가 다른 유형으로 확장될 수 있는 핵심을 구성한다면 흥미로울 것이다. 하지만 필자는 그것에 대한 설득력 있는 주장을 찾을 수 없다. 그럼에도 불구하고 유머는 특징적으로 금기와 불편함(심지어 끔찍하고 역겨운 것)과 관련이 있으며, 혐오감은 여기에 딱 들어맞는다. 유머는 억압의 영역인 불안을 의미한다. 그리고 그 억압과 불안에는 혐오감이 가득 차 있다. 우리는 우리 자신에

---

27 이 짧은 발언에서 필자가 복잡하고 논란이 많은 분야에서 왔다 갔다 하고 있다는 것을 매우 잘 알고 있다. 변명하자면 필자는 더 추상적인 주제에 중점을 두고 역겨운 관점에만 집중하면서 범위에 대한 요약적 견해를 얻으려고 한다는 것이다. 논의되고 있는 심리학적 현상에 대한 임상적 세부 사항은 더 자격 있는 다른 사람들에게 맡긴다.

게 비참하게 반항하는 대신 주어진 본성에 절망하여 스스로를 조롱한다. 우리는 고통을 일종의 쾌락으로 바꾼다. 그 포인트를 설명하는 농담의 예를 많이 들 수 있지만, 음담패설로 한 가지가 마음속에 떠오른다. "누나가 생리 중인지 어떻게 알아?" "네 아빠의 거시기 맛이 웃기니까"[28] 이 사악한 작은 농담에는 생리혈, 근친상간, 불쾌한 취향 등 혐오감을 주는 몇 가지 대상이 한데 뒤엉켜 있다. 농담이 충분히 이해되었을 때 누군가의 반응은 거의 웃지도 않고 더 나아가 꺼리는 듯 찡그리는 표정이다. 물론, 귀지에 관한 재미있는 말은 모르지만, 배설물은 항상 웃기 좋은 소재다. 농담 속에서, 역겨운 대상이 언급되는데, 그것에 코믹한 가치를 부여하는 부조화스러운 문맥에 놓이게 된다. 우리는 농담이 아니었다면 그저 역겨웠을 것들에 대해 웃을 수 있다는 것이다. 그렇다면, 농담은 또한 감정을 누르는 수단이기도 하다. 농담은 그것의 오락적 가치 때문에 우리의 혐오감을 중화시켜 줄 수 있다. 웃음은 구토를 대신한다. 그리고 이 두 가지 반응은 생리적으로 다르지 않다. 두 반응 모두 폭발적으로 그리고 시끄럽게 입에서 무언가를 배출하는 형태를 취한다. 그 결과 해방감과 안도감을 준다.

분명히 욕은 훨씬 더 혐오감과 관련이 있다. 저주하는 언어 행위에서 사용되는 거의 모든 단어는 혐오의 대상을 의미한다. "대변", "소변", "항문", "피나는", "새끼", "여성 성기", "음경", "지겨운 놈", "후레자식" 등. 있는 그대로의 "fuck"은 그 자체가 역겹게 생각되지 않는 행위를 의미하기 때문에 예외로 여겨진다. 그러나 욕설로서의 그 힘은 혐오감을 주는 함축적 의미에 따라 달라진다. (우리는 "사랑"이라는 단어로 욕설을 만들지는 않는다.) 그리고 그

---

28 우연히 마틴 에이미스(Martin Amis)의 『런던 필드(London Fields)』에서 이 끔찍한 농담을 알게 되었다. 그것은 실제로 말하기 어려운 수준의 농담이다. 왜냐하면 그것은 새로운 수위로 불쾌한 기호를 취하기 때문이다. 하지만 그것은 그 포인트를 분명히 보여준다. 나이 든 에이미스가 지적했듯이, 좋은 일은 항상 나쁜 일보다 더 좋을 수 있지만, 어린 에이미스가 입증했듯이, 나쁜 일은 종종 좋은 일보다 더 재미있다.

것은 종종 혐오와 관련된 다른 단어들과 함께 사용되는데, 그 예로 "fucking asshole". 이 있다. 아마도 가장 간결한 조합은 대충 "그 말도 안 되는 소리 무시하라"는 뜻으로 받아들여지는 "fuck that shit"이다. "fucking shit"은 말 그대로, 의심의 여지 없이 정말 역겹다는 의미이다. 욕설을 할 때, 우리는 우리의 강한 부정적인 감정을 분명히 하고 싶어 하고, 역겨운 것들이 역겨움을 잘 연상시키게 만들고 싶어 한다. 인간이 혐오감을 느끼지 않는다면, 적어도 오늘날과 같은 형태로 욕설이 존재했을지 의심스럽다. 욕설은 많이 퇴색되고 힘을 잃었을 것이다. 혐오감을 나타내는 용어는 격렬한 비난을 위한 완벽한 수단이다. 욕설은 감정 통제의 경계를 늦추고 역겨운 것에 빠져들게 하는 한 영역이다. 물론 이는 전통적으로 매우 눈살을 찌푸리게 하는 행위다. 욕할 때 심장판막이 열리고 억제된 물질이 분출된다. 따라서 우리는 외면했던 것들과 다시 접촉하게 된다(감정 통제는 언제나 그 자체에서 쉬어갈 필요가 있는 것 같다). 확실히 그런 단어들은 반복적으로 사용되는 경우 형식적이 되거나 강렬함이 떨어질 수 있다. 그것들은 선택적으로 그리고 적절하게 사용될 때에만 그 힘을 유지한다. 욕을 할 때, 우리는 소위 역겨운 것에 발만 담그고 빨리 끝낸다. (가장 효과적인 욕설은 간단하고 간결하다.)

필자는 동물에 대한 언급이 포함된 욕설에 대해 얘기한 바 없다. 여기서 사용되는 단어들 중 주된 것은 "쥐", "돼지", "뱀", "벌레" 그리고 "민달팽이"다. 당연히 이 모든 것이 역겨운 동물을 나타낸다. 그렇게 욕먹을 사람에 대해, 그에 맞는 역겨운 반응을 우리에게 불러일으키는 동물과 비교한다. 우리는 누군가를 뱀이라고 부정적으로 묘사할 수 있지만, 우리가 누군가를 폄하할 의도라면 그를 "호랑이"라고 부르지는 않는다. 왜냐하면 호랑이는 종으로서 역겨운 것이 아니기 때문이다. 동물적 욕설은 욕할 대상을 역겨움을 느끼게 하는 종으로 지정함으로써 그에게 철저히 역겨운 존재라는 것을 심어주는 방식으로 작용한다. 이것이 아마도 "asshole"보다 "쥐"라고 불리는 것이 더 나쁜 이유일 것이다. 쥐는 더 말할 것도 없이 끔찍하지만, 항문은 단지 더 큰 어떤 것의 고약한 부분일 뿐이다.

누군가에게 "너는 나를 아프게 한다"라고 말하는 것은 분명 할 수 있는 가장 가혹한 비난 중 하나다. 그 말에 어휘적 욕설이 포함되어 있지는 않지만 그것은 그 대상자를 혐오스러운 것과 직접적으로 연관 짓는다. 당사자는 전형적으로 혐오스러운 물체가 야기하는 매우 감정적이고 본능적인 반응, 정확히 어떤 것인지 알 필요는 없지만, 즉 구토를 유발한다. 그러한 모욕은 혐오스러운 물체의 보편성에 의해 전달되는 부정적 자극을 이용한다. 혐오감을 준다는 것은 역겨운 것들의 전체 범주와 하나가 되는 것이다.[29]

(13) 움직임. 그러한 움직임은 결코 역겨울 수 없다. 그래서 필자는 명확히 주장할 준비가 되어 있다. 그 주장은 의심스러워 보일 수 있다: 대변이 떨어지거나 가래 덩어리가 호를 그리며 날아가는 것이 역겹지 않은가? 그러나 우리가 이런 것들을 역겹게 여기는 것은 궤도 그 자체 때문이 아니라 내려가거나 날아가는 그 물체 때문이다. 원과 반대되는 8자 모양일 수는 있지만, 우주에는 그것을 통과하는 것이 그렇게 혐오스러운 경로는 사실상 없다. 역겨운 운동 물체를 똑같은 방식으로 움직이는 역겹지 않은 물체로 대체한다면, 역겨움의 잔재는 남지 않는다. 공간을 통한 단순한 움직임은 결코 물체의 역겨운 속성이 아니다. 그러나 움직임이 더 긍정적인 무엇인가를

---

29 욕설의 다른 부류가 혐오스러운 문제와 완전히 정반대인 신과 관련이 있다는 것은 흥미롭다. "빌어먹을", "신이시여!", "주께서 우리를 구원하소서!", "이런 세상에!", "예수는 울었다" 능등. 여전히 우리는 그렇게 '주님의 이름을 함부로 들먹이면서' 신을 저급한 수준으로 끌어내리고 있지 않는가? 구식인 "신의 피!"는 신과 유기체를 섞음으로써 매우 확실하게 신을 끌어내린다. 현대의 우리도 "빌어먹을 예수 그리스도!(Jesus fucking Christ!)"라는 욕을 사용한다. 신이 훨씬 더 우월한 차원에 존재한다고 가정할 때, 이 조잡한 방식으로 신을 부르는 것은 존재의 거대한 사슬에서 암묵적으로 그를 강등시키는 것이다. 버트런드 러셀(Bertrand Russel)은 한때 "장화를 신은 위대한 신, 존재론적 논증은 선전하다!"라고 외쳤지만 신은 장화를 신지 않았고, 어쨌든 장화를 신을 냄새가 나는 발도 없다. 그래서 혐오의 영역은 보이는 바와 같이 이런 형태의 욕설로부터 멀리 떨어져 있지 않다.

할 수 있을까? 어떻게든 혐오감을 무효화할 수 있을까? 물체가 본질적으로 혐오스러운 경우, 물체의 움직임이 그 혐오감을 없애거나 완화시키도록 작용할 수 있을까? 물체의 움직임을 인지하면 그 물체에 대한 혐오감을 없애거나 줄이는 효과가 발생할 수 있을까? 실제로 발생할 수 있는 두 가지 주요 영역이 있다고 생각한다. 바로 스포츠와 댄스다.[30] 스포츠에서 신체는 생물학적 한계를 근본적으로 초월한다. 비(非)생물학적 목표를 향한 숙련된 움직임이 신체의 중심 테마가 된다. 게임의 개념에서는 전통적인 규칙과 목표, 승패가 중심이 된다. 예를 들어 테니스에서 선수들은 점수를 얻기 위해 정교한 규칙에 따라 라켓을 이용해 네트 위로 공을 밀어 넣어야 한다. 인습적으로 결정된 한계를 향한 노련하고 빠른 동작을 통해 우리는 신체를 혐오 대상으로 여기지 않게 된다. 운동하는 순간 모든 것은 잊힌다. 신체가 마치 고차원의 목적을 위해 설계된 것처럼, 움직임은 유기적 과정을 무색하게 만든다. 그 결과 우리의 신체는 생물학적으로 기능하지 않는 심미적인 것이 되고 유기적이라기보다는 역동적인 것이 된다.[31] 특히, 발은 놀라운 변화를 겪는다. 혐오스러운 특징을 많이 가진 발이, 균형을 잡기 위한 투박하고 볼품없는 장치에서 힘과 통제의 유연한 도구가 된다. (특히 축구에서 그렇다.) 달리고, 뛰고, 회전할 때 발은 역겨운 부분을 벗어던지고 속도와 민첩성의 도

---

30 만약 이것이 춤이나 스포츠의 형태가 아니라면, 대오를 지은 행진이나 수중 발레도 포함시켜야 한다고 생각한다. 단순히 즐거우려고 뛰거나, 줄넘기하기, 튀어 오르기 등을 말한다.

31 필자는 이러한 활동이 신체가 구조적 위치를 갖는 미학적 총체를 구성하며, 흔히 말하는 강인한 신체의 두드러진 주제가 운동이라고 가감 없이 말할 수 있다. 전체적인 게슈탈트(Gestalt)는 신체를 구조화된 전체의 일부로 간주하며, 그 의미는 요소의 개별적 특성을 초월한다. 미학적 통일성은 순수한 움직임을 전면에 내세우고 생물학적 범주를 가리고 있다. 덜 과장해서, 우리는 신체의 부분적인 활동에 주의를 집중하기 때문에 우리 몸을 유기적 실체로 인식하지 못한다. 말하자면 땀은 의도적인 활동의 맥락에서 해석된다. 그것은 단지 불필요한 분비물이 아니다.

구로 작동한다. 더럽고 냄새나고 이상한 모양에서 발은 우아하고 목적이 분명한 존재로 변한다. 쉬고 있는 발과 행동하는 발은 전혀 별개의 것이다. 운동선수는 둔하고 칙칙한 모자에서 민첩한 토끼를 만들어내는 일종의 마술사다. 그들은 혐오스러운 몸을 가지고 순수 지향적인 움직임을 창출함으로써 우리 눈앞에서 변화를 행한다. 어떤 스포츠도 행해질 때 신체의 역겨운 측면을 포함하지 않는다. 초점은 다른 데 있다. 끔찍한 먹기 대회들이 있는데 이는 일반적이지 않은 예외들이다. 실제로는 전혀 스포츠가 아니고 보기에 그로테스크하며 단지 소수만 관심을 보인다. 그들은 단지 운동선수의 범주에서 자신들을 배제시키기 위해 역겨운 것들을 들먹인다. 그리고 당신은 저열한 경기가 결코 유행할 수 없다는 것을 도덕적 측면에서 확신할 수 있다. 실제 스포츠는 정지 상태에서 가장 분명하게 나타나는 혐오 요소(사체, 배변자)들을 배제하면서, 인체 안에서 잘 조화된 움직임의 가능성을 강조한다. 우리는 신체의 비혐오스러운 측면인 근육과 움직임을 강조함으로써 혐오의 감정을 억제하기 위해 스포츠에 의존한다. 따라서 혐오스러운 면을 과시하는 "스포츠"에는 미래가 없다. 스포츠는 대부분 목표 지향적인 숙련된 움직임이며, 움직임 자체는 결코 역겨운 것이 아니다. 특히 높은 수준의 운동 동작이 하는 일은, 동작 자체에 의해 규정된 통일성을 강조함으로써 신체 본연의 역겨움을 볼 수 없고 무의미하게 만드는 것이다. 예를 들어, 테니스에서 아름다운 백핸드(backhand)를 라인 아래로 치는 것이다. 그렇기 때문에 테니스 선수가 "화장실 휴식"을 취하기 위해 코트를 떠날 때는 이상하게 서슬린다. 우리는 인간이 순수하게 움직이는 마법 같은 영역에 있었고 이제 우리는 인간의 기본적인 생물학적 특성을 떠올린다. 우리 생각에 인간은 완전히 다른 종류의 생물, 즉 우아하고 황홀하며 목적에 맞게 움직이는 생명체가 아니라 소변과 배설물의 생물임에 틀림없다. 내적으로도 스스로 게임을 하는 동안 신체는 유기적으로 기능하는 음침한 저장소가 아니라 속도, 힘, 그리고 아름다움의 원천으로 경험된다.[32] 운동복은 스포츠에 특화된 장

비와 마찬가지로 이러한 변화를 돕는다. (테니스 라켓에는 혐오스러운 것이 없다.) 심지어 스포츠가 이루어지는 장소가 생물학적 생명체의 평범한 과정이 연상되는 것을 봉쇄하기도 한다. 스포츠에서 신체는 혐오를 부정하는 일종의 마력에 의해 한 종류의 물질에서 다른 종류의 물질로 변하는 것처럼 보인다. 순수한 운동 에너지의 원천인 신체는 더 이상 괴롭거나 찌들지 않고 신의 몸처럼 가볍고 강인하다. (만약 훌륭한 선수라면 더 도움이 된다.) 실제로 스포츠 스타는 항문이 보이지 않는 가상의 신으로 간주되기도 한다. 다르게 표현하자면 경기하는 위치에서 순수하게 조화를 이룬 움직임이 중심이 되기 때문에 우리는 질척하게 진흙투성이가 된 동물 같은 몸을 잊게 된다.

만약 스포츠의 경우가 사실이라면 춤에서는 그런 측면이 더 많다. 발은 다시 한 번 중요한 이야기를 들려준다. 춤에서 발은 미적으로 중심이 된다. 우아하고 민첩한 도구이자, 매혹적인 관심의 초점이 된다. 고전 발레에서, 특히 발끝으로 서는 자세는 발이 일상생활에서 접하지 못하는 위업을 달성하는 것으로 그 점을 완벽하게 보여준다. 발은 발레에서 의심이나 혐오감 없이 찬양되고 사랑받는다. 다시 말해, 안무와 음악은 말할 것도 없고, 의상과 조명도 기여를 한다. 비천한 발이 숭고한 미적 경험의 중심축으로 작용하려면 극복해야 할 것이 많다. (아름다운 발레리나가 속해 있으면 도움이 된다.) 탭댄스에서도 발이 중요하고 어쩌면 더 그러겠지만, 지금은 일반적으로 반짝이는 가죽을 신은 타악기로 운용된다. 그것은 날카로운 리듬을 치면서 놀라운 속도와 정확성으로 움직인다. 더럽고 뭉툭한 발은 사라지고 그 대신 리듬과 우아함이 번쩍이는 악기로 대체되었다.[33] 그렇기 때문에 전문 무용

---

32 스포츠에 참여하는 즐거움과 그 경험을 반복하려는 열망은, 가령 그 기간 동안 다른 종류의 존재가 되는 등 느낌적인 변화와 분명히 많은 관련이 있다. 여기서 우리는 유기체를 뒤에 남겨두고 운동체로 대체되는 것을 신처럼 느낄지도 모른다. 신화의 신들과 영웅들은 일반적으로 비정상적인 운동 능력, 특히 비행 능력을 가지고 있다.

33 프레드 아스테어(Fred Astaire)는 세상에서 가장 우아한 발을 가진 남자라는 데 있어 명백

수의 실제 발은 종종 보기에도 너무 충격적이다. 그렇게 두들겨 맞고, 굳고, 망가진 것이 그러한 아름다움의 매개체가 될 수 있는 것이다! 하지만 그것은 단지 발만이 아니다. 댄서의 전신은 혐오의 장소로서 육체를 포기하는 것이다. 댄서는 보는 사람에게 자신이 실제로 어떤 사람인지 상기시켜 주는 것 없이, 날씬하고, 매끈하고, 흠잡을 데 없고, 스타일리시한 옷차림을 하고 있어야 한다. 떨리는 젤리 같은 살은 용납되지 않으며, 속이 부글거리는 소리도 안 된다. 춤의 본질은, 축축한 장기와 고통스러운 분비물 덩어리가 아닌 이상화된 존재, 즉 천상의 여신으로서의 발레리나의 순수한 움직임 외에는 아무것도 보지 않도록 눈을 속이는 환상이다. 이 환상은, 유기적 삶의 질척하고 불쾌한 현실로부터 우리 자신을 멀어지게 하는 일생의 통제 계획을 다시 한 번 발전시킨다. 예술 자원의 도움을 받는 숙련된 동작은 무용수의 몸을 혐오스러운 몸에서 숭고한 몸으로 바꾸는 마법이다. 그리고 이것은 본질적으로 역겨운 몸의 움직임 그 자체가 (데카르트적 확장이라기보다는) 역겨운 것의 영역 밖에 있기 때문에 가능하다.

(14) **종교.** 필자는 신들과 천사들, 무형의 영혼들에 대해 그들과 우리의 본성을 대조하며 이야기했다. 그들은 유기적인 존재로서 우리에게 거부된 실재의 한 형태를 의미한다. 이것은 다음과 같은 질문을 던진다. 얼마나 많은 종교가, 혐오 그리고 혐오에서 벗어나고픈 우리의 바람과 연관되어 있는가? 종교에는 물론 다양한 종류가 있지만 특히 세 가지 구성 요소가 두드러

한 언급 대상이다. (그가 어떻게 걷는지 보라!) 흥미롭게도, 아스테어는 그의 잘생긴 얼굴로 유명하지 않았다. 모든 미적 감상은 그의 하지에 집중되었다. 그의 발은 그의 잘생긴 얼굴이었다. 프레드는 거꾸로 선 사람이었다. 그리고 영화에서 볼 수 있는 춤의 경우 혐오감을 없애는 또 다른 차원이 있다. 영화 자체는 혐오감을 제거하거나 굴절시키는 장치다. 단단한 인간의 몸을 2차원적인 빛의 조각으로 바꾸는 것은 이미 그 몸을 혐오의 영역에서 벗어나게 하는 것이다. 혐오와 영화의 모든 주제는 폭넓은 대우를 받을 만하다. 필자는 영화의 힘에서 이 중 일부를 언급한다.

진다. ① 음식과 성에 대한 금기 사항, ② 죽음과 관련된 의식, ③ 우리의 가장 깊은 본질에 있는 것에 대한 형이상학적 개념. 이들 각각에 대해 간략하게 언급해 보겠다. 음식 금기는 일반적으로 특정 동물이 "부정한" 동물이며 먹어서는 안 된다고 주장한다. 즉, 그것을 먹는 것은 스스로를 더럽게 하는 것이다. 일부 종교적 전통에서는 돼지가 선택되었다. 정통 유대교에서는 조개껍데기가 금지되어 있다. 어떤 전통에서, 특정한 음식은 특정한 날에만 먹어야 하거나, 특정한 방법으로 준비되어야 한다. 일부 종교에서는 내장, 즉 내부 기관을 먹는 것을 금한다. "성스러운"이라는 개념은 그러한 금기와 관련이 있다. 우리는 "불경스러운" 것을 해서는 안 된다. 섭취 영역 안에서 우리의 혐오 반응에 대처하려는 (왜곡된) 노력을 그러한 금기 사항으로 간주하는 것은 당연한 일이다. 혐오는 그러한 금기를 조장하거나 금기 자체에 의해 야기되는 것이다. 금기는 (날씬함을 유지하기 위해 탄수화물을 먹지 않기로 한 결정과 마찬가지로) 단지 특정 음식을 삼가겠다는 차분하고 침착한 결정일 뿐 아니라, 언제나 혐오 반응과 관련 있어 보인다. 성에 관한 한, 근친상간, 간통, 동물과의 성관계, 자위 등 혐오감이 작용하는 모든 영역이 금기시된다. 비윤리적인 것과 혐오스러운 것에 대한 개념들이 여기에 뒤섞여 있고 아마도 종교의 초기 (또는 심지어 현대) 단계에서 명확하게 구분되지 않았을 것이다. 이러한 활동들은 "혐오", "악질", "하느님에 대한 모욕"이라는 오명을 뒤집어쓰게 된다. 종교는 어떤 것을 역겨운 것으로 간주하고, 원초적인 인간의 유혹을 인지하면서, 그 안에서 오갈 수 있는 관행에 관한 금지 규정을 만든다. 사탄과 그의 부하들은 종종 역겹고 짐승 같은 것으로 묘사되면서, 다시금 종교적 개념과 혐오 사이의 연관성을 증언한다. 선은 "순수"하고 "깨끗"하며, 악은 "더럽고" "천박"하다. 우리는 "마음이 순수"해야 하며, "도덕적 타락"에 굴복해서는 안 된다. 몸은 우리의 "성전"이고 "더러워지지 않은" 상태로 유지되어야 한다. 우리의 영혼은 "순결한" 상태로 남아야 한다. 우리는 "타락한" 교리에 "오염"되어서는 안 된다. 이 밖에도 다양하다.[34]

장례 의식과 시체 운반 방식은 대부분의 종교에서 특징을 이룬다. 죽고 썩어가는 몸은 분명히 보편적인 혐오의 대상이다. 종교는 혐오 자극의 가장 강력한 것을 다루기 위한 규칙을 규정한다. 고정된 규칙과 절차는 시체를 처리하는 데 따르는 위험을 제거하여, 불쾌한 반응을 일으킬 가능성을 최소화한다. 종교에서 승인한 방부 처리 및 염하는 절차를 통해 비통한 사람들은 부패한 시체에 대한 불가피한 반응에서 벗어날 수 있다. 여기서 종교는 우리의 자연적인 혐오감을 통제하는 유용한 기능을 수행하는데, 가장 민감한 이 시기에 이런 감정이 분출되어서는 안 된다. 종교는 영혼의 운명뿐만 아니라 육체와 그것이 산 사람에게 미치는 영향에 대해서도 관심을 가진다. 필자는 종교 사학자가 고대 종교의 기원이 사체 처리를 위한 규칙에 있다는 이론을 그에 따르는 관련 서술과 함께 제시한다고 해도 놀라지 않을 것이다. 왜냐하면 이것은 매우 시급하고 어려운 문제이기 때문이다. 슬퍼하는 사람이 아무리 떠나보내고 싶어 하지 않아도, 세상을 떠난 사람의 몸이 곪아가며 아무렇게나 놓여 있도록 허용되어서는 안 된다. 그리고 신성한 권위가 뒷받침된 강력한 규칙은 적절한 절차를 분명히 따르도록 하기 위해 필요

---

34 그리고 나서 우리는 때때로 이상한 일을 겪게 되는데, 가톨릭 의식에서 "주님"을 먹는 것과 같이, 언뜻 보기에 혐오스러운 무언가가 신성한 지위를 차지하기도 한다. 신자들은 이것이 '그리스도의 몸'이라는 말을 듣고, 분명히 믿는다. 그리고 그들은 그것을 입에 넣고 삼킨다. 표면적으로는 이것은 식인 풍습과 매우 흡사하지만, 사람들은 꽤 행복하게 그것에 참여한다. 즉, 혐오감을 부추기지 않는다. 그러나 사업 전체가 의식과 상징주의에 깊이 빠져 있고 문자 그대로 받아들이기가 너무 어려워 다른 사람의 육체를 소비하는 정상적인 반응이 무시된다. 그리스도의 몸이 그저 평범한 인간의 육체가 아니라는 것은 사실이다. 그가 하느님의 아들이고 모든 것이기 때문이다. 하지만 그렇다고 해서 역설이 해소되지는 않는다. 하느님의 몸을 먹는 것도 똑같이 식인 풍습처럼 보일 것이기 때문이다. 하나님의 몸을 사람의 배설물로 바꾸는 것이 정말 받아들여질 수 있을까? 어쩌면 우리는 이 경우를 우리 모두에게 너무 익숙한 인간 심리의 기이한 점들 중 하나로 치부해야 할지도 모른다. 아니면 종교적 감성의 특징인 맹목적인 복종의 한 예로 해석해야 할 수도 있다.

하다. 만약 그렇다면, 혐오, 다시 말해 가장 원시적인 혐오는 종교에 뿌리를 두고 있는 것이다.

인간의 형이상학과 관련해서, 인간 본질로서의 영혼에 대한 생각은 혐오 감이 전혀 없는 우리의 일부를 찾고자 하는 욕망을 뒤따르는 것이다. 사실, 우리에게는 조잡한 해부학적 구조를 가진 동물의 몸이 있지만, 그러한 육체를 초월하는 영혼이나 정신, 자아도 있다. 이 실체는 육체의 끔찍한 해체도 견디며, 심지어 사후에 어떠한 혐오의 방해도 없이 계속될 수 있다. 그래서 우리는 불결한 육체는 우발적이고 순수한 영혼은 필수적이라는 생각에 이르게 된다. 그것은 자신의 본성에 혐오를 느끼며 혐오감 없는 인간의 일부를 확인하고 싶어 하는 누구에게나 위안을 주는 교리이다. 그리고 심리적 특성이 (비도덕적) 혐오감을 유발할 수 없다는 것은 지극히 사실이다. 영혼은 이러한 특성을 가진 실체이며 역겨운 육체 없이 존재할 수 있다. 따라서 인간 본성에 대한 종교의 형이상학적 이론은 우리의 혐오 반응을 완벽하게 추적한다. 우리는 문자 그대로 두 부분으로 구성되어 있다. 하나는 혐오스러운 것이고 다른 하나는 그렇지 않은 것이다. 본질적인 것은 후자이다. 따라서 종교는 이제껏 강조해 온 감정 억압에 사로잡혀 있다. 종교는 생물학적 본성으로 인한 혐오감에 대해 느끼는 부담을 줄이는 기술이다. (부분적으로는 분명히 다른 기능도 있다.) 그것의 존재론적 모습은 혐오감 없는 영역을 그려내며, 그 영역을 우리의 가장 근원적인 모습으로 선언한다. 그 과정에서 우리의 육체는 단순한 외적 부속물로 여겨진다. 나는 소화작용도 성관계도 하지 않고 죽지도 않으며 오직 내 몸만이 이런 역겨운 일을 한다. 나는 내 핵심, 하느님의 창조물 같은 신이며 아무런 역겨운 요소 없이 더 없이 행복하게 하느님과 함께할 운명이다. 지금 내 콧구멍을 가득 채우고 있는 그 유기체의 악취는 단지 일시적인 고통일 뿐이며 내 내적 본성의 외부로부터 발산되는 것이다. 나의 본질적 정체성은 전혀 생물학적이지 않다. 나는 배설기관도 없다. 그것은 종교가 우리에게 전하려고 애쓰는 고상한 메시지이다. 그것은 단지 우리가 역겨운 생물학적 생명체라는 일시적인 착각에 불과하다는 것이다. 그리고 그것은 강력하고 매력적인 메시지이며, 우리의 억압 장치를 놀랍도록 지능적으로 속이는 마술이다. 그것은 거짓임에도 불구하고 수많은 세대가 그것을 사실로 받아들여 왔다.[35] 이데올로기는 언제나 인간의 깊은 필요에서 비롯되고, 우리의 분열되고 불안한 본성으로부터 벗어나고자 하는 욕구는 그 무엇보다 강하다.

(15) **문명.** 우리의 혐오 감각으로 인해 우리가 자연 상태에서 어느 정도까지 올라오게 되었을까? 들, 계곡, 숲에 살면서 위생 시설이 없어 더럽고 악취가 났지만, 사교적이고 수다스러웠으며 스스로 얼마나 혐오스러운지에 대한 감각이 전혀 없었던 우리의 먼 조상들을 상상해 보라. 일반 포유류가 사용할 수 있는 손질 수단이 부족했기 때문에 그들은 헝클어진 머리, 들끓는 기생충, 제멋대로인 코와 겨드랑이, 그리고 지저분한 항문을 가진 불쾌한 무리였다. 그러나 실제 그들의 미적 상태는 아직까지 알려진 바가 없다. 배변은 공개적으로 행해지고, 출산은 일종의 오락이며, 시체는 쓰러지고 썩는다. 아무도 신경 쓰는 것 같지 않다. 그러던 어느 날, 이 초기 인류는 갑자기 그들에게 엄청난 혐오감이 생겼다는 것을 깨닫는다. (아마도 우주에서 온 중성 미립자 폭풍의 결과일 것이다.) 이전에 그들을 전혀 동요시키지 않았던 것이 이제 혐오 발작을 일으켜 그들의 영혼을 침범한다. 그들은 이제 서로를

---

35 여기서 그것이 거짓이라고 주장하지는 않았다. 그리고 그 일은 필자를 너무 멀리 가게 할 것이다. 그러나 명백한 고려 사항은 그 자체로 혐오스러운 내부 기관인 뇌에 대한 마음의 의존성과 관련이 있다는 것이다. 종교적 형이상학(대략 데카르트적 이원론)은 의식적 자아를 생산하는 뇌의 형성 및 구성 역할을 과소평가한다. 필자가 보기에는 이 전체 형이상학적 그림이 신체에 적절한 혐오감을 피하고자 하는 감정적 뿌리를 가지고 있다는 매우 흥미로운 가설인 것 같다. 따라서 우리는 의식적인 자아가 유기적인 신체에 오염되지 않도록 그것을 위한 별도의 존재론적 범주를 찾아야 한다. 이렇게 해서 형이상학적 이원론의 개념은 우리의 미적 감수성으로부터 본래적으로 그리고 원시적으로 발생한다.

보고 냄새 맡고 느끼는 것을 견딜 수 없고, 자기 자신에 대해서도 그다지 긍정적이지 않다. 그 종은 멸종 위기에 처해 있다. 분명히 뭔가 조치를 취해야 한다. 결혼과 가정이 무너지고 있으며 그 누구도 다른 사람과 같은 오두막에서 사는 것을 견딜 수 없다. 아무도 음식을 절제할 수 없다. 그들은 고양이와 개처럼 혀와 침을 사용할 수 있지만 그것은 매우 힘든 일처럼 보이며, 어쨌든 새로 발견된 혐오 반응은 그것을 허용하지 않을 것이다. 오물의 개념이 인간의 의식을 침범했지만, 기존에 그것에 대처할 만한 방법이 없다.[36]

그때 어떤 천재는 식용수로만 이용되던 물을 세척제로 사용할 것을 제안한다. 비록 가장 지우기 힘든 얼룩에서는 아니지만 물이 꽤 세척 기능을 잘하는 것으로 판명되었다. 그러나 그들에게는 물 공급이 더 많이 필요하며, 증가된 수요를 충족시키기 위해 물과 아주 가까이에 살아야만 한다. 그들은 이제 수자원을 더 조심해야 하고, 물을 운반하기 위해 더 좋은 수관을 필요로 한다. (빨리 물로 헹굴 필요가 있을 때 항상 호수까지 내려갈 수는 없다.) 따라서 역겨운 것들의 공격에 대한 그들의 첫 번째 방어는 평범한 물이었다. 다행히 그들은 이미 다른 목적을 위해 가지고 있었다. 그리고 몇 세기 후, 지금은 잊힌 두 번째 천재가 비누를 발명한다. 유레카! 그때까지와 다른 혐오 관련 혁신이 도입되었다. 배변과 배뇨를 위한 특별한 구역이 지정되었다. (배설뿐 아니라 성관계에 대한) 프라이버시를 보장하기 위해 판잣집이 세워졌고 위반자들을 처벌하기 위한 법도 제정되었다. 목욕 수건과 타월이 등장했으며 원시적인 옷이 도입되었고 무덤이 발명되었다. 세탁을 위해 불을 이용해 물을 데우는 것보다 비누는 더 큰 새로운 진보다. 온 땅에 기쁨이 만연하다. 곧 향수가 첨가되고, 대량 생산이 시작되며, 비누 상인들이 번창한다(회계사,

---

36 그 변화는 잘 전달되도록 유전에 영향을 줄 필요가 있기 때문에 지금 필자는 중성미립자에 대한 이야기를 얼버무리고 있다. 세대를 위해 선택되어 전해지는 유전적 돌연변이가 발생하는 것이 일반적인 생각이다. 그러나 필자에게는 논리적 이탈이 필요하다.

은행 등이 필요하다). 이 모든 것과 함께 예의범절에서 혁명이 일어난다. 즉, 사람들은 다른 사람들의 반응을 염두에 두고 가능한 모든 대인 관계에서 혐오감을 없애기 위해 주의를 기울인다. 식품 소비가 변화하고 성적 행위는 엄격하게 감시된다. 몸단장과 면도가 일반화되고 이러한 새로운 요구를 충족시키기 위해 모든 직업과 산업이 발전한다. 전문적인 훈련이 요구되며, 자격이 부여된다. 불과 몇 천 년 만에 스스로를 '미용사'라고 부르는 사람들이 존재하게 된다. 배관공, 의상 디자이너, 환경미화원, 장의사 그리고 헬스 트레이너도 있다. 그뿐만 아니라, 예술과 종교는 스포츠 그리고 춤과 함께 발전했는데, 모두 인류를 규정해 온 불결한 의식에서 벗어나는 데 공헌했다. 청결에 필요한 기술을 생산하기 위해 과학도 성장해야만 했다. 가령 수력학은 본래 유망한 분야다. 사실상 문명의 전면(全面)은 역겨운 것에 대한 우리의 감각을 존중할 필요성을 중심으로 구현되었다. 이전에 우리가 비천한 야만인으로서 더럽고 추하게 사는 것에 만족했던 곳에서. 우리는 더러운 짐승에서 말끔한 기업가, 성직자로 변했다. 기구가 작은 역할을 한 것은 사실이지만, 혐오를 느끼는 우리의 자의식이 시작되었을 때, 정말로 일을 추진시킨 것은 비누와 물이었다. 만약 우리가 혐오감은 없으나 당연히 훨씬 더 더러운 다른 동물로 남아 있었더라면 어떤 일이 벌어졌을지 누가 알겠는가? 혐오의 시작이 극도로 불쾌했기 때문에 우리는 긴급히 노력할 수 있게 되었다. 이와는 대조적으로 기구는 순간순간 필요한 것이 아니라 사치품이었다.[37] 문명 후반기에는 우리는 모두가 알고 있듯이 현대식 화장실, 샤워

---

37 확고히 자리 잡고 있는 혐오감과 함께, 현대의 재앙이 필자가 본문에서 묘사한 추잡한 상태로 인간을 몰아넣고 있다면 어떤 기분이 들 것인지 자문해 보아라. 뜨거운 물, 비누, 화장실 시설 등 혐오 방지 기반 시설을 가능한 한 빨리 다시 가동해야 한다는 절박함을 느낄 것이다. 몇 시간은 아니더라도 며칠 안에 압박을 느낄 것이다. 바퀴를 다시 돌리는 것은 그렇게 우선순위가 아닌 것 같다. 우리의 행복감은 자발적 혐오감을 피하는 것과 매우 밀접하게 연관되어 있다.

실, 스파(spa), 온갖 종류의 화장품 보조 기구, 하이패션(high fashion), 화장, 쓰레기 수거, 전자 기기, 스포츠가, 빌레, 테니스 등 최상의 혐오 관리 서비스를 도입했다. 혐오감은 원래 우리의 생물학적 어려움이었고, 문명은 그에 대한 조치였다. 기본으로 돌아가볼 때, 오물이 그 모든 것의 원동력이었다. (아니면 필자가 다소 과장하고 있다고 생각되는가?) 다행히도, 우리는 필요한 것을 할 수 있는 두뇌를 가지고 있었다. 우리는 그 유명한 전두엽의 괴물들이다. 하지만 그 동기는 우리의 미적 감각이 드러내는 오물을 피하는 것이 전부였다. 천성적으로 더러워서, 문명을 해독제로 발명하도록 강요하는 것에는 혐오감이 필요했다.

(16) **인간의 완벽성.** 인간의 마음을 완벽하게 하는 프로젝트는 오랫동안 기독교적 유토피아를 믿는 사상가들의 상상력을 사로잡았다. 우리는 완벽하게 선하고 완벽하게 행복하고 완벽하게 지식이 풍부한 사람이 될 수 있을까? 그것은 훌륭한 질문이지만 필자가 여기서 관심 있는 질문은 아니다. 필자의 관심사는 '우리가 인간의 몸을 완벽하게 만들 수 있는가?'인데, 필자 생각에 그 대답은 '그렇지 않다'이다. 우리는 의학, 식이요법, 운동 및 개인위생의 방법을 통해 인간의 몸을 개선해 왔다. 의심의 여지 없이 우리는 그것을 더 개선할 것이다. (물 없는 샤워로 각질을 제거하고 더 빨리 면도하는 것을 기대해 본다.) 그러나 신체에서 모든 혐오 요소를 제거하는 프로젝트는 나쁜 의미에서 유토피아적이다. 왜냐하면 그것은 바로 신체에서 생물학적 정체성을 빼앗는 것이기 때문이다. 우리 중 일부는 분명히 그러한 전면적인 개혁을 열망하지만, 모든 것을 고려할 때 그것이 실제로 가능하거나 심지어 바람직하다고 생각하지 않는다. 생각해 볼 수 있는 유일한 방법은 유기체를 일종의 배터리로 작동되는 로봇의 몸으로 교체하거나 원자력을 사용하는 새로운 유형의 플라스틱으로 교체하는 것이다. 그것은 바람직하지도 않고 어쩌면 불가능해 보인다. 육체에는 금속이 복제할 수 없는 매력이 있기 때문에 이는 바람직하지 않다. (로봇 간의 섹스는 역겨운 것은 아니지만 꽤 암울하고

너무 단순하게 들린다.)[38] 또한 우리의 정신이 유기체 외의 다른 어떤 것으로 지탱될 수 있는지도 불분명하다. 우리가 유기적 두뇌를 로봇 몸에 넣는다고 해도 여전히 정곡을 찌르는 너무 익숙한 혐오스러운 신체 부위를 가지고 있을 것이다. 어쨌든, 그러한 프로젝트는 과학적 가능성과 너무 거리가 멀기 때문에 우리는 그것을 무시할 수도 있다. 그래서 우리는 살과 피, 배설물과 점액, 귀지와 내장을 떨쳐버릴 수 없다. 우리는 지저분한 생물학적 본성을 더 잘 관리할 수 있는 방법을 개발할 수 있지만 이를 제거할 합리적인 방향은 없다. 그리고 그러한 본성과 함께 혐오라는 회피적 감정이 온다. 탁월한 정신과 유기체가 부적절하게 결합된 불완전한 우리의 인간적 상태는 영원하다. 그러므로 우리는 결코 우리 자신과 완전히 화해할 수 없다. 그러나 우리의 곤경을 위한 한 가지 좋은 말이 있다. 우리는 결코 스스로를 신처럼 선언하는 부도덕한 죄를 짓지 않을 것이다. (아마도 신 자신과 달리) 우리는 스스로를 신으로 숭배할 수 없다. 그 점에 대해 혐오스럽게 느끼며 매우 잘 알고 있다. 건전한 염세주의는 언제나 우리 종의 특징이 될 것이다. 완전한 종의 나르시시즘은 언제나 우리를 초월할 것이다.[39]

필자는 위의 내용을 통해, 혐오의 감정이 많은 문화적 구조를 강화하고

---

38 필자가 "너무 단순하다"고 말하는 이유는 우리의 성적 감정을 특징짓는 복잡한 양면성과 성적 쾌락의 특수성 때문이다. 금속 로봇들 사이에서처럼 잠재적 혐오감의 흐름이 없는 섹스는 지루하고 1차원적일 것이다. 모든 흥미와 도전은 그것으로부터 제거될 것이다. 사랑과 다급한 욕망에 의한 혐오감을 극복하는 것은 더 이상 존재하지 않을 것이다. 성관계는 상대적으로, 지루해질 것이다. 왜냐하면 단지 필요한 마찰이 오르가즘의 느낌보다 앞섰기 때문이다. 성에 대한 인간의 모든 복잡한 심리는, 그 모든 잔학한 영광 속에, 사라졌을 것이다. 그래서 필자는 수술을 권하지 않는다.

39 마음과 몸의 본질에 따라, 우주 다른 곳의 지능이 있는 종들에게는 그렇지 않을 수 있다. 자신의 본성을 전혀 혐오하지 않고 영웅적인 자신과 같은 모습의 자아상을 키우는 진보된 존재가 있을지도 모른다. 이들은 자기 숭배에 당연한 한도가 없기 때문에 두려워해야 할 존재들이다.

형성하는 데 중요한 역할을 한다고 결론짓겠다. 그것은 단지 개인 심리의 문제가 아니다. 혐오감은 집단적인 인간 생활의 많은 영역에서 표현된다. 그것은 인간의 심리 작용에서 사소한 특이점도 아니고 부차적인 정보도 아니다. 혐오 이론은 많은 문화적 현상을 조명하고, 그것들을 통일하며, 그들의 뿌리를 밝혀준다. 상당 부분, 혐오감은 우리가 누구인지를 설명해 준다.

참고문헌

Becker, Ernest. 1973. *The Denial of Death*. New York: The Free Press.

Bersani, Leo. 1987. "Is the Rectum a Grave?" October 43, pp. 197~222.

Darwin, Charles. 1965. *The Expression of the Emotions in Man and Animals*. Chicago: University of Chicago Press(Originally published, 1892).

Fodor, Jerry. 1983. *The Modularity of Mind: An Essay in Faculty Psychology*. Cambridge, Mass.: MIT Press.

George, Rose. 2008. *The Big Necessity: The Unmentionable World of Waste and Why It Matters*. New York: Henry Holt.

Goffman, Erving. 1959. *The Presentation of Self in Everyday Life*. New York: Doubleday.

Griffiths, Paul, 1997. *What Emotions Really Are: The Problem of Psychological Categories*. Chicago: University of Chicago Press.

Kolnai, Aurel. 2004. *On Disgust*. Edited by Barry Smith and Carolyn Korsmeyer. Chicago and La Salle, Ill.: Open Court(Originally published in German in 1929).

McGinn, Colin. 2005. *The Power of Movies: How Screen and Mind Interact*. New York: Pantheon Books.

McGinn, Colin. 2012. *Truth by Analysis: Games, Names, and Philosophy*. New York: Oxford University Press.

Menninghaus, Winfried. 2003. *Disgust: Theory and History of a Strong Sensation*.

Translated by Howard Eiland and Joel Golb. Albany: State University of New York Press.

Miller, William Ian. 1997. *The Anatomy of Disgust*. Cambridge, Mass.: Harvard University Press.

Nussbaum, Martha. 2004. Hiding from Humanity: Disgust, Shame, and the Law. Princeton, N.J.: Princeton University Press.

Rozin, Paul, Jonathan Haidt, and Charles McCauley. 1993. "Disgust." In Handbook of Emotions, edited by Michael Lewis and Jeannette M. Haviland. , pp.575~594. New York: Guildford, pp.575~594.

Solomon, Robert C. 2008. "Emotions and Choice." In Mind and Cognition: An Anthology, edited by. William G. Lycan and Jesse J. Prinz. 3rd ed. Oxford: Basil Blackwell, pp.827~838.

Suits, Bernard. 2005. *The Grasshopper: Games, Life and Utopia*. Broadview Press. Introduction by Thomas Hurka(Originally published, 1978).

찾아보기

옮긴이의 글

무엇인가를 싫어하고 미워하는 감정을 혐오라고 정의할 때 우리는 혐오의 근원이 외부에 있다고 믿는 경향이 있다. 더럽거나 흉측하거나 해악적이거나 혐오의 이유는 다양하다. 최근 우리 사회에서 사회적·정치적 현상을 설명하는 데 있어 중요한 키워드로 등장한 혐오는 더 이상 개인적인 차원의 감정이 아니라, 자본주의와 같은 경제구조, 나아가 신자유주의에서의 개인주의나 능력주의가 배태시키는 구조적 문제라는 것을 시사하기도 한다. 하지만, 혐오에 대한 그러한 외부적 접근은 어떻게 우리가 서로 다른 사회적·경제적 맥락 속에도 동일한 대상에 대해 혐오의 감정을 느끼는지에 관한 좀 더 근원적인 해답을 주지는 못한다. 저자 콜린 맥긴은 인간의 근원적 감정으로서의 혐오에 천착하기 위해 철학, 역사학, 심리학, 미학 등의 관점에서 혐오의 감정을 조망한다. 그 과정에서 혐오는 인간이 진화 과정에서 체득한 본능에 가까운 감정으로서, 문명화의 과정에서 인간이 이성적 존재로 서듭나기 위해 필연적으로 파생된 산물임을 보여준다. 저자는 시체, 타액, 생리혈, 배설물과 같이 우리가 거의 반사적으로 역겨움을 느끼는 것들을 관습적으로 바라보던 시선에서 벗어나 우리 스스로가 이성적 존재로 살아가기 위해 억압되어야 했던 우리의 일부로 받아들일 것을 권유한다. 문명의 발달과 함께 고착화된 두 가지 시선, 즉 숭고한 정신의 인간과 더러운 육체의 인간의 구분은 인간 의식에 깊은 분열감을 안겼으며, 그 과정에서 우리는 스스로와 타인을 혐오하는 존재가 되었다. 우리의 일상 속에서 나타나는 혐오의 흔적들 — 옷과 장식품으로 가려야 하는 우리의 부끄러운 성(性)과 몸, 왕과 왕비, 배우들에 대한 우상화, 예술 작품 속에서도 치부는 가려야 한다는 의식 등 — 은 인간의 불완전함을 상기시키는 존재들을 향해서도 확대되어 간다. 이처럼 혐오는 집단적인 인간 생활의 많은 영역에서 표현되며, 많은 문화적 현상을 조명하고, 그들의 뿌리를 밝혀주며, 우리가 누구인지 설명해 준다. 그런 의미에서, 내가 누구인지, 내가 무엇을 왜 혐오하는지 이해하고 싶은 이에게 이 책은 깊은 깨달음을 준다. 그 깨달음은 많은 역겨운 것들을 마주하고 떠올리는 것을 수반하지만, 그것이 우리가 스스로를 속이면서 정신적 존재가 되고, 타인을 혐오하면서 우월한 존재가 되어왔던 시간들에 대한 대가이기에 우리는 기꺼이 감수해야 한다.

지은이

콜린 맥긴 Colin McGinn

콜린 맥긴은 영국 철학자이자 대학교수로, 럿거스 대학교(Rutgers University), 옥스퍼드 대학교(University of Oxford), 런던 대학교(University College London), 마이애미 대학교(University of Miami) 등에서 정신철학, 형이상학 그리고 언어철학에 관련된 강의를 하였으며 인간의 의식과 악, 셰익스피어, 스포츠, 영화, 비트겐슈타인에 관한 다양한 주제를 연구해 왔다. 저서로는 『마음의 특징(*The Character of Mind*)』(1982), 『의식의 문제(*The Problem of Consciousness*)』(1991), 『의식과 그 목적들(*Consciousness and Its Objects*)』(2004), 『언어철학(*Philosophy of Language*)』(2015) 등 20여 권의 철학서와 두 권의 소설 등이 있다.

옮긴이

강미영

숙명여자대학교에서 영문학 전공으로 학사, 석사, 박사과정을 마치고, 미국 캔자스 대학교(The University of Kansas)에서 영문학 박사학위를 받았다. 현재 숙명여자대학교 인문학연구소 HK 교수로 재직 중이다. 성, 인종, 연령, 장애와 관련한 혐오에 관심을 가지고 연구하고 있으며, 영문학부에서 소수자 문학과 문학미학을 가르치고 있다. 저서로는 『혐오 이론 II』(공저, 2022)과 『상처 입은 몸: 노인, 질병, 장애와 혐오 담론들』(공저, 2022)이 있으며, 논문으로는 「노인혐오의 인문학적 분석과 대응」(2022), 「전염병 서사에 나타난 혐오의 변증법」(2022), 「혐오와 문학」(2022) 등이 있다.

한울아카데미 2415
숙명여자대학교 인문학연구소 HK + 사업단 학술연구총서 05

혐오의 의미

ⓒ 강미영, 2022

지은이 | 콜린 맥긴
옮긴이 | 강미영
펴낸이 | 김종수
펴낸곳 | 한울엠플러스(주)
편 집 | 조인순

초판 1쇄 인쇄 | 2022년 12월 20일
초판 1쇄 발행 | 2022년 12월 30일

주소 | 10881 경기도 파주시 광인사길 153 한울시소빌딩 3층
전화 | 031-955-0655
팩스 | 031-955-0656
홈페이지 | www.hanulmplus.kr
등록번호 | 제406-2015-000143호

Printed in Korea.
ISBN 978-89-460-7416-3 93330 (양장)
        978-89-460-8232-8 93330 (무선)

※ 이 저서는 2020년 대한민국 교육부와 한국연구재단의 지원을 받아 수행된 연구임
   (NRF-2020S1A6A3A03063902).